DATE DUE FOR RETURN

30/6/16

This book may be recalled before the above date.

HOMENAJE A MARÍA ZAMBRANO
Estudios y correspondencia

serie
LITERATURA
DEL EXILIO
ESPAÑOL
4

Centro de Estudios Lingüísticos y Literarios
Fondo Eulalio Ferrer

HOMENAJE A MARÍA ZAMBRANO
Estudios y correspondencia

James Valender, Anthony Stanton, Rose Corral,
Octavio Paz, Adolfo Castañón,
Angelina Muñiz-Huberman, Ramón Xirau,
Francisco Chica y Nigel Dennis

EL COLEGIO DE MÉXICO

861,6
Z24h

    Homenaje a María Zambrano: estudios y correspondencia / James Va-
lender... [y otros].-- México : El Colegio de México, 1998.
    313 p. ; 22 cm.

    ISBN 968-12-0900-1

    1. Zambrano, María, 1904-1991-Homenajes. 2. Zambrano, María, 1904-
1991-Crítica e interpretación. 3. Zambrano, María, 1904-1991-Correspon-
dencia. I. Zambrano, María, 1904-1991-Un descenso a los infiernos. II. Paz,
Octavio, 1914-1998-Una voz que venía de lejos. III. Valender, James.

Portada de María Luisa Martínez Passarge
Digitalización de Mónica Diez-Martínez

Primera edición, 1998

D.R. © El Colegio de México
    Camino al Ajusco 20
    Pedregal de Santa Teresa
    10740 México, D.F.

ISBN 968-12-0900-1

Impreso en México

ÍNDICE

PREFACIO

El presente libro tuvo su origen en unas mesas redondas sobre la escritora y filósofa española que se llevaron a cabo en la Capilla Alfonsina, en la Ciudad de México, en noviembre de 1994. En dichas mesas, organizadas conjuntamente por el Instituto Nacional de Bellas Artes, el Departamento de Literatura de la Universidad Iberoamericana y el Centro de Estudios Lingüísticos y Literarios de El Colegio de México, se presentaron ponencias sobre numerosos aspectos de la vida y obra de María Zambrano (la especificidad de su pensamiento filosófico y religioso, su aproximación al mundo de la poesía, los rasgos de su propia escritura, sus relaciones con otros intelectuales de la época...), confirmando así el creciente interés que su figura viene despertando en México, lo mismo que en otras partes del mundo hispanohablante.

Una vez concluidas las mesas se pensó en la conveniencia de reunir los mejores trabajos en forma de libro. Sin embargo, antes de que se consiguiera avanzar muy lejos en ese sentido, se presentaron nuevas iniciativas que nos llevaron a contemplar la posibilidad de un proyecto todavía más ambicioso. Por un lado, recibimos, por generosa mediación de la profesora Mercedes Gómez Blesa, gran especialista en la obra de la ensayista española, el envío de un hermoso texto, entonces inédito, de María Zambrano sobre Octavio Paz, concretamente sobre *El laberinto de la soledad*. Por otro lado, recibimos propuestas de otros colegas quienes, enterados del homenaje que teníamos entre manos, quisieron, asimismo, participar. Se trataba del escritor e investigador Francisco Chica, de Málaga, y del profesor Nigel Dennis, de la Universidad de St Andrews, Escocia, quienes habían preparado trabajos importantes sobre la correspondencia de María Zambrano con Emilio Prados y con José Bergamín, respectivamente.

Al recoger estas y otras propuestas, hemos podido ampliar y enriquecer notablemente el homenaje que pensábamos editar. El presente volumen se divide, por lo mismo, en tres secciones. En la primera, junto con el ensayo de María Zambrano sobre *El laberinto de la soledad*, se reproduce el texto que Octavio Paz escribió con motivo de la muerte de la filósofa. Este diálogo entre dos de los grandes ensayistas modernos de lengua española, revelador de pasiones intelectuales compartidas, sirve también para introducir algunos de los ejes alrededor de los cuales se centran los textos que siguen: la relación entre vida y obra, entre pensamiento y poesía, entre poesía y religión.

En la segunda sección se recogen, casi todos en versión ampliada, los textos de cinco de las ocho ponencias presentadas en las mesas redondas. Adolfo Castañón ofrece una extensa introducción a la razón poética de María Zambrano, en la que subraya sobre todo la forma singular en que este pensamiento abarca la historia y la tragedia, la poesía y la filosofía, la confesión y la guía. Rose Corral contribuye con una lectura del relato autobiográfico de la filósofa, *Delirio y destino*, lectura que realza, sobre todo, la íntima relación que Zambrano establece ahí entre el descubrimiento de su vocación intelectual y el profundo cambio histórico que marcó el advenimiento en España de la Segunda República. Angelina Muñiz-Huberman identifica las tensiones morales y ontológicas que caracterizan la lectura del Libro de Job que Zambrano incluye en su estudio sobre *El hombre y lo divino*. Anthony Stanton comenta la insólita novedad que, dentro de la amplia bibliografía sobre el tema, ofrece la reseña que escribió Zambrano, hacia finales de 1938, del gran libro de Pablo Neruda, *Residencia en la tierra*. Por último, tras recordar brevemente sus encuentros personales con la filósofa, Ramón Xirau se ocupa de la actitud religiosa de Zambrano, de su aproximación a la mística, de su concepto de la esperanza.

La tercera sección es por mucho la más extensa. En ella se recoge una amplia muestra de las cartas escritas por Zambrano durante los primeros veinticinco años de su exilio, un lapso muy largo y fructífero, que ella repartió entre América Latina (México, Cuba y Puerto Rico) y Europa (Francia, Italia y Suiza). Sus corresponsales son, en su mayoría, poetas destacados del exilio español. Ya se han mencionado, en este contexto, los nombres de Emilio Prados y José Bergamín. A sus importantes epistolarios, editados por Chica y Dennis, hemos podido agregar el testimonio, breve pero no por ello menos interesante, de unas cuantas cartas intercambiadas con Luis Cernuda, Manuel Altolaguirre y Concha Méndez. También contamos, en edición de Anthony

Stanton, con una selección de la extensa correspondencia que María Zambrano mantuvo con Alfonso Reyes, presidente de La Casa de España en México (luego El Colegio de México). Vistos en su conjunto, estos epistolarios ofrecen una imagen sumamente viva de la filósofa durante estos años y permiten descubrir aspectos desconocidos de su biografía, lo mismo que de su amistad con los poetas mencionados. Como señala Francisco Chica, la relación de Zambrano con Prados fue especialmente estrecha, razón por la cual la correspondencia intercambiada entre ellos cobra un interés verdaderamente excepcional.

Tal y como se desprende de lo que acabamos de señalar, este libro no se hubiera podido hacer sin la participación y la ayuda de muchísimas personas. Quede constancia aquí de nuestro más sincero agradecimiento a todos ellos. En primer lugar, a los autores de este homenaje. Asimismo, a Mercedes Gómez Blesa, por su oportuno envío del texto de María Zambrano sobre *El laberinto de la soledad*. A Octavio Paz, por la autorización de reproducir su ensayo sobre María Zambrano. Al Consejo Rector de la Fundación María Zambrano, en Vélez-Málaga, por su autorización de publicar los textos de María Zambrano. A Alicia Reyes, Ángel Yanguas Cernuda, Paloma Arraoz y Fernando Bergamín, por su autorización de reproducir las cartas que aquí se editan de Alfonso Reyes, Luis Cernuda, Emilio Prados y José Bergamín, respectivamente. Por último, nuestro sincero reconocimiento a Olivia Villalpando y Gabriel Rojo Leyva por su inestimable ayuda en la preparación del manuscrito de este libro, así como a Rose Corral y a Anthony Stanton por su colaboración en la edición del mismo.

JAMES VALENDER
El Colegio de México

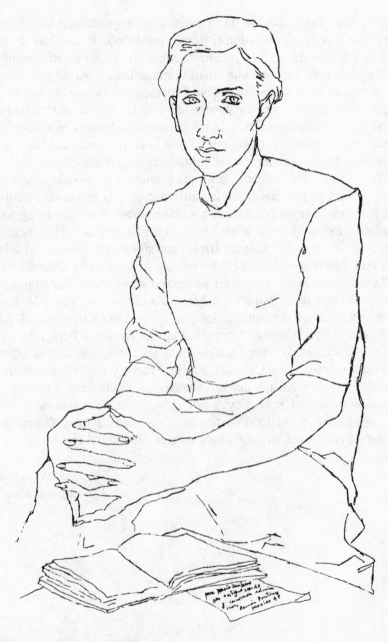

Ramón Pontones, México, 1948
"Para María Zambrano con antigua amistad y renovada admiración."

I

UN DESCENSO A LOS INFIERNOS*

MARÍA ZAMBRANO

Un signo inequívoco de que estamos en el umbral de una nueva época, quizá de un nuevo mundo, es la necesidad y aun las parciales realizaciones de ese viaje que el hombre se ha visto siempre precisado a cumplir: el descenso a los infiernos, a sus propios infiernos. Infierno de la propia alma individual, infierno de la Historia poblada de ellos. Pues la historia, integrada por los pueblos e ideas victoriosos, condena a los otros, los vencidos, a quedar enterrados vivos, viviendo, sí, mas sin espacio para su alma, sin la luz adecuada. Todo lo que vence humanamente parece estar condenado a condenar y, al fin, a condenarse.

De ahí el contrapeso que oponen siempre a la Historia la poesía y la filosofía, "saberes de salvación", como diría Max Scheler. Sin la Historia y su cortejo de vencedores y vencidos, quizá un solo poema —Filosofía y Poesía— habría sido suficiente para todos los hombres.

---

* Al hilo de *El laberinto de la soledad* de Octavio Paz, María Zambrano, en este texto que presentamos a continuación, traza todo un diagnóstico de la crisis que padece el hombre contemporáneo al alejarse progresivamente de ese terreno inexplorado que se abre tras el límite del pensamiento y del lenguaje, de esa realidad sagrada originaria –hoy olvidada y desterrada a la sombra, a los márgenes por la razón sistemática– que sólo puede ser rescatada de los "infiernos" en los que habita por el decir poético, por ese "logos piadoso" que no renuncia al trato con lo "otro", con el misterio, con ese fondo oculto que subyace a toda Historia y que constituye el sustrato último mo, "la raíz del hombre". Este revelador escrito de la pensadora malagueña ha permanecido inédito hasta la fecha en el Archivo de la Fundación "María Zambrano" de Vélez-Málaga, bajo la signatura M-306. En el original no consta ninguna fecha de redacción, pero, a tenor de la nota a pie de página que aparece en el texto donde la autora señala la edición que maneja de *El laberinto de la soledad* (Fondo de Cultura Económica, 4a. edición, México, 1964), nos inclinamos a pensar que fue escrito alrededor de 1964, año en el que Zambrano traslada su residencia de Roma a La Pièce, cerca del lago Leman. Dicho traslado tuvo lugar el 14 de septiembre de 1964. [*Nota bibliográfica* de Mercedes Gómez Blesa. Después de la redacción de esta nota, el ensayo de María Zambrano fue publicado en la revista *Vuelta*, México, núm. 224, julio de 1995.]

Mas al no ser así, la palabra se vuelve necesaria, en dos formas que corresponden a dos situaciones fundamentales de los protagonistas del juego histórico: las razones justificadoras del que vence; las razones liberadoras del vencido. No es un azar que la cultura de Occidente venga desde hace tiempo justificándose y padezca la obsesión de la legitimidad. Legitimarse es la tarea de los que han ganado la batalla de una época. Pero no basta; lo de momento vencido clama, que clamar es la fatiga de todo enterrado vivo, y toda realidad condenada se levanta un día por esa maravillosa voz libertadora poética y aún razonadora.

La Filosofía ha ido dejando a la poesía esa función redentora de lo que gime condenado. No fue así siempre. En el momento actual tenemos todos esos intentos, de vitalismos y existencialismos, que claman por una amplia, totalizadora razón vital que dé cuenta de todo lo que quedó apresado por la legitimidad victoriosa o de los victoriosos.

Desde el Romanticismo se han ido verificando diversos descensos a los infiernos; infiernos del alma asfixiada, de lo no dicho, de lo imposible de expresar, de la blasfemia misma. ¿Qué se oculta en la blasfemia? ¿Qué en el sacrilegio? ¿Quién tiene en definitiva la culpa? ¿Y esa defensa del culpable que tiende a ganar el ámbito de toda razón justificante, pues, al fin, el condenado nos condena, o nos condenamos por él? En todo caso, una visita a los infiernos parece obligada; una larga, lúcida visita a todos sus laberintos infernales, donde el bien y el mal presentan otras caras, y todo parece intercambiable; donde las definiciones racionales y establecidas pierden su vigencia; donde todo lo que se sabe se olvida, porque lo olvidado vuelve y se presenta en una memoria continua, sin principio ni fin; sin punto de referencia.

Viaje como un sueño lúcido es el que el poeta Octavio Paz nos lleva a realizar a través de su libro *El laberinto de la soledad*.[1] Tiene del sueño ese contacto íntimo con la realidad, del que se sale al despertar y que, aunque se trate de una realidad pavorosa, nos produce la impresión de haber abandonado el hueco exacto de nuestro ser, donde reside la verdad de nuestra vida: el lugar de nuestro infierno, que es el mismo de nuestro paraíso. Llevarlo a la vigilia, sin que se esfume ni se debilite su palpitación; hacerlo visible, sin que pierda su obscura vida, es acción que sólo la poesía que sea al par pensamiento, puede realizar.

---

[1] Fondo de Cultura Económica, 4a. edición, 1964.

Filosofía y poesía en íntima unidad nos ofrece este libro de un poeta cuya poesía ha estado siempre traspasada de pensamiento. *Raíz del hombre*[2] es, en realidad, el título de todos sus poemas: la búsqueda, la persecución de lo humano.

En virtud de ese radicalismo que es el carácter común de toda la Filosofía moderna, la pregunta por lo humano ha estado condicionada por una definición o, al menos, una aceptación previa de lo humano, por un saber antes de saber. Materialismo e Idealismo han tenido este común punto de partida, diríamos "idealista", que consiste en dar por supuesto lo que se iba a buscar y, lo que es más grave todavía, el horizonte que lo encierra. Mas, por otra parte, la soledad, la profunda soledad en que el hombre se ha ido quedando a partir del Renacimiento, ha hecho necesario el encuentro del hombre consigo mismo. Y así, la época moderna podría quedar definida por esta persecución que cada vez de modo más encarnizado realiza el hombre frente al hombre. Persecución que se inicia en el ámbito del conocer y que ha desembocado en la acción, hasta culminar en esa pasión persecutoria que ocupa casi por completo el escenario de nuestra época. No es necesario hoy ningún agente que dirija este infierno creado por el hombre en su angustiosa persecución de sí mismo, para tenerse al fin entre sus manos, para saber quién es, sin intermediario de idea, ni de imagen alguna. De allí que el *a priori* del pensamiento haya sido abandonado por la Filosofía misma, que hoy pretende no partir de supuesto alguno, sino de la radical angustia del ser humano en la soledad. Mas tal tarea, urgente cuanto es urgente que la persecución inacabable cese, ha de ser aventura en las más íntimas capas del ser: acercamiento obscuro, poético, a la raíz del hombre.

Octavio Paz, en su obra poética, se ha aproximado a esta raíz y, así, ha tenido que realizar esa ascesis difícil para un poeta, que es librarse de las imágenes. Las imágenes en esta ocasión llevarían consigo la caída en aquello que se quería evitar: en el narcisismo. La poesía de Octavio Paz, su acercamiento a la Raíz del Hombre, ha sido una aventura llevada a cabo por una poesía desnuda, que rechaza cuanto le es posible la imagen como fruto último y que es aspiración profunda al pensamiento. Raro momento de la poesía, no señalado aún, que sepamos,

---

[2] México, 1937.

y que constituye algo muy esencial en el mundo de la poesía en idioma castellano, donde esta aventura de la soledad del hombre no ha sido apurada. Hay dentro de la lírica española actual, ocultos quizá por el esplendor de la poesía menos problemática, dos poetas que se han adentrado en este difícil, obscuro camino: Emilio Prados y Luis Cernuda. Con la obra de los dos, más estrechamente con la de Cernuda, la del mexicano Octavio Paz tiene un íntimo parentesco que le adviene no de las llamadas "influencias", sino de estar situada ante la misma realidad: la realidad del hombre no definida, antes de haber sido sometida a la manipulación del pensamiento o a cualquier abstracta reducción de la mente.

La sorpresa de encontrarnos ante un libro que es Filosofía y Poesía en unidad tan íntima como *El laberinto de la soledad*, proviene del asombro, sin mezcla alguna de extrañeza, que se siente ante algo logrado. Sorprende, pero no extraña. El pensamiento apetecido tenía al fin que aparecer, como lo ha hecho, sin desprenderse de la actitud que lo originó, de la misma actitud de *Raíz del hombre*: ir al encuentro de lo humano, sin determinar previamente su contenido, ni el horizonte en que aparece.

A primera vista nos encontramos en *El laberinto de la soledad* ante una cierta vacilación: ¿se trata de Poesía o de Filosofía? Mas pronto advertimos que idéntica pregunta se formula ante todos los relatos de los viajes a los infiernos. En el más ilustre de todos hay hasta Teología. No puede dejar de haberla si se quiere llegar hasta las postrimerías, a las fronteras últimas de las situaciones esenciales de la vida humana. Un viaje a los infiernos ha de ser cumplido por la piedad y la razón unidas, pues sólo a esa unidad indiscernible se entreabren las profundidades infernales. La razón sola se detiene en el límite de lo razonable: su propia sombra. Es cosa olvidada que el horizonte, el lugar por donde la razón puede dejar caer su luz, no está dado por ella, sino en esos límites, isla de lo racional rodeada de irracionalidad. Abandonar la seguridad que se goza en esa isla dócil a la evidencia es obra de la piedad, que no es simple compasión (piedad en el más moderno de sus sentidos), sino la sabiduría de saber tratar con "lo otro", con lo heterogéneo. Con "lo otro" de la razón y que no por ello deja de constituir lo real. Y así, la piedad, como el amor, hace a la razón trascendente, ser trascendente: entrar en realidad. Sólo las nupcias de la razón y de la realidad producen el conocimiento. En las profundidades de la vida, la realidad no revelada o condenada impone su ley con más fuerza, pues es mayor su resistencia y aun, podría decirse, su rencor. Sólo esa diplomacia de la piedad la hace accesible. No ante una razón sin más, los infiernos se abren de manera tal que quien entre pueda salir, sin quedar su prisionero.

Al decir infierno, usamos un nombre, damos un nombre aquí a lo sagrado. Porque es de lo sagrado, en toda la plenitud del término, de lo que la poesía pensamiento de Octavio Paz nos revela el secreto laberinto. Y así encontramos que es poesía, poética, la acción; filosófico, el hallazgo. En ciertas situaciones, para que el pensamiento se realice hace falta una actitud poética más que filosófica. Descender a los infiernos exige una inteligencia en estado de gracia. Así, esa pura transparencia que nos ofrece *El laberinto de la soledad.*

Filosofía y poesía en unidad nos presenta este libro de un poeta, cuya poesía ha estado siempre traspasada de pensamiento. Pero dentro de esta unidad se distingue el gesto poético de la entrega, de la ofrenda, en suma, de la actitud y de la acción diríamos, intelectual o propiamente filosófica. *El laberinto de la soledad* es un libro de filosofía ofrecido poéticamente. A diferencia de la Filosofía, la Poesía se ofrece sin anunciarse a sí misma, sin exigir, por tanto, una especial actitud del lector, en cuya mente se desliza sin preparativo alguno.

El pensamiento guiado por la piedad ha de forjar sus categorías en una forma poética. ¿Existen, acaso, categorías poéticas, que serían, a diferencia de las de la razón, categorías de la vida viviente? Eso es lo primero que Octavio Paz se hubiera planteado y hubiera anunciado que iba a hacer, si su libro entrara en la clase de esos llamados "Aportaciones al estudio de" o si, con más decidida audacia, lo hubiera lanzado con la pretensión de edificar, ya que no un sistema, un preludio o un esbozo. Lejos de hacerlo así, se adentra en la realidad directamente, con simplicidad. La realidad que nos ofrece *El laberinto de la soledad* es la del hombre habitante de México, en toda su desnudez y soledad. Las "categorías de vida", que Octavio Paz descubre, son categorías de lo sagrado. No estamos en el mundo de los efectos y las causas, como tampoco en el del principio de contradicción; estamos en el laberinto de la soledad humana, un lugar sagrado entre todos. Y como el mundo de lo sagrado es el de la cualidad, "abierto" y "cerrado" marcan situaciones antagónicas. "Cerrado" es la situación del hombre en su integridad: "hombre", si alguna definición cabe, es aquel que no ha cedido.

Abrirse es ceder, someterse —dice Octavio Paz—. En lo que advertimos la radical desconfianza frente a una realidad a la que no se puede dar acogida, ante la que no se puede ceder, sin quedar sometido. Desconfianza radical que sólo puede referirse a una realidad radical. ¿Cómo pondría en relación Octavio Paz esta desconfianza determinante de la soledad con los Dioses que cubren el cielo mexicano? "Todo cambio histórico es un cambio de los Dioses", dice. Esta situación puede definirse tal vez diciendo que el mexicano vive bajo el eclipse de Dios, en un momento en que sus Dioses parecieron abandonarlo y el nuevo Dios no ha engendrado la apertura del hombre. El hombre ofrece así resistencia a lo sagrado. Estar cerrado es resistir. La apertura es siempre una herida.

Son las llamadas "entrañas" las que no pueden abrirse sin quedar heridas y, al quedar al descubierto, afrentadas. Las entrañas son aquello que no puede abrirse, al menos directamente; ha de hacerse siempre a través del corazón, y el corazón a través del alma. Poseer un alma era la máxima esperanza de los hombres de antiguas culturas. En la egipcia sólo el privilegiado Faraón nacía con ella, lo que quizá se encuentre en relación con ser hijo directo del Sol, es decir hijo de la luz. Para que las entrañas se abran sin ofensa es necesaria una cierta relación con la luz. Y esto envuelve, a su vez, otra metáfora: la metáfora de la ley, de la paternidad que ampara y representa un mundo de equidad, de justicia.

Tal modo de vivir implica el haber entrado plenamente en la historia, el haber nacido a la lucha y a la convivencia. El hombre apegado a la soledad, el "pachuco" que nos presenta Octavio Paz, parece resistir a esa luz que penetra sin humillar. Quizá porque sabe obscura y ciertamente —la certidumbre no es siempre clara— que ello significa nacer. Y nacer es estar comprometido en el juego de la historia. Ciertamente, el quehacer humano es la historia y no es posible vivir humanamente sin hacerla y padecerla. Pero en ese hombre mexicano preso en su laberinto, resulta evidente la resistencia a la historia, su hermetismo ante la forma del vivir histórico. No ante esta época o este modo de historia, ante esta o la otra cultura, sino ante toda historia. Cuando recordamos que el hombre occidental se ha volcado en la historia con más furia e intensidad que hombre alguno, bien podemos interpretar esa actitud de resistencia —que nos hace visible este tan poético análisis, visión más bien, de *El laberinto de la soledad*— como una resistencia ante la historia más histórica del mundo. Este hombre, heredero de viejísimas culturas entrañables, en las que el hombre se "abría" ofreciendo su corazón en alimento a un Dios, ahora se "cierra" antes de comprometerle y arriesgarse a perderlo en ese otro laberinto: el de la historia.

En el Laberinto de la historia lo que gime aprisionado parecen ser esas entrañas que sólo por mediación del alma pueden afrontar la luz. La cultura victoriosa de Occidente abandonó hace tiempo el alma y con ella —lo que quizá no soñó— ese mundo obscuro, hermético, que no puede abrirse directamente, porque toda apertura resulta una herida y una afrenta. Vivir desde la conciencia ha sido y es aún la exigencia de la vida occidental, de la razón triunfante. Mas hemos llegado al punto en que la conciencia y la razón se ven obligadas a corregirse a sí mismas. La confianza que nace de la desconfianza desconfía de sí misma y la Razón examina su propia estructura. Los mundos sumergidos aparecen. Para la cultura desalmada de Occidente ha llegado el momento inevitable de rendir cuentas, aunque no se sepa a quién, aunque crea hacerlo sólo ante las propias exigencias de su mente o simplemente forzada por la necesidad de salir del laberinto histórico.

El laberinto al que nos introduce Octavio Paz en su libro nos parece así un verdadero laberinto, un lugar secreto, sagrado: todo eso que gime y palpita en el interior del laberinto del hombre; en el fondo último de un corazón humillado y ofendido y que quizá sea quien inevitablemente nos juzgue; la medida suprema de toda cultura, la viviente realidad más allá de toda ley. Lo que constituye el infierno porque hubiera podido ser formulado Paraíso. Según el *Libro de los Muertos* del antiguo Egipto, la momia sufría el ser juzgada primero por el corazón de la madre; el corazón de la madre, el propio corazón, la "raíz del hombre". Parece inevitable recordarlo ante la obra poética toda de Octavio Paz y ante este libro en que nos ofrece desnuda, apenas desprendida de su obscuridad temblorosa, una herida que no parece ser de nada, sino de este "corazón de la madre" que se entrega a la muerte, con la esperanza recóndita quizá de volver a nacer en una vida sin ofensa.

El corazón vive secretamente, obscuramente y sin embargo, o quizá por ello, demande la entrega. Alcanza la plenitud sólo cuando se da, cuando se ofrece. En la antigua religión azteca se practicaba el sacrificio humano y era el corazón lo que se extraía de la víctima para ser ofrecido al Dios. Acción que muestra en su realidad horrificante la doble relación del hombre con sus Dioses; que los Dioses se alimentan de las humanas entrañas y que ellas mismas aspiran a ser consumidas por algo divino, como muestra siempre la mística cristiana y de cualquier Religión luminosa. Por mi parte me pareció encontrar en tierras de México una especie de nostalgia del sacrificio humano, como clave última de todas las formas en que el mexicano entrega su vida por... porque sí, por nada. Esta nada puede ser el vacío de los antiguos Dioses desaparecidos sustituido —en el corazón del hombre— por la imagen del Dios nuevo. De todo el libro de Octavio Paz —de éste y de todos los suyos— se desprende esa atmósfera de sacrificio, esa luz amarillenta que yo he visto en México a la caída del sol, dorando las casas, envolviendo la cabeza del indio, señalando el perfil del horizonte. Luz sagrada, de sacrificio, en que el sol se despide de la tierra quizá con insatisfacción de llevarse su alimento. Y me pareció sentir que morían y mataban por eso, porque el sol no transpusiera solo el horizonte.

Plenamente occidental y aun moderno en sus formas, en su lenguaje, Octavio Paz ha logrado que de cuanto escribe se desprenda esta luz que pide sacrificio de su México. *El laberinto de la soledad* nos ofrece la imagen de uno de esos templos, vacíos hoy, donde el indio desamparado entra en busca de sacrificio. Pues sacrificio es, quizá, la palabra clave de todo laberinto humano descifrado. Es no sólo la idea, sino su alma y su cuerpo, su sabor, lo que nos deja este libro de Octavio Paz.

UNA VOZ QUE VENÍA DE LEJOS
(María Zambrano, 1904-1991)

OCTAVIO PAZ

L a noticia de la muerte de María Zambrano me ha entristecido. La conocí en Valencia, en 1937, durante la Guerra Civil. No recuerdo ahora quién nos presentó; tal vez fue Arturo Serrano Plaja. En cambio, estoy seguro de que el lugar de este primer encuentro fue la Alianza de Intelectuales. Una sala vasta y triste, muebles obscuros, tres o cuatro mesas, altas ventanas de vidrios semiopacos —precaria defensa contra la violencia del sol—, olor a tabaco y el oleaje de las conversaciones. María estaba acompañada por Alfonso Aldave, que entonces era su marido. Los dos vestían con cierta elegancia y hablaban como si estuviesen en el bar de un club. Su porte y sus modales desentonaban un poco con la agitación y el desgaire de aquellos días. Venían de Santiago de Chile, a donde Aldave había ocupado un puesto diplomático en la Misión española. Ambos eran de apariencia agradable. María era muy blanca y de pelo negro; ojos vivos, a veces velados por una sombra de melancolía y, en los labios, una sonrisa apenas. Ademanes corteses, la voz suave y bien templada. Una voz que venía de lejos. Cambiamos algunas palabras y rápidamente, al descubrir que teníamos gustos, lecturas y opiniones semejantes, la conversación se convirtió en un mutuo reconocimiento. Al cabo de una hora ya éramos amigos. A ese primer encuentro siguieron otros, hasta mi salida de España, un poco más tarde.

A principios de 1940, la guerra perdida, María y Alfonso llegaron desterrados a México. Daniel Cosío Villegas, por recomendación quizá de León Felipe, la había contratado para que formase parte de La Casa de España (después transformada en Colegio de México) y diese cursos de filosofía. Pero hubo, según parece, cierta oposición entre al-

gunos de sus colegas (¡una mujer profesora de filosofía!) y se decidió
enviarla a Morelia. Sin apenas darle tiempo a descansar y conocer un
poco de la ciudad, con aquella indiferencia frente a la sensibilidad ajena que era uno de los rasgos menos simpáticos de su carácter, Cosío
Villegas la despachó inmediatamente a Morelia. La ciudad es enca.ita-
dora pero María se sintió perdida, lejos de sus amigos y en un mundo
ajeno a sus preocupaciones. Cada vez que podía, visitaba México. Así
reanudamos nuestro trato. Colaboró en *Taller*, que yo dirigía, y en sus
páginas publicó un ensayo que fue el germen de su primer libro y el
tema constante de sus meditaciones: *Poesía y filosofía*. Al cabo de un
año, dejó nuestro país, invitada a dar unos cursos en La Habana. Allá
vivió una larga temporada. La amistad con Lydia Cabrera, Lezama
Lima y otros le hicieron más llevadero el destierro. Fue una época de
fecundidad intelectual y también de cierta felicidad, como lo revelan
sus ensayos y sus cartas.

Volví a ver a María después de la segunda guerra, en París, con su
hermana Araceli. Largas conversaciones en los cafés o en las casas de
los amigos sobre el pensamiento poético, el realismo y lo sobrenatural,
Zurbarán y el pintor Fernández (del que fue muy amiga), apuros
económicos y angustias íntimas, divagaciones en torno a una botella de
Remy Martin y un paquete de *Gitanes*, canciones populares para ali-
mentar la nostalgia, lecturas de Plotino, pasión por los gatos, Galdós,
algunos místicos y unos pocos poetas. Por razones que desconozco,
María y Araceli dejaron París y se instalaron en Roma. Fue la época de
la gran amistad con Diego de Mesa y con el pintor Juan Soriano, sobre
el que María ha escrito cosas agudas e iluminadoras. Vivieron después
en Suiza, Araceli murió y María regresó a España. A pesar de que la
distancia y los viajes habían hecho más difícil nuestro trato, la amistad
nunca se rompió. Cada vez que iba a Madrid, procuraba visitarla. La
última fue hace dos años. La encontré decaída pero lúcida. Desde un
balcón de su casa, cercana al Retiro, veíamos el mismo cielo madrileño
—pálido azul y nubecillas leves— que Velázquez había visto y pinta-
do. María estaba vestida de blanco, como una sacerdotisa de algún culto antiguo y hablaba con lentitud. Estaba cerca de la muerte, pero son-
reía. Una sonrisa que todavía me ilumina.

A lo largo de más de medio siglo hablé con María Zambrano
muchas veces y durante horas y horas. Nuestra amistad fue una larga
conversación. Guardo de esas pláticas no las ideas, que se disipan, sino

el sonido de su voz, un sonido de cristal, claro como agua y, como ella, fugitivo, inapresable. ¿De dónde venía su voz? De un lugar muy antiguo, un lugar que no estaba afuera sino adentro de ella misma. ¿Por qué hablo de su voz y no de sus escritos? Creo que hay dos razas de escritores: aquellos que desaparecen bajo su escritura y aquellos que consiguen que su voz se filtre a través de los desfallecimientos y opacidades del lenguaje escrito. Cuando leo a María, la oigo. Es una voz líquida, que no avanza en línea recta sino serpeando entre pausas y vacilaciones, como si sorteara obstáculos invisibles. Una voz que, más que buscar su camino, lo inventa. De pronto, la materia verbal deja de fluir y se concentra en una frase que se levanta de la página como un chorro de claridad. En esos momentos de verdadera inspiración, la voz de María se transfigura. No sé si lo que nos dice esa voz es filosofía o es poesía. Tal vez ni la una ni la otra: la voz de María nos habla, sin decirlo expresamente, de un estado anterior a la poesía y a la filosofía. Entonces, por un instante, las formas que vemos son también los pensamientos que pensamos.

II

MIRADORES DE MARÍA ZAMBRANO

ADOLFO CASTAÑÓN
Fondo de Cultura Económica

Hubo una época en que algunos profesionales se preguntaban si lo que hacía María Zambrano era realmente filosofía; una época no tan lejana, según recordó José Luis Aranguren en 1983, en el seminario sobre María Zambrano realizado en Almagro.[1] Aquellas interrogaciones sobre España y la verdad de sus sueños ¿formaban parte de un sistema de ideas o eran poesía, fantasías ensayísticas? Quienes esto pensaban solían ser profesores a quienes la lección vital y filosófica de Ortega había dejado muy poco y hacían con la discípula lo mismo que con el maestro: elogiar al escritor para despreciar al filósofo, para seguir el pensamiento expuesto por Alejandro Rossi.[2] La de Zambrano sería, así, una filosofía para escritores, y su pensamiento, poético e inasible, participaría de la prestidigitación que cautiva a los espectadores con sus manipulaciones etéreas. Otra variante de esta misma actitud sería aquella que reconoce en María Zambrano más una voz que un pensamiento, un estilo personal y no una nueva visión intelectual. Contra esta lectura, Octavio Paz alerta: "En esos momentos de verdadera inspiración, la voz de María se transfigura. No sé si lo que nos dice esa voz es filosofía o es poesía. Tal vez ni la una ni la otra: la voz de María nos habla, sin decirlo expresamente, de un estado anterior a la poesía y

---

[1] José Luis Aranguren, en *El pensamiento de María Zambrano, Papeles de Almagro*. Textos de F. Savater, J. Moreno, A. Amorós, A. Marí, F. Muñoz, E. Cioran, A. Colinas, J. Castillo, J.L. Aranguren, J.A. Ugalde y "El camino recibido" de María Zambrano, Grupo Editorial Z, Madrid, 1983. Según Aranguren (p. 127): "... lo que ha ocurrido es que ha habido una desidia o desinterés por el pensamiento de María Zambrano por parte de sus mismos colegas".

[2] Alejandro Rossi *et al.*, *José Ortega y Gasset*, Fondo de Cultura Económica, México, 1984, p. 15.

a la filosofía. Entonces, por un instante, las formas que vemos son los pensamientos que pensamos."[3] Esta situación paradójica llama la atención sobre uno de los rasgos singulares de esta obra que se teje incesantemente entre la historia y la tragedia, la poesía y la filosofía, la confesión y la guía, y que ha sabido constituirse en uno de los pasadizos subterráneos que permiten transitar, ir y venir, del interior hacia el exterior de la ciudad sitiada de la cultura, enriqueciendo clandestina y a la par francamente lo decible con lo innombrable, con lo que está más allá, debajo, sublime, del límite. Ese rasgo admitiría diversos nombres, soportaría adjetivos, definiciones. Lo llamaré, para darme a entender y a riesgo de simplificar, valor. Se distingue María Zambrano por su valor, por la audacia y firmeza, la templada y serena resolución, la respetuosa y atenta delicadeza con que ha sabido seguir y dibujar en la pauta filosófica los movimientos de su propia sombra inspirada. Esa sombra en obra que se dibuja al paso de su voz por la palabra. Esa silueta movediza de la otredad y el delirio, de la poesía, el sueño, la música, el descenso a los infiernos del espíritu, y demás naufragios de la razón que ella decide desde muy joven, orteguianamente, salvar. Tal vez valor no sea la palabra para comprender esta virtud, aunque deba concederse que se da ahí una fuerza, una soberanía intelectual que resulta tanto más admirable en la medida en que, en un primer momento, esa razón parece ponerse a sí misma entre paréntesis. Una razón suicida o dispuesta al suicidio si es preciso, al sacrificio, para usar una de sus voces, con tal de salvarse y rescatarse, íntegra, en su luz y en su sombra, en su claroscuro. Una razón desvelada por habitar con el pensamiento "la penumbra tocada de alegría".[4] Una razón que no se contentará con dar y comprender la cara sino que exigirá comprehender —es decir: abrazar— el cuerpo a efecto precisamente de que la filosofía no quede en idea, la voz en palabra, para que las voces que oímos, "las formas que vemos", sean también, de nuevo Paz, "los pensamientos que pensamos". Una razón poética y mediadora capaz de arbitrar para "conducir lo divino que hay en mí a lo divino que hay en el Universo", palabras de Plotino al morir que aparecen como epígrafe de El hombre y lo divino. Otra palabra para definir esa virtud sería lealtad, la

---

[3] Octavio Paz, "María Zambrano (1904-1990) [sic]", Vuelta, México, núm. 172, marzo de 1991, p. 61.

[4] María Zambrano, Hacia un saber sobre el alma, Alianza Tres, Madrid, 1987, p. 11.

fuerza, la poderosa confianza con que María Zambrano sigue un camino y obedece las metamorfosis que éste le impone. Ahí la fidelidad supone el valor, pues la atención, el cuidado de lo irreductible —la sombra, el sueño, el delirio— exige a su vez una reducción de la razón a la atención, de la inteligencia a la sensibilidad intelectual, de la reflexión a una auto-observación implacable, cruda, a veces cruel. ¿Para qué enfatizar el carácter trágico de una empresa como ésta —empresa en el sentido renacentista de la palabra: es decir, hazaña— que gravita en torno al pozo del sacrificio voluntario? Ella misma se define así:

Vitalidad... vida verdadera, ¿qué diferencia había entre ellas? Vida verdadera, sí; era lo que ella quería, sin atreverse a llamarla así, buscándola tan sólo. Y por ella había renunciado hasta a la Filosofía, había renunciado a todo proyecto; había aceptado de raíz, el estar "aquí". Lo demás vendrá por añadidura. "Aquí es, son las circunstancias." "Yo soy yo y mis circunstancias" había leído hacía algún tiempo en *Las meditaciones del Quijote*, libro de Ortega que se publicara allá por el año catorce. Ahora sentía haberlo comprendido, cuando se hacía una decisión; estar aquí, aceptar las circunstancias, los tiempos múltiples y confusos: aceptar eso también, "la confusión de los tiempos", con voluntad de aclararlos; se iría aclarando en la vida, si se era leal. Aceptar las circunstancias, ¿no es cuestión de lealtad también? Lealtad que el mismo Ortega ha llamado "autenticidad", la verdad de la vida, la vida en verdad, una verdad modesta, en una verdad moral, de la que podemos responder. Y a eso quería ceñirse, a aquello de que pudiera responder; afrontaría pues la vida, su propia vida, tal como aquí y ahora se le daba. La aceptaría: sí, mas no la limitaría de antemano trazando un círculo; no, no crearía ella las circunstancias, ni las empequeñecería amputando algún tiempo de los múltiples que se le habían presentado, amputándose ella misma en aquello que había vivido "auténticamente". ¿Acaso se es culpable de que en medio de la vida, del tiempo de la vida se deslicen instantes del tiempo de la muerte? Del morir más bien, pues "muerte" es ya lo cumplido, lo inaccesible; pero morir no, morir bien puede ser aquí y ahora en la vida. Porque se sentía llena de aurora.[5]

María Zambrano —insistamos— ha tenido la audacia intelectual de situar la cuestión de la filosofía en terrenos poco frecuentados hasta hace poco por el pensamiento sistemático —el alma, el despertar, el

5 María Zambrano, *Delirio y destino*, Mondadori, Madrid, 1989, p. 135.

sentimiento, los sueños, la piedad, los dioses—, terrenos de hecho vedados, ilegítimos desde el parecer del más intransigente positivismo. Sin embargo, debe admitirse también que esa operación se ha hecho a partir de la invención de un idioma filosófico, de una constelación conceptual y de un repertorio, de un vocabulario donde las palabras se cargan de un sentido nuevo. Está en obra una depuración conceptual —una purga— que va en sentido inverso a la tradicional practicada por el positivismo lógico. Por ejemplo, la aurora de María Zambrano trasciende desde luego la descripción del diccionario, retoma y profundiza los sentidos de las auroras de Nietzsche y de Jakob Boehme para instaurarse como una categoría precisa en el análisis del despertar de la conciencia. En cualquier caso, salta a la vista y al oído que este pensamiento trabaja más con la poesía que con la literatura, con la experiencia artística originaria y aún más con la mística, dejándose al mismo tiempo trabajar por ellas. De hecho, la empresa de María Zambrano no sería concebible sin una metafísica de la expresión, para recordar en otro sentido la fórmula de otro filósofo discípulo de Ortega, también desterrado de España, Eduardo Nicol. La historia de la evolución de los géneros literarios, la filosofía como género, los géneros que ha creado o asumido el conocimiento filosófico, en fin, las formas de la experiencia intelectual y espiritual constituyen algunos de los temas —iba a decir: métodos— de que echa mano este pensamiento. En el mismo orden de ideas, las preguntas en torno al sentido del lenguaje se imponen a él como una de sus condiciones. Un pensamiento que no pasa por alto los hábitos que ha asumido al escribirse, que no cae en la trampa de soslayar las trampas que el lenguaje le puede tender a la filosofía, no podía desentenderse en modo alguno de la conducta de la mente, de la ética de la vida intelectual y contemplativa, de la ética del nombrar, de la ética sin más. Si el pensamiento avanza enmascarado, como exige la divisa cartesiana, entonces avanzar hacia él es desenmascararlo, adentrarse en los disfraces sucesivos con que nos fascina. Fijar las condiciones de la aparición verbal y literaria del pensamiento, hacer la historia y la crítica de esa literatura que son los géneros filosóficos, definir cómo aparece y se manifiesta el pensamiento, lleva a María Zambrano no sólo a un ejercicio de historia y crítica sino también al conocimiento de sí misma, a ese pensamiento que no se da ni en los libros ni en la experiencia, sino sólo *entre* ellos. La cuestión aparentemente técnica del significado de los géneros en filosofía, no es en modo alguno irrelevante y tiene, es más, un sentido ético. Si la verdadera biografía de un filósofo es su filosofía, si la clase de filosofía que elige depende de la clase de hombre que sea, no sabríamos aproximarnos al pensamiento de María Zambrano si no tuviésemos en cuenta esta preocupación por asociar géneros y formas de vida, expresiones y experiencias:

> Y así se hace visible el problema de la expresión filosófica, de sus modos y formas originales. La cuestión de los géneros literarios propios del pensar filosófico, la rica diversidad formal en que se ha vertido dicho saber, que va del diálogo al sistema, del tratado breve a las prolijas investigaciones, necesita ser analizada. Cada una de estas formas tiene su "tiempo", su ritmo propio... Lo primero que sentimos al leer *El discurso del método* y *Meditaciones cartesianas* es que ha cambiado el ritmo del pensamiento, y ese otro más íntimo e inefable, el ritmo que podríamos llamar del corazón, que las crisis ponen al descubierto en su delator sonido y que normalmente no se percibe: constante fondo sobre el que destaca la voz de lo inteligible.[6]

Pero si el pensamiento aparece en la palabra, se manifiesta, mucho antes, como un proceso y como una acción —el rumor de la psique, el balbuceo del alma— y más característicamente se puede comparar con el despertar. El despertar de la conciencia. Una buena parte de la obra de María Zambrano apunta hacia ese despertar, y acaso una manera de leerla sea justamente a la luz de una fenomenología del nacimiento de la conciencia —en la historia de la filosofía y en la historia de la sociedad española, en los personajes emblemáticos del ser español y en la experiencia personal, así biográfica como filosófica. Pero más allá de la historia ¿cómo se da el despertar? ¿Qué lo precede y provoca, qué lo engendra y qué lo inhibe, qué lo acompaña? En la exposición, se da tomando en serio, tomando a la letra, las trampas que el lenguaje le tiende al pensamiento, acosando los lugares comunes y obligándoles muy heideggerianamente a confesarse, buscando restituir la cábala dispersa en la tradición popular. De poco sirve enfrentar el mediodía de la conciencia, interrogar el pensamiento en su cenit para dibujar su órbita —pues ya se sabe que se pueden conocer mejor los movimientos del sol observando de noche las estrellas—: el pensamiento en su punto

---

[6] María Zambrano, *Hacia un saber sobre el alma*, p. 44.

más alto puede medir nuestra sombra, dar a conocer la silueta que el cuerpo proyecta. Pero el descubrimiento de la órbita, el conocimiento de la extensión de cada día, exige sobre todo observación metódica de la aurora y del ocaso, del amanecer y de la caída del sol. De *El hombre y lo divino* a *España, sueño y verdad*, María Zambrano ha consagrado una buena parte de su obra a observar la aurora del pensamiento, el alba que precede al despertar y al nacimiento. Esa aurora —sobra decirlo— es un estado interior, un momento decisivo de la intimidad consciente, que si bien desemboca en el día abierto de la claridad racional, nítida e inobjetable, proviene de la noche oscura del sentido, de la noche oscura del alma.

María Zambrano se encamina *Hacia un saber sobre el alma* por tener certeza de que el puesto de la razón en la vida del hombre no puede ser definido si no se conoce en su conjunto el firmamento espiritual del que esa razón forma parte. Un firmamento hecho de dioses, de piedades antiguas, de héroes y de mitologías de los que el ser humano ha tenido que desprenderse dolorosa y desgarradoramente a lo largo de su historia. Un firmamento también hecho de pasiones, de cuerpos opacos y, más aún, cargado de nubes, vientos y tormentas, preñado de sombras del pasado, de muertos vivos en la memoria y de seres sepultados en vida en el muro de la historia. La exploración de esa noche exige desde luego un método, un orden en los pasos. No es éste el lugar de definir el método, sólo digamos que se confunde con el camino y éste a veces con la voz del guía. Un método-camino a la vez filosófico y religioso, un camino de sabiduría. Cabe recordar aquí la forma en que María Zambrano ha hablado de su vocación y de ese llamado inapelable al que la convoca la filosofía y que tres veces —tantas como el Apóstol negó a Cristo— intentó eludir hasta aceptar. La vocación filosófica de María Zambrano se presenta como una vocación trágica, ya que en ella se reclama obediencia simultánea a dos palabras irreductibles —la palabra-susurro, la palabra-balbuceo, la de un inasible y sagrado *qué* inexpresable y la geométrica y sistemática de un pensamiento condenado a la deducción, al acoso racional. Esa divergencia entre el fervor y la inteligencia crítica, la fe y una muy delicada sensibilidad analítica enfocada a la vida de la mente y a la psicología del conocimiento no racional, se habrá de reconciliar en una razón poética a cuya fundación su obra apunta. Esa razón poética es por definición una razón limitada, es decir que nunca pierde de vista su origen y que se circunscribe siempre a ciertos datos de la experiencia para buscar con esos tres elementos un camino que es un método que es una forma de composición y hasta de respiración. De ahí que la vocación filosófica de María Zambrano se defina sobre todo como un estilo de vida que responde a una ética del pensamiento no formal, no sistemático. De hecho, acepta su vocación filosófica cuando descubre, gracias a Xavier Zubiri, que las *Categorías* de Aristóteles no representan para ella una revelación fulgurante sino otra forma "de lo que siempre ha sido mejor para mi pensamiento: la penumbra tocada de alegría". Razón poética, razón de la penumbra alborozada.

Por lo pronto, podemos convenir en que ese método sigue los caminos del corazón hacia el interior y hacia el exterior, hacia la vida innombrable y hacia la historia, pero siempre con la tendencia de apurar la energía hacia el interior para luego hacerla circular. ¿Qué dice la metáfora del corazón? Este movimiento de retraimiento y dispersión sugiere hasta qué punto la fuerza de esta reflexión está fundada en el equilibrio entre el logos y las entrañas, en el equilibrio como punto de apoyo, pues aun cuando se enfoca en el espacio abierto de la historia, desnuda a los símbolos y a los signos para hacer manifiesta su vida latente. No sorprende por ello la atención, el delicado y tenso esfuerzo por extraer de las creencias en que se arraiga la vida la luz de las ideas, por desentrañar el principio de esperanza palpitante en la vida, por buscar la palabra que "es la luz de la sangre". Entonces, nada más natural y más consonante con su vocación filosófica, con la vocación que la invita a pensar y a preguntarse, que sea precisamente en la historia de la cultura —de la cultura española en que se manifiesta su pensamiento— donde María Zambrano alcance algunos de sus atisbos más incisivos. Pues es tal vez en este terreno peligroso para la filosofía (en la historia de la cultura, desde el testimonio personal hasta la intrahistoria) donde este pensamiento que gravita en torno a lo sagrado en la historia exhibe su carácter sacramental y su nobleza, dejando expuesta a la vista de todos la condición, la caridad medicinal de la filosofía. Una filosofía digna de su nombre: es decir, resuelta no tanto a curar las heridas producidas por la guerra y por la violencia, como a sanar la enfermedad del dogmatismo, presente y pasado, a reformar si es preciso la tradición. En la vida, el pensamiento no aparece como un pensamiento puro: aparece plasmado en símbolos, incorporado a la imaginación en forma de figuras mitológicas. Cuando la ascesis conceptual del pensamiento llega a ser considerada, padecida, como una enfermedad, ello significa que la filosofía ha vuelto a su origen y que el momento en que se divorció de la poesía debe ser reconsiderado. Ese punto de partida que distanciaba a la filosofía de la poesía y que las definiría a ambas en el curso de la historia es precisamente el punto de partida de María Zambrano, la penumbra inicial, la iniciación de lo que ella llamará "el camino recibido". Un punto peligroso y arriesgado, un camino que se tiende por el filo de la navaja, un lugar intelectualmente desierto y vitalmente incómodo, inhabitable casi y para morar en el cual ha sido preciso forjar una razón abierta a la verdad del sueño, fundada en las razones del alma. Un camino arduo pero que lleva a dar realidad terrena y cordial, histórica, a esa sustancia inmaterial que ha recibido el hombre en la palabra.

"El pensamiento de María Zambrano es verdaderamente un pensamiento poético", dice el ya citado José Luis Aranguren, y con ello quiere decir que en él interesa tanto lo que dice como la forma en que lo dice. Es un pensamiento que no admite la disciplina filosófica académica, pero que en cambio se impone, disciplina al lector obligándolo a una forma de ser. En el principio de la filosofía de María Zambrano está el verbo, y ello de una manera muy literal. Considérense, por ejemplo, el número de veces que en sus diversos libros y en particular en *Claros del bosque* se inicia un párrafo o fragmento con un verbo: "Es profeta el corazón..."; "Centellean en las noches del ser, a través de la claridad de la conciencia que no la disipa, signos, signos del reino de la matemática". Otro rasgo estilístico de este lenguaje es su uso intensivo del presente del indicativo. Rara vez María Zambrano, salvo cuando es estrictamente necesario, usa otro tiempo. En tercer lugar, llamemos la atención sobre el carácter substantivo de un idioma donde adjetivos, epítetos, adverbios y atributos se reducen también a un mínimo, produciendo un lenguaje de una singular materialidad, una expresión substantiva. Por estos tres rasgos podemos decir que la de María Zambrano es una palabra activa, que nace y hace nacer con el verbo; una palabra del presente y de la presencia para la que el tiempo es una ficción, una variedad del sueño; una palabra, por fin, substantiva. Es también una palabra desnuda en la que la subjetividad se reduce a los datos empíricos inmediatos y es transformada, elevada a la condición objetiva de un sentir ya no individual sino genérico. Las circunstancias que se empeña en salvar la razón poética de María Zambrano son en primer lugar las más inmediatas de la vida y de la conciencia —el sueño, el despertar, el nacimiento. Su salvación se dará a través de una fenomenología de la experiencia consciente a la cual se asocia una práctica que es quizá una de las mayores originalidades de María Zambrano: la de restituir vida y sentido a ciertas figuras y corrientes de la cultura y, más particularmente, de la religión. Es la forma en que María Zambrano restituye, como dice Lezama Lima, "la raíz sagrada de la conducta".

*

Al situar su pensamiento en el horizonte de la agonía de Europa, María Zambrano se ubica en un momento anterior a la aparición de la filosofía. Su examen de la condena aristotélica de los pitagóricos en *El hombre y lo divino* —examen que por cierto tiene no poco en común con el que practica el mexicano José Vasconcelos en *Pitágoras: una teoría del ritmo*— la sitúa espontáneamente como una pensadora presocrática. Esta situación —de obvia filiación nietzscheana y que comparte no poca de la filosofía contemporánea— no ha sido inventada ni es una construcción artificial. Es un dato, ha sido originada por la historia moderna y en cierto modo parece una conclusión que se reitera desde distintos puntos de vista en el discurso filosófico y moral del siglo XX: de Ortega, Spengler, Berdiaeff, Huizinga, Arendt y Landsberg a Díez del Corral, Eco, Foucault y Paz, veremos que el fantasma del fracaso de la razón recorre Europa. Y ese fantasma tiene una sombra: lo sagrado, como recuerda Ramón Xirau.[7] La Ilustración ha fracasado, la guerra nuclear pone en entredicho la noción misma de objetividad, con el hombre del siglo XX concluye el sueño utópico de la civilización y se inicia una nueva Edad Media. Los hombres en estos tiempos oscuros ven caer las máscaras de la Historia, el Estado y el Progreso. El jardín de las utopías se ha transformado en basurero. La expansión de la tecnología demuestra que Babel era literalmente un sueño idiota estándar y que la economía de mercado podía ser la máscara de nuevos feudalismos y los individuos materia prima, recursos humanos antes

---

[7] Ramón Xirau, "Lo sagrado y la crisis de nuestro tiempo", *Estudios*, México, núm. 1, otoño de 1989, pp. 129-139.

que personas. María Zambrano ahondará en la definición de estos tiempos oscuros recalcando en primer lugar, y coincidiendo así inesperadamente con Georg Simmel, la consistencia, la vocación trágica, de la cultura en el mundo entero. Desde la Guerra Civil española la historia de la civilización europea es muy precisamente una historia póstuma, y España un pueblo de estoicos según una de las voces recogidas en *Delirio y destino*: "El suicidio, el suicidio histórico que creíamos haber conjurado lo llevábamos en nuestro destino." [8]

Si Occidente se ha suicidado, lo que ha muerto más bien es una idea y una práctica de la razón y junto con ella la posibilidad de una trascendencia puramente intelectual y no plenamente humana, pero no, nunca, la esperanza que el hombre tiene de distanciarse de las fuerzas que lo asaltan dentro y fuera de sí mismo, el anhelo que tiene el hombre de ser persona y dar lo mejor de sí —su promesa, su palabra— a la historia.

En estas circunstancias, el universo de la tragedia clásica cobra una vigencia inusitada, una fuerza expresiva que sólo se explica por el hecho de reflejar y dar voz simultáneamente al Fin y al Principio. La tragedia, entre tanto, no sólo representa un universo original, no sólo es un género que permite establecer comparaciones o parámetros con el origen —histórico y fenomenológico— de la cultura. Es también una forma de creación de ese nuevo origen que anuncia la certeza del Fin, pero, con él, la certeza de una forma, la figura de un sentido. En este contexto, la Antígona de María Zambrano —tan lamentablemente ignorada (lamentablemente para él) por el inglés George Steiner en su estudio sobre las Antígonas— cumple en cierto modo el papel de un manifiesto, de una carta a la vez abierta y cifrada. Si la Antígona clásica narra un suicidio personal que es una salvación solidaria, *La tumba de Antígona* de María Zambrano expone también un sacrificio. El sacrificio de la auto-compasión por la piedad. De algún modo, la Antígona se transforma en una metáfora de los saberes condenados, pues ella —la hermana menor— ha resuelto dar honra y sepultura a los saberes y tradiciones cuya expulsión del Panteón ha sido decretada por la Autoridad. Y es así que al visitar la iglesia de San Giovanni Diccollatto en compañía de Fernando Savater, la iglesia donde están sepultados todos

---

[8] María Zambrano, *Delirio y destino*, p. 208.

los reos ejecutados por el Santo Oficio, María Zambrano pide se diga una misa por el alma de Giordano Bruno. El fraile se escandalizó un tanto y repuso con imprevisto acceso de erudición: "Pero creo que ése murió recalcitrante." "Pues precisamente por eso", insistió ella, y la misa se dijo.[9] No sólo es preciso salvar a los condenados: la liturgia misma precisa ser salvada de las condenas que la esterilizan. Salvar a Giordano Bruno es salvar a la religión. Rescatar las guías como forma de pensamiento es también salvar a la filosofía de la mutilación que representaría prescindir de ellas.

La razón poética no sólo ha de salvar a la poesía y su mundo; al recuperar la sombra, se fecunda también la razón. Por motivos filosóficos, el evangelio prefiere un pecador arrepentido y no cien fariseos. El arrepentido, por experiencia, es un filósofo: *sabe*. María Zambrano nos sugiere que ese *saber* es la substancia primera de la filosofía.

*

Libros escritos en y para la plenitud de la conciencia. En la escritura de María Zambrano se da un camino que va de la religión a la filosofía, a la poesía y aun a la biografía. Un camino con sentido, iluminado por el sentir pero también por una racionalidad más honda, como aquella que nos gobierna antes e independientemente de la reflexión. Nos adentramos en sus libros como por un jardín, nos paseamos alrededor de sus capítulos y oímos brotar las palabras como agua en un surtidor, fuentes que van cantando, deletreando, la música más profunda que la cifrada en las palabras. Una música que se bebe con el oído interno de la conciencia y que hilvana las ideas, los hombres y el paisaje como cuentas y que ensarta a los dioses, la historia, la cultura, aun la naturaleza en el dorado hilo del sentido. ¿Qué es? ¿Es literatura? ¿Filosofía? ¿Poesía? ¿Es la palabra de María Zambrano la soberana toga pretexta con que se encubre una iniciación? Sí, un despertar. Después de un largo sueño, de olvidos vastos como continentes inexplorados y vírgenes, abrimos los ojos de la conciencia y nos devuelve el sentido a la sangre, la razón al sentido, la sangre al cuerpo. Como resucitar, como volver al hogar y a la patria, como volver a encontrar al Maestro,

---

[9] Fernando Savater, en *El pensamiento de María Zambrano, Papeles de Almagro*, p. 13.

como caminar después de mucho tiempo de haber estado inmóvil, paralítico. Todo entra en circulación. Vuelve la sangre de las ideas al cuerpo de la política; vuelve el sentido del orden a la sangre de la historia pública y personal, vuelve la razón viva a la mente perdida en su delirio. Estos retornos no son sino una confesión de que hemos vivido hasta ahora —¿cuándo no?— en el sueño. Un sueño vacío, impotente para engendrar; un encanto hechizo de la conciencia cautiva y ahora despierta por la presencia en movimiento de esa libertad —luz sin memoria— llamada Aurora.

A lo largo de más de veinte libros y de innumerables artículos y prólogos aún dispersos, María Zambrano ha seguido un camino que arranca de la filosofía, de la historia y de la historia de la filosofía y alcanza la fenomenología y la teoría del conocimiento, pasando desde luego por la revisión crítica y lírica de personajes, lugares, obras y momentos de la literatura y la cultura moderna y contemporánea. Este itinerario, que no avanza en modo alguno en línea recta, sino que sigue un movimiento espiral y concéntrico, y donde por así decirlo los núcleos o raíces problemáticos son ubicuos y se encuentran siempre presentes, se da paralelamente a una expresión literaria, a un estilo y a un repertorio de recursos retóricos y estilísticos sin los cuales aquella invención o descubrimiento de un paisaje intelectual y filosófico no hubiese sido en modo alguno posible. Pero entre ambos continentes o planos alienta un hilo conductor que representa o resume la tercera lección, la triple herencia de María Zambrano. Me refiero, desde luego, a la dimensión ética de esta empresa que va en todo momento pidiendo cuentas al sujeto lector y al sujeto leído y que en todo momento sabe poner a la razón a la sombra de la conducta; mientras ilumina, expone a ésta a la luz de su forma. Este contraste continuo de la cara conceptual con el cuerpo de la historia, de las pasiones con el trasfondo de lo sagrado, del gesto con el símbolo, hicieron saludar así a José Lezama Lima el envío de *El hombre y lo divino*:

> Es, desde luego, mucho más que un breviario. Me parece muy bien la forma en que asoma la eticidad trágica de su pensamiento: la piedad, la envidia, el delirio, adquieren desde su punto de vista una raíz divina, un brillo teológico. Desde ese viaje por las ruinas, usted intuye que lo más prodigioso es ser criatura, es ser hijo de Dios. Creo que en este libro usted despliega parte de la madurez que ha alcanzado su pensamiento. Como la frase de Pralino que usted recoge de "exigir el rostro", de contemplarlo,

sitúa la razón misteriosa de esas pasiones de los humanos frente a los dioses, y de las que éstos tampoco quedaban exentos. La eticidad, y en forma muy briosa, se ha liberado del imperativo como norma de conducta, de la idea puritana del deber para encontrar la raíz sagrada de la conducta. Su filosofía parece continuar en el diseño hierático de cada gesto, y en esa dirección donde también interviene la *dilectio* agustiniana, sus puntos de vista cobran esencial necesidad y gravedad.[10]

La eticidad, como dice Lezama, la dimensión ética parece ser uno de los tiempos centrales en el camino intelectivo de María Zambrano. Esa relación apunta al vínculo del sujeto con la historia, del protagonista con su propio cuento al igual que con el cuento de los demás, del saber con el lenguaje en que se expresa y de la expresión con la metafísica que se entrelínea en ella. Desde esa dimensión, por ejemplo, comprobaremos que no se pueden separar el comentario de la pintura —"cosa de otro mundo"— de los planteamientos en torno al problema de la representación y, más allá, que la contemplación forma, por así decirlo, o mejor, reforma el entendimiento y el carácter en la medida en que impone o auspicia una forma de ser, pues *ver* vale por ser:

> Oh, cristalina fuente,
> si en esos tus semblantes plateados
> formases de repente
> los ojos deseados
> que tengo en mis entrañas dibujados,

para citar los versos de San Juan de la Cruz que María Zambrano interroga y que, según José Ángel Valente, han dejado de ser asunto y tema de su reflexión "para convertirse en principios operantes activamente incorporados en sus últimos escritos, como es visible en algunos de sus ensayos de *España, sueño y verdad* y sobre todo en el contenido y entera estructura de *El sueño creador*".[11]

La ética como hilo conductor. Un hilo a la vez entrañable y consciente, una delicada sonda luminosa que va despertando de luz en luz, de

---

[10] José Lezama Lima, *Cartas (1939-1976)*, Orígenes, Madrid, 1979, p. 75. Carta fechada en La Habana, diciembre de 1955.
[11] José Ángel Valente, "El sueño creador", *Las palabras de la tribu*, Siglo XXI, Madrid, 1971, p. 243.

voz en voz a las entrañas. Sí, la conciencia de lo entrañable, la iluminación de aquellos personajes invisibles de tan clásicos y en los que nos olvidamos, vivimos, sin percatarnos de que son ellos los que nos viven y de que somos los sueños de su creación. La crítica literaria asumirá entonces en María Zambrano las dimensiones de una filología moral en la que veremos recrearse ante nuestros ojos la génesis de una experiencia —pongamos por caso la de la muerte, a través de la comprensión de la forma en que ella aparece evocada en *Las coplas a la muerte de su padre* de Jorge Manrique. Esta experiencia de la historia, de su oscuridad y dureza, se deletrea a través de su forma, pues para ella serán sinónimos paralelos, género literario y forma de experiencia, método de conocimiento y método de experiencia. Rescatar las formas olvidadas o disminuidas equivale desde luego a rescatar ciertas experiencias, ciertos saberes cuyo enunciado, cuyo ritmo, les es esencial a la razón poética y mediadora buscada por María Zambrano, ya que será en ellos, a través de ellos, donde encontrará un pasado y un paisaje; equivale también a inscribir la soledad de su Aurora en una tradición, en una cadena o teoría: *Aurora consurgens*. La revisión de la cultura hispánica que emprende María Zambrano ha de ser vista y oída como una reforma del entendimiento español, como una aventura de identificación de las formas de ser y sentir de la cultura española más substanciales para el nacimiento de una nueva razón. Naturalmente, esa reforma del entendimiento se planteará como una re-invención de la memoria y de la tradición. Es por lo pronto una re-invención moral y espiritual donde la historia sólo aparece, si aparece, como un alimento del espíritu y donde la voluntad épica se reduce literalmente a un sueño. María Zambrano descubre así una España *otra*, donde la ética, la mística, la poesía, la pintura y la religión han creado formas comunitarias, culturas, ciudades del sentimiento, complejas y elaboradas, pero sobre todo aptas. La España invertebrada sería la que renunciara a esta compleja herencia que se han inventado los pueblos mediterráneos en la península ibérica. Pero el descubrimiento de la otra España es paralelo en ella al descubrimiento de la otra Europa y de la otra razón: la de los padres de la iglesia (San Basilio), la de la mística renana (Eckhart), la de la Grecia de Nietzsche y la de la Roma de los estoicos.

Pero lo otro es también los otros y en el caracol del destino personal resuena, incontenible, majestuosa, la canción de la historia. Así, según Jaime Gil de Biedma, "Habla María Zambrano" desde la Piazza del Popolo:

Fue una noche como ésta.
Estaba el balcón abierto
igual que hoy está, de par
en par. Me llegaba el denso
olor del río cercano
en la oscuridad. Silencio.
Silencio de multitud,
impresionante silencio
alrededor de una voz
que hablaba: presentimiento
religioso era el futuro.
Aquí en la Plaza del Pueblo
se oía latir —y yo,
junto a ese balcón abierto,
era también un latido
escuchando. Del silencio,
por encima de la plaza,
creció de repente un trueno
de voces juntas. Cantaba.
Y yo cantaba con ellos.
¡Oh sí, cantábamos todos
otra vez, qué movimiento,
qué revolución de soles
en el alma! Sonrieron
rostros de muertos amigos
saludándome a lo lejos
borrosos —¡pero qué jóvenes,
qué jóvenes sois los muertos!—
y una entera muchedumbre
me prorrumpió desde dentro
toda en pie. Bajo la luz
de un cielo puro y colérico
era la misma canción
en las plazas de otro pueblo,
era la misma esperanza,
el mismo latido inmenso
de un solo ensordecedor
corazón a voz en cuello.

Sí, reconozco esas voces,
cómo cantaban. Me acuerdo.
Aquí en el fondo del alma
absorto, sobre lo trémulo
de la memoria desnuda,
todo se está repitiendo.
Y vienen luego las noches
interminables, el éxodo
por la derrota adelante,
hostigados, bajo el cielo
que ansiosamente los ojos
interrogan. Y de nuevo
alguien herido, que ya
le conozco en el acento,
alguien herido pregunta,
alguien herido pregunta
en la oscuridad. Silencio.
A cada instante que irrumpe
palpitante, como un eco
más interior, otro instante
responde agónico.
                    Cierro
los ojos, pero los ojos
del alma siguen abiertos
hasta el dolor. Y me tapo
los oídos y no puedo
dejar de oír estas voces
que me cantan aquí dentro.[12]

María Zambrano habla porque su pensamiento es voz, voz que mira. Como ella misma dijo a Fernando Savater: "Ya sabes que yo soy filósofa de oído." Y ella —añade él—, "filósofa de oído frente a la filosofía visual, teorética, de nuestra tradición sorda. La de María Zambrano quisiera ser como la de Diótima 'una escritura de oído a

---

[12] Jaime Gil de Biedma, "Piazza del Popolo", *Las personas del verbo*, 2a. ed., Seix Barral, Barcelona, 1982, pp. 70-72. Citado en A. Phala (ed.), Assirio & Albim, Lisboa, 1994. Núm. 36, monografía consagrada a María Zambrano. Traducción al portugués por José Bento.

oído' ".[13] Y ella entonces, al seguir su pensamiento, sigue su canción, medita pitagóricamente, según número y medida, sometiendo la verdad a la prueba del ritmo y la congruencia a la armonía. La canción de María Zambrano sigue con sus pasos mentales una palabra perdida, una canción enterrada, la de la ciudad dispersa, la de la comunidad unánime que al ser rota ha perdido el alma y la voz, el sentido, la canción. No fue ni gratuita ni accidental la acción civil, el paso por la Federación Universitaria Española, la Liga de Educación Social —disuelta por la policía en 1929— ni la participación en las Misiones Pedagógicas ni, ya en plena Guerra Civil, la acción en el Consejo de Propaganda o en el Consejo Nacional de la Infancia Evacuada. Pero su actividad en la guerra, siendo "moderada", fue, como ella misma dice, "intensa, implacable, como había sido mi vocación filosófica, que sin duda estaba detrás de ella sosteniéndome".[14] En el rumor de la obra, en el imperceptible sonido que recorre la construcción —para invocar a Kafka— se insinúa también el otro rumor enemigo, el de la historia:

> Y me tapo
> los oídos y no puedo
> dejar de oír estas voces
> que me cantan aquí dentro,

como habla María Zambrano en el poema de Jaime Gil de Biedma y como deja entrever el arrebatado *Delirio y destino*.

La ética será entonces un ejercicio musical, un voto de obediencia al rumor que resuena en el origen de la historia y de los sentidos, un despertar a la música profunda del alma; pues, se pregunta en *De la aurora* María Zambrano: "¿quién despierta en verdad al que sueña felizmente, al que ve o entrevé su propio destino, o al que ve más allá de él, trascendiéndolo, sino ese rumor de la psique?"[15]

El orden de esta ética sabrá alternar el rumor de la psique, el eterno retorno de la música mental, con el silencio prístino, irrenunciable e inefable, que es la tierra, el aire sobre el que resuenan los "pasos men-

---

[13] Fernando Savater, en *El pensamiento de María Zambrano, Papeles de Almagro*, p. 13. Cita a María Zambrano, *Hacia un saber sobre el alma*, p. 190.

[14] María Zambrano, *De la aurora*, Turner, Madrid, 1986, p. 12.

[15] *Ibid.*, p. 21.

tales". Expectante, contemplativa, la razón poética será una razón hambrienta de silencio creativo, compartido, hambrienta de esa "absolución especulativa" que vendrá de la otra historia, que encarnan como una Fata Morgana las utopías, las ciudades de Dios.[16] Pero el principio de esperanza no se engendra en el exterior, en el clamor de la plaza, sino allá donde Job escucha al pájaro, en el bósque o en el desierto, y más precisamente en el nido de esa evasiva ave que es el pensamiento: a saber, en el lenguaje. Si la crítica literaria es una filología del alma, ¿qué sería entonces el nombrar? ¿De qué manifestación u ocultamiento, de qué creación o destrucción podría ser prenda el lenguaje? ¿Qué exigencia vendría junto con el don de la palabra, condenada a ser humo y ruido, si no la acompaña la inocencia adánica o la fe profética? ¿Qué oscuridad ha quedado sepultada y sacrificada en la luz del verbo?

"¿Será pues el sacrificio —se pregunta María Zambrano en *De la aurora*— un origen específico para el nacimiento de la palabra? Y podría ser así si es que la palabra es nacida, y no se trata de una adquisición, de una propiedad lograda por el hombre, de un robo quizá. Y si de sacrificio se tratase habría de ser un sacrificio divino habido ya desde un principio que aun en el olvido sigue actuando. O bien tal vez sea un nacimiento divino que aún comportando sacrificio lo sobrepasa y hasta tal punto, que hace sentir y aun enseñar que en algún lugar, en algún mundo perdido ya, o no habido todavía, este nacimiento divino no conlleve sacrificio alguno; que sea un puro don, una substancia quizá. ¿Por qué no ha de tener la palabra substancia alguna, y es más, por qué no ha de ser ella misma substancia, entre todas, la substancia primera en nacer y la última para los mortales a ganar?"[17]

El rigor con que María Zambrano da la cara a estas preguntas que se agitan como serpientes en la cabeza-Medusa, asocia su empresa a otras convergentes y afines de la filosofía contemporánea. En torno a estos cráteres donde se disuelven el sentido y la tierra firme de las creencias y supersticiones establecidas por nuestra modernidad (por ejemplo, las clasificaciones positivistas y evolucionistas), donde se funde el fuego de la unidad inspirada, se edificará de hecho esta filosofía que es también —qué duda cabe— una sabiduría, un arte de

---

[16] *Ibid.*, p. 21.
[17] *Ibid.*, p. 69.

vivir conscientemente nuestras sagradas inconsciencias. De ese cuestionario en torno al lenguaje y a su realidad, se desprenderá una fenomenología del nombrar tanto como una experiencia iniciática, gnóstica, de la palabra y por ende de la Ciudad que esta palabra funda.

"El despertar de la palabra", "La palabra perdida", "El balbuceo", "El rumor de la psique", la raya de la aurora y la raya de la escritura, el nombrar como ocultamiento, el anuncio, la palabra del bosque, la palabra en sueños, signos y semilla; a lo largo de su obra María Zambrano trabaja una teoría y una fenomenología religiosa del lenguaje desde la cual la alianza entre filosofía y poesía, la fusión del conocimiento racional y del conocimiento visionario, intuitivo, resulta plausible, eficaz.

Creencias legitimadas por la experiencia, elevadas a la segunda potencia por la verdad vivida, representaciones heridas por la revelación, palabras-arco, pensamiento-puente, los de María Zambrano renuevan y plantean a una nueva luz las preguntas en torno a las relaciones entre vida y verdad, biografía y filosofía. Esa recreación, por ejemplo, de San Agustín, como ha recordado J. F. Ortega y Muñoz,[18] no la lleva a prescindir de la invención de un lenguaje y de la imaginación de una gramática inspirada, dionisiaca. La ascesis de María Zambrano, su renuncia radical al uso de una razón no marcada por el sacrificio y su renuncia a una razón no dispuesta a pagar el precio del pensamiento originario, le han permitido alzar el corazón hacia la luz, restituirlo a la condición transparente de la metáfora, salvar la forma y la vocación de pensar, trasmutándolo en coordenada filosófica.

---

[18] Juan Fernando Ortega y Muñoz, *Introducción al pensamiento de María Zambrano,* Fondo de Cultura Económica, México, 1994, pp. 255 y ss.

DELIRIO Y DESTINO: NOTAS SOBRE LA ESCRITURA AUTOBIOGRÁFICA DE MARÍA ZAMBRANO

ROSE CORRAL
El Colegio de México

*A la memoria de mi padre, por su exilio sin
retorno (España 1907-Francia 1988)*

El que no sabe lo que le pasa, hace memoria para salvar la interrupción de su cuento, pues no es enteramente desdichado el que puede contarse a sí mismo su
propia historia.

(M. Zambrano, *El hombre y lo divino*)

Muy pronto, desde el inicio de la Guerra Civil española, en los textos que escribe para la revista *Hora de España* y en el libro que
publica en Santiago de Chile en 1937, *Los intelectuales en el drama de
España*,[1] María Zambrano emprende una reflexión sobre la historia y
el ser de España que prosigue y amplía a lo largo de su exilio. Como lo
señala la propia María Zambrano, la juventud intelectual española de
aquellos años hereda de la Generación del 98 esa preocupación por el
"problema de España". Ya en México, en las conferencias que ofrece

---

[1] Panorama, Santiago de Chile, 1937, 50 pp. Junto con la voluntad de esclarecimiento
histórico, Zambrano reflexiona también aquí sobre el momento presente de la guerra: el fascismo
ascendente en Europa, las fuerzas en juego en la Guerra Civil española, los antecedentes inmediatos de la contienda. En *Hora de España* apunta una y otra vez la necesidad del español de recuperar su "verdadera historia", una historia "que le falsificaron, convirtiéndola en alucinante
laberinto", en "galería de fantasmas", historia o pasado que la guerra ha puesto de manifiesto.
Véase, en particular, "El español y su tradición", *Hora de España*, Valencia, IV, abril de 1937, reproducido en *Senderos*, Anthropos, Barcelona, 1986, p. 86.

en La Casa de España en 1939 (conferencias que serán publicadas el mismo año con el título *Pensamiento y poesía en la vida española*), profundiza en varios de los temas esbozados en *Hora de España*: el sentido del estoicismo español, el realismo como una forma de conocimiento, la cuestión del tradicionalismo. Se propone, fundamentalmente, esclarecer el pasado de España, sacarlo de la inercia, vivificarlo y restablecer una continuidad necesaria con el ayer: "Absorbamos nuestro pasado en nuestro presente, incorporémoslo al hoy, mejor al mañana; no dejemos ningún residuo muerto, opaco; no le dejemos nada a la muerte." [2] Alude en varias oportunidades a la falta de memoria histórica de los españoles, a la ausencia de una "imagen clara de nuestro ayer, aun el más inmediato",[3] ignorancia y olvido que desembocan fatalmente en la tragedia. En este primer libro publicado en el exilio y en cuyas páginas asoman su dolor y desesperación, su inquietud también por el porvenir de España, María Zambrano desentraña con pasión y lucidez las raíces del presente, el drama del hombre español a través de su historia, su pensamiento y su literatura.

Muchos años después, en un texto fechado el 14 de abril de 1977, texto que sirve de prólogo a la primera reedición en España de *Los intelectuales en el drama de España*, María Zambrano reitera su compromiso con aquella "hora de España" y se empeña no sólo en mantener viva la memoria, sino sobre todo en extraer, una y otra vez, el sentido de aquella "experiencia histórica" vivida en España, "la historia verdadera que prosigue bajo la apócrifa".[4] En su honda "Carta sobre el exilio" (1961), María Zambrano insistirá en lo mismo: si no se recuerda y clarifica la historia, ésta se convierte en un "oscuro sueño", en una pesadilla, en una suerte de fatalidad.[5] Al margen de la historia y sin un lugar propio, al exiliado, que sólo es "memoria. Memoria que rescata", le toca "ir extrayendo de [la] historia sumergida" de España "una cierta continuidad". De manera todavía más radical, sostiene finalmente que

---

[2] *Pensamiento y poesía en la vida española*, La Casa de España, México, 1939. Cito por la reedición que ha hecho El Colegio de México en 1991, p. 22.

[3] *Ibid.*, p. 111.

[4] "La experiencia de la historia (Después de entonces)", en *Senderos*, p. 23.

[5] "Carta sobre el exilio", en *La razón en la sombra. Antología del pensamiento de María Zambrano*, ed. de Jesús Moreno Sanz, Siruela, Madrid, 1993, pp. 381-391. Se publica por primera vez en los *Cuadernos del Congreso por la Libertad de la Cultura*, París, núm. 49, 1961, pp. 65-70.

el exiliado "ha tenido que ir transformándose, sin darse cuenta, en conciencia de la historia", la conciencia de un país que después de la guerra se abandona al olvido:

> Ser memoria es ser pasado; mas de muy diferente manera que ser un pasado que se desvanezca sin más, condenado a desvanecerse simplemente [...] Lo pasado condenado —condenado a no pasar, a desvanecerse como si no hubiera existido— se convierte en un fantasma. Y los fantasmas, ya se sabe, vuelven. Sólo no vuelve lo pasado rescatado, clarificado por la conciencia; lo pasado de donde ha salido una palabra de verdad.[6]

Esta radical vinculación a España, su fidelidad también a lo vivido en los años previos a la guerra, recorren toda su obra y constituyen, como ha escrito José Ángel Valente, "en la soledad o en la privación, uno de los ejes centrales de su vivir y pensar".[7] Y el mejor testimonio de ello es, sin lugar a duda, el relato autobiográfico que publica poco antes de morir, *Delirio y destino (Los veinte años de una española)*.[8]

La mayoría de los textos de María Zambrano, al igual que su "Carta sobre el exilio", llevan la profunda huella de su circunstancia vital, aunque no son desde luego lo que se llama en sentido estricto textos autobiográficos. La propia Zambrano ha aludido a su compromiso con la verdad, "me lleve donde me lleve, me traiga lo que me traiga", y a su total entrega a la hora de escribir: "aquello que he hecho ha nacido dentro de mí y no puedo rechazarlo".[9] La estrecha vinculación que establece la autora entre el ser, la vida humana y la historia, explica, me parece, esa "riqueza auténticamente autobiográfica" que, según José Luis L. Aranguren, se desprende de sus textos, que conservan a la vez "una dimensión de auténtica universalización, de tal modo que podemos vivir dentro de ellos casi, no tanto, pero casi, diría, como la propia María Zambrano".[10]

Otra reflexión decisiva de Zambrano en esos primeros años del exilio, cercana en el tiempo (y sobre todo en cuanto a su sentido últi-

---

[6] *Ibid.*, p. 389.

[7] "El sueño creador", en *Las palabras de la tribu*, Tusquets, Barcelona, 1994, p. 194.

[8] Mondadori, Madrid, 1989, 296 pp. De aquí en adelante se citará en el texto, siguiendo esta edición.

[9] "A modo de autobiografía", *Anthropos. María Zambrano. Pensadora de la aurora*, Barcelona, núm. 70-71, 1987, p. 70.

[10] "Filosofía y poesía", publicado originalmente en *Papeles de Almagro. El pensamiento de María Zambrano*, Zero Zyx, Madrid, 1983. Fragmentos de este ensayo aparecen reproducidos en el número de la revista *Anthropos* citada en la nota anterior (p. 27).

mo) a la que inicia sobre el pasado de España, es la que lleva a cabo sobre el género de la confesión en su libro *La confesión, género literario y método*.[11] La "palabra de verdad", necesaria para vivir en la historia, es la que busca también el hombre en su propia vida cuando hace una confesión. Se trata de un "género de crisis", motivado por circunstancias individuales pero, escribe Zambrano, "más todavía históricas", que no resulta necesario cuando "la vida y la verdad han estado acordadas" (p. 13).[12] La confesión es un "acto en el que el sujeto se revela a sí mismo, por horror de su ser a medias y en confusión" (p. 16). Es también un método que le permite al sujeto recobrar la unidad perdida y liberarse de las contradicciones y paradojas en que anda envuelto. No hay autocomplacencia o narcisismo en una auténtica confesión, como sí puede haberlos en una novela autobiográfica: expresa al contrario la desesperación humana, el fracaso en su desnudez.[13] Finalmente afirma que es "una acción, la máxima acción que es

---

[11] Consultamos la reedición del libro, intitulada ahora *La confesión: género literario*, Mondadori, Madrid, 1988. Las citas se harán en el texto conforme a esta edición. La primera edición del libro se publica en México (Luminar, 1943). En una carta de 1978 a Juan Fernando Ortega Muñoz, María Zambrano se refiere a esta obra como "lo más desdichado y lo que más quiero de todo lo dado a publicar". Véase de Ortega Muñoz, *Introducción al pensamiento de María Zambrano*, Fondo de Cultura Económica, México, 1994, p. 255. Otro texto importante y cercano en su propósito al anterior es "La vida en crisis", publicado en 1942 en la *Revista de las Indias* (Bogotá) y recogido posteriormente en *Hacia un saber sobre el alma* (Losada, Buenos Aires, 1950, pp. 71-88). Cuando la vida ha perdido su sentido o su justificación, se vuelve necesario, al igual que en una confesión, volver la mirada al pasado: "hacer memoria, hacer historia, recoger de las tribulaciones, la experiencia" (p. 88). También importa recordar el ensayo "La 'guía', forma del pensamiento" (1943), en que la autora amplía su reflexión a un género de textos como las guías, confesiones, meditaciones, consolaciones, formas olvidadas y menospreciadas de conocimiento, a medio camino entre razón y vida, que constituyen un invaluable "saber de experiencia". *Hacia un saber sobre el alma*, pp. 51-70.

[12] Aunque María Zambrano ha insistido a lo largo de toda su obra sobre el entronque de la vida humana individual con la historia, lo hace con particular énfasis en los textos de esos primeros años del exilio. En *Pensamiento y poesía en la vida española* se refiere en varios momentos a la historicidad de la vida individual: "ninguna vida por anónima que sea, deja de formar parte de la historia, deja de ser sostén de ella y de padecer sus consecuencias" (p. 49). También en 1939, en un ensayo sobre Nietzsche que publica la *Revista de la Universidad Michoacana*, insiste en su crítica al idealismo: "Cosas de la historia suelen ser las cosas más graves individuales. Y el yerro mayor del individualismo, tal vez el único, haya sido creer que el individuo puede aislarse de la historia, abstrayéndose de las circunstancias concretas que presiden su inexorabilidad de los astros, su pobre vida." "La soledad enamorada", en *La confesión: género literario*, p. 75.

[13] "El que se novela, el que hace una novela autobiográfica, revela una cierta complacencia sobre sí mismo, al menos una aceptación de su ser, una aceptación de su fracaso, que el que ejecuta la confesión no hace de modo alguno." *La confesión...*, p. 17.

dado ejecutar con la palabra" (p. 18). Esta reflexión sobre la confesión encuentra su origen y sentido en el marco del exilio y de la honda crisis que le sigue, y anticipa asimismo su propia confesión en *Delirio y destino*.

Memoria y confesión, dos términos muy próximos en el decir de María Zambrano, configuran zonas de su escritura en permanente busca de la verdad, verdad histórica y verdad individual, en busca también de la necesaria continuidad de la vida que después de la guerra se planteó a todos los exiliados. Es este doble proceso o, mejor, el *cruce* entre la historia personal y la propiamente histórica y colectiva, lo que constituye el gesto fundador de *Delirio y destino*, la parte medular de su confesión. Escrito a principios de los años cincuenta en La Habana, en donde vivía entonces, este libro sólo fue publicado en 1989, dos años antes de su muerte, en la fecha nada neutral del cincuentenario del final de la Guerra Civil española. Aunque habían aparecido algunos fragmentos en revistas americanas y europeas, el libro quedó prácticamente inédito.[14]

En la presentación "imposible" del libro, Zambrano explica las circunstancias en las que lo escribió y las razones que la motivaron a publicarlo cerca de cuarenta años después de haberlo escrito, de regreso ya a España, tras un largo exilio que concluye en 1984. Aunque refiere las circunstancias externas de su escritura —la convocatoria de un premio literario de la cultura europea para una novela o una biografía—, parece evidente que tanto su escritura como su publicación responden "al afán de poner en claro mi vida" (p. 11). Con ello alude tal vez a una de las primeras autobiografías publicadas en el exilio, *Vida en claro* (1944), del escritor español refugiado en México, José Moreno Villa. Menciona la posible utilidad de su testimonio para las nuevas generaciones y concluye: "La misma voz que me pidió entonces salir de mí misma y dar testimonio tal vez sea la que ahora me pide que lo publique espontánea y precipitadamente antes de morir" (p. 12).[15]

---

[14] Se publicaron en efecto algunos fragmentos en los años cincuenta en las revistas *Orígenes* (La Habana), *Botteghe Oscure* (Roma), *Cuadernos del Congreso por la Libertad de la Cultura* (París) y *La Licorne* (Montevideo). Finalmente, dos de sus capítulos ("Adsum" y "La multiplicidad de los tiempos") aparecieron en forma de libro en 1981: *El nacimiento (Dos escritos autobiográficos)*, Entregas de la Ventura, Madrid.

[15] En un breve ensayo sobre este libro, José Antonio Ugalde piensa que existe una "leve mácula en el origen de *Delirio y destino*", que a pesar de todo "no empaña la autenticidad del tex-

En una carta de 1953 enviada a su amiga Rosa Chacel, María Zambrano apunta su dificultad o perplejidad ante el género de su nuevo libro:

> No es novela. ¿Qué es?... Desde un punto de vista objetivo [...] es la historia o el relato —seamos modestos— de los orígenes de la República. La primera parte acaba el 14 de abril. La segunda, que es más bien Epílogo, son Delirios, algo que me encontré escribiendo en París a ratos cuando el 'daimon' me tomaba después de la muerte de mi madre.[16]

Aunque señala la inclusión en el libro de los "delirios", breves narraciones, muy libres, en donde los recuerdos se mezclan con la recreación de sueños y escenas vividas, sin una referencia temporal precisa, descarta el género novelístico y ni siquiera menciona el género autobiográfico. En aquel momento, parece considerarlo, o por lo menos así lo asume en la carta a Chacel, como un testimonio histórico.

La apreciación de Zambrano sobre su propio libro puede interpretarse como una temprana reticencia hacia la autobiografía, de la que queda exenta, no obstante, la confesión. En un texto de sus últimos años, intitulado "A modo de autobiografía", manifiesta de manera explícita sus reservas hacia este género: "A modo de autobiografía, porque no estoy muy cierta de poder hacer de mí una biografía, a no ser esas que he hecho ya, sin darme cuenta, en mis libros y sobre todo en mi vida."[17] Aunque sabe que la vida necesita la palabra que la aclare, duda de que sea posible un conocimiento total de sí, un conocimiento que tome en cuenta la profundidad y complejidad del ser:

---

to", por el hecho de haber sido escrito para un premio literario (como lo explica la propia Zambrano en la presentación) varios años después de que se produjera "la conversión" vital que cuenta en sus páginas. Desfase temporal que disminuye, según Ugalde, la necesidad de la confesión ("Modos de subjetivación en María Zambrano: no ser apenas", *Ínsula*, Madrid, núm. 509, mayo de 1989, pp. 11-12). En nuestra opinión, es la crisis vivida en la guerra y en la interminable posguerra la que origina la necesidad de la confesión. En efecto, Zambrano rescata el profundo sentido de la experiencia individual y colectiva vivida en España en los albores de la República, experiencia, se entiende, truncada por la guerra, la derrota y el exilio, pero que sigue viva en la interioridad de la escritora y que por lo tanto necesita descifrarse, "revelarse".

[16] *Cartas a Rosa Chacel*, ed., intr. y notas de Ana Rodríguez-Fischer, Cátedra, Madrid, 1992, pp. 45-46. En la misma carta Zambrano le cuenta a su amiga las dificultades que tiene en aquellos años para publicar *Delirio y destino*: recibe varias propuestas que finalmente no se concretan. Estas cartas nos informan que por lo menos sí tuvo la intención de publicarlo, pero que tal vez era estas dificultades abandona luego el proyecto.

[17] Art. cit., *Anthropos*, p. 69.

Lo que resulta imposible en principio es revelarse a sí mismo, es decir, hacer eso que se llama una autobiografía, porque habría que hacerla en la forma más pura y transparente, es decir, incluyendo los momentos y las épocas de oscuridad, en que uno no se está presente a sí mismo [...] Me siento incapaz de revelar mi propia vida, quería, por el contrario, que alguien me la revelara, ser Miguel de Cervantes, el que reveló a Sancho su verdadero ser.[18]

Parece claro que María Zambrano privilegia lo que entiende por confesión frente a otros escritos autobiográficos, quizás porque se trata de un acto mucho más radical que pone al descubierto el desamparo del hombre y revela, como escribe en el ensayo de los años cuarenta, su "existencia desnuda" (p. 20). En una autobiografía, el deseo de construir un "personaje" o una imagen de sí puede prevalecer sobre el desnudamiento o la revelación de lo que en una confesión son simplemente "conatos de ser" (p. 16). En un breve texto posterior incluido en *El sueño creador*, "La escala de la confesión", se refiere de nuevo al proceso de despojamiento extremo que debe seguir el hombre en su confesión (no tener "imagen propia", ni "pretensión ni ensueño de ser nada, mendigo del propio ser"), proceso que abre paso al camino de la identidad, del "ser de verdad".[19]

Es probable también que Zambrano se resista al orden cronológico que sigue la gran mayoría de las autobiografías, sin que se cuestione siquiera sus limitaciones para dar cuenta del sentido de una vida. Su reflexión sobre el tiempo, en el capítulo "La multiplicidad de los tiempos" de *Delirio y destino* y en otros numerosos escritos suyos, muestra a las claras su desconfianza del tiempo lineal o sucesivo, al que llama "el tiempo casillero" (p. 113) y también "el tiempo cadena, condena" (p. 115). En *El hombre y lo divino* desecha sin ambigüedad ese orden convencional y a la vez superficial que no permite adentrarse en las "entrañas" del ser o de la historia: "La historia, la propiamente histórica y la personal [...] no puede ser ni ha sido nunca el relato de los acontecimientos en ese fluir del tiempo que todo lo lleva."[20] El pasado no es tampoco para Zambrano un tiempo concluso, fijado de una

---

[18] *Ibid.*, p. 70.
[19] *El sueño creador*, Turner, Madrid, 1986, pp. 129-133.
[20] *El hombre y lo divino*, Fondo de Cultura Económica, México, 1993, p. 247 [1a. edición de 1955].

vez por todas, sino un tiempo en diálogo con el presente al que nutre y vivifica.

De allí que la franja de vida que abarca su rememoración, básicamente del 29 a la proclamación de la segunda República el 14 de abril de 1931, pueda parecer muy breve si no se comprende lo que intenta la reconstrucción autobiográfica que lleva a cabo María Zambrano: descifrar o iluminar las raíces de su vida presente, el nacimiento en esos años de lo que llama "un destino soñado", origen y cifra de una identidad que perdura en el tiempo, aunque se frustra su plena realización con la guerra y el exilio. También es cierto que la franja de vida elegida es única: no habrá ya para ella ni para los españoles la oportunidad de vivir otro sueño parecido de comunión y plenitud. El centrar su relato sobre esos años le permite destacar el momento utópico y esperanzado del cambio que vive España en la década del treinta. Es notoria la lentitud con la que va narrando el renacer propio y el de España —prácticamente toda la primera parte—, para finalmente condensar en muy pocas páginas la salida hacia América en el 39 y el retorno a París en el 46 cuando muere su madre, sin detenerse en los conflictos que surgen desde los primeros años de la República.

Las primeras páginas de *Delirio y destino* llevan a la práctica, en la revelación de la propia vida, lo que había formulado unos años antes en su ensayo sobre la confesión: "Todos los que han hecho el relato de su vida en tono de confesión parten de un momento en que vivían de espaldas a la realidad, en que vivían olvidados" (p. 24). El capítulo intitulado "Adsum" relata ese "momento", lo que entiende María Zambrano por su morir y renacer que ocurre a finales de los años veinte, después de una larga enfermedad. Pero este impulso de verdad, de clarificación de la propia existencia, no puede desligarse de otro que aparece muy pronto, desde el principio de la confesión: narrar el despertar de España que va gestándose en esos mismos años que abarca la narración autobiográfica. Aunque es evidente la naturaleza testimonial de muchas de las páginas de *Delirio y destino*, no parece legítimo disociar, como se ha hecho, la confesión de las memorias, ya que el texto de Zambrano consiste en la conjunción de estas dos gestaciones íntimamente vinculadas, en el cruce entre vida e historia.[21] Éste es pre-

---

[21] J. A. Ugalde sostiene que "el libro evoluciona desde lo autobiográfico a lo memorial", y acaba disociando el "destino soñado" de Zambrano (que es un sueño de unidad o fusión con la

cisamente el "destino soñado" del cual nos habla a lo largo de la primera parte y que, al fracasar, deja lugar a los "delirios".

Es en este contexto que debe entenderse la imagen central que desarrolla Zambrano del nacimiento, de la necesidad de "nacer por sí misma" que surge después de sobrevivir a su enfermedad.[22] Se trata de un nacimiento verdadero del cual podemos tener conciencia ya que "del primer nacimiento nadie recuerda nada" (p. 17). En una suerte de ascesis intenta "deshacer lo vivido" (p. 20), liberarse de ataduras anteriores y asimismo del "personaje" ("la imagen es un maleficio", p. 29) que asfixia a la persona: "todo había ido cayendo; lo que se creía ser; su 'ser'… ya sabía que no era, que aquello, *no era apenas nada*" (p. 21).[23] Y es desde esta extrema desnudez, en ese estado "prenatal", en suspenso, y viviendo simplemente "en la verdad", que nace en ella el "sueño de España":

> Sólo le quedaba adentrarse, encerrarse como en un capullo, en su sueño y dejar que se formara […] Como no tenía proyecto y sí tan sólo su pobreza a la que quería ser fiel —no edificaría nada sobre sí misma, no esperaría nada de sí misma, nada para sí misma— el sueño de España se le fue entrando y comenzó a vivir sola ese sueño (p. 28).

---

colectividad) en "dos auroras paralelas", la propia y la de España. Art. cit., p. 12. En otra lectura de *Delirio y destino* se alude de manera semejante a la presencia de dos tiempos distintos superpuestos: "el propiamente confesional y el histórico". En realidad, es la confluencia de los dos tiempos lo que conforma la sustancia del relato autobiográfico de María Zambrano. Véase María Luisa Maillard, "El tiempo de la confesión en María Zambrano", en José Romera (*et al.*), *Escritura autobiográfica*, Visor, Madrid, 1993, pp. 280-287. También la reflexión de la escritora Amparo Amorós se centra, como lo hacen las demás lecturas sobre *Delirio y destino*, en el momento más íntimo y personal del renacer, haciendo a un lado su sueño de participación colectiva que nace en esos mismos años. "Mismidad y ajenidad en *Delirio y destino*, de María Zambrano", *Ínsula*, Madrid, núm. 509, mayo de 1989, pp. 13-14.

[22] María Zambrano retomará más tarde la misma imagen del nacimiento ("uno que está naciendo") para referirse al camino seguido por el exiliado en su destierro, después de la agonía de la guerra: "[ha tenido que] irse despojando de sinrazones y hasta de razones, de voluntad y de proyectos. Ir despojándose cada vez más de todo eso para quedarse desnudo y desencarnado; tan solo y hundido en sí mismo y al par a la intemperie, como uno que está naciendo; naciendo y muriendo al mismo tiempo, mientras sigue la vida." "Carta sobre el exilio", en *La razón en la sombra*, p. 382.

[23] Las cursivas son nuestras. Mucho después, Zambrano insiste de nuevo en la precariedad de su ser: "[...] lo que más me ha costado trabajo es asumir este yo, el yo he hecho esto, el yo, no puedo con él. Yo no soy nadie, yo no soy ninguno y cómo si no soy ninguno puedo tener una autobiografía" ("A modo de autobiografía", *Anthropos*, p. 70). Esta fragilidad explica la dificultad, por parte de Zambrano, de narrar su propia vida en primera persona, que siente demasiado rotunda e imperativa. La elección de la tercera persona del singular es en ella una forma de humildad, a tono con la experiencia del desvalimiento, de la desnudez del ser.

De la intimidad, de la soledad e incluso del aislamiento físico debido a la enfermedad que la mantiene recluida y que recorre paso a paso, nace el sueño de participación colectiva. En su "destino soñado" se funde la propia vida con la de la colectividad anónima, con el "pulso de España": "formaba parte, como tantos otros, del alma y de la conciencia de la historia de aquella hora" (p. 183). El sueño de ser "uno más, uno entre todos", en el que incluso fantasea la desaparición de las clases sociales, sólo empieza a abandonarla en la derrota, después de cruzar los Pirineos, en enero del 39, cuando, según rememora, está por concluir un ciclo vital e histórico, el de su participación y entrega a la historia colectiva de España:

> Sabía que para siempre se había desgajado de aquella multitud de la que formaba parte, como uno más, uno entre todos; se había desgajado para siempre, había vuelto a ser ella, otra vez, a estar 'aquí', a solas consigo misma (p. 237).

Si empieza, pues, a vivir sola este sueño, también es cierto que entronca muy pronto con el sueño de su generación, una generación "sacrificada", a la que dedica uno de los capítulos más intensos y conmovedores de todo el libro, "La inspiración". Es probablemente en esta parte de su narración autobiográfica donde Zambrano muestra mayor empeño por rescatar la "historia sumergida" o silenciada de España. Recuerda, primero, el anonimato de su lucha: no pertenecen a ningún partido, no buscan protagonismos ni heroísmos; destaca, finalmente, su "delirio de pureza tan pronto condenado por el destino" (p. 206). Evoca por último la muerte, también anónima, de la gran mayoría de ellos, de los que "[entraron] desnudos en la historia" (p. 210). Se trata del punto culminante de su testimonio y el único pasaje de todo *Delirio y destino* en que María Zambrano abandona la tercera persona del singular, más distante e impersonal, con la que ha venido contando su historia, para asumir el "nosotros". Voz de la presencia y participación que anula la distancia entre el "ella" y los otros, porque ahora coincide el sujeto con el momento histórico: "En las horas de ensanchamiento de la historia, cuando algo nace, cuando la esperanza se muestra, una esperanza compartida, la presencia crece, es mayor la dimensión de nuestra persona" (p. 201). Como en otras memorias del exilio español, María Zambrano insiste en su relato en ese espacio excepcional de convivencia que fue España a partir del 31 y también en la dificultad (y en su caso, imposibilidad) de distinguir entre vida individual y vida colectiva.

Aunque María Zambrano afirma en el ya citado texto de 1987, "A modo de autobiografía", que su biografía aparece, de manera involuntaria, en los libros que ha escrito, en ninguno existe sin embargo la intención de vincular de manera tan estrecha su vida o destino individual con la historia colectiva de España, de reconocer incluso en ese pasado rescatado por la memoria, sus verdaderas e irrenunciables señas de identidad, el origen también de su "pasión" por España. Recordar, hacer memoria y confesar se unen en un mismo gesto en *Delirio y destino*. Lo que le interesa a Zambrano es la reconstrucción de aquella encrucijada vital en que tiempo interior y tiempo histórico se acoplaron en un mismo "renacer". Rememoración en la que no hay nostalgia porque, como lo escribió en un texto esencial en que medita sobre el fracaso, "Las ruinas", se trata de "un tiempo concreto, vivido, que se prolonga hasta nosotros y aún prosigue".[24] Lo que la memoria actualiza y rescata en *Delirio y destino* no son sólo los hechos o los acontecimientos sino el sentido, "la palabra de verdad" que puede extraerse de aquella experiencia histórica, la "esperanza" también que ha sobrevivido a la destrucción y a la tragedia.[25]

---

[24] *El hombre y lo divino*, p. 251. Este texto que publica primero en la revista puertorriqueña *Asomante*, en 1953, antes de incorporarlo a *El hombre y lo divino*, ilumina en más de un sentido la narración autobiográfica que escribe precisamente en esos mismos años. Acerca de "Las ruinas", María Zambrano ha dicho que "es muy mío, muy de lo hondo, porque es un fracaso [...] son los restos de un naufragio", *Anthropos*, p. 71.

[25] Una primera versión de este trabajo fue presentada en la sesión dedicada a "Literatura (auto)biográfica en el mundo hispánico" en el XII Congreso de la Asociación Internacional de Hispanistas que tuvo lugar en Birmingham, Reino Unido, del 21 al 26 de agosto de 1995.

MARÍA ZAMBRANO Y EL LIBRO DE JOB

ANGELINA MUÑIZ-HUBERMAN
Universidad Nacional Autónoma de México

¿Por qué se ocuparía María Zambrano de la historia de Job? ¿Qué misterio, qué aliento oculto intuyó? ¿Qué pensamiento fugaz se le desató? ¿Cómo se encadenaron las palabras en orden de construcción y de exégesis?

Mucho debió significarle la compleja historia de un hombre como Job debatiéndose entre lo humano y lo divino, lo justo y lo injusto, el bien y el mal. Horas de reflexión para crear uno de los ensayos más profundos, más crípticos, más piadosos también.

Examina María Zambrano la forma literaria elegida para narrar esta historia y a ella se le asemeja una forma dramática. Tal vez, tenga en mente un auto sacramental a la manera de Calderón de la Barca. Tal vez, le atraiga el poder convocante del teatro: "vean, oigan, escuchen, he aquí una historia maravillosa". Pero, seguramente, no dejó de pensar que podría ser una "novela metafísica", como la juzga André Chouraqui,[1] o un poema esotérico o un enigmático canto para iniciados y, desde luego y ante todo, un libro de sabiduría. Como sabiduría, en el camino radiante que va y viene entre lo filosófico y lo ético, en el centro del problema ontológico del bien y del mal.

La historia de Job es una historia difícil de clasificar, con mucha tela de donde cortar. Por lo que se convierte en el interés de María Zambrano. Job no es un héroe, ni un sacerdote, ni un rey. Es un hombre, simplemente, y de ahí la fascinación de su relato.

Si a María Zambrano le atraen la claridad y la luminosidad, por eso

---

[1] André Chouraqui, "Liminaire pour Job", en *La Bible*, trad. et présentée par..., Desclée de Brouwer, París, 1992.

mismo, la espiritualidad oculta es también un polo de su preferencia. Orfeo y los pitagóricos, el mundo doliente de Antígona, Job el paciente y Job el impaciente. Para todos ellos se vuelca su pensamiento en un afán de comprender la palabra más allá de lo que ha elegido significar.

Porque hay textos crípticos se vuelve necesaria la clarificación. Porque la palabra se ha envuelto en un nuevo orden creado especialmente para la historia que habrá de narrarse, esa misma palabra deberá desnudarse hasta exponer el meollo. Así como Job pierde sus riquezas, sus vestimentas y la piel se le pega al hueso, así la palabra debe tocar fondo y ser nervio puro.

Sólo al latigazo del nervio expuesto puede compararse ese sentido único de la palabra reveladora.

Y esa palabra reveladora es la que obsesiona a María Zambrano.

¿Cuál es el sentido de la vida de Job?

Job el paciente o el justo es el objeto de una apuesta entre Dios y el Diablo: ¿cuánto podrá aguantar Job sin maldecir a su creador? Y Job padece y aguanta, hasta que se decide a preguntarle a Dios por su grandeza. Y es ahora Dios, a la defensiva, quien le da una lección de los términos originales, del paso del caos al orden, de las tinieblas a la luz, de los elementos, de la escala del ser.

Job ha repetido en su vida el tránsito del paraíso: su edad de bonanza ha sido interrumpida por el ansia de conocimiento, por la duda que implanta la raíz diabólica del mal. Pero él ha sido ajeno: no ha desobedecido ni se ha sentido tentado, como lo fuera Adán. La decisión le ha sido impuesta: Satán le dice a Dios que si Job es un hombre justo se debe a que no ha conocido el sufrimiento ni la desdicha. Dios le contesta que, aun en situación adversa, Job mantendrá su pacto de fidelidad con la divinidad. Así, un reto, un juego, una apuesta ponen en entredicho la felicidad del ser humano.

Pero lo que se pone en juego también es la grandeza de Dios: si ese hombre condenado injustamente no corta su relación humano-divina, su triunfo será infinitamente el triunfo de Dios.

El patrón está trazado: aun la rebeldía de Job no hará sino probar el orden perfecto de las dignidades divinas: bondad, sabiduría, poder, gloria, justicia, voluntad.

Para María Zambrano el drama de Job es un drama de la voluntad. O mejor aún de las voluntades divina y humana. "El arcano que a Job se le presenta insondable es lo que en la teología y aun fuera de ella, dentro del pensamiento occidental, se nombra voluntad."[2] Pero voluntad divina también, si puede llamársele así, a ese insistir y a ese arriesgar el máximo sobre la persona de Job, siempre y cuando se respete su vida. ¿Y si Job hubiera flaqueado?

De la tensión de voluntades surge la grandeza tanto divina como humana. Job es el espejo de la voluntad de Dios y no puede flaquear, porque sería la imagen de Dios la que se desvanecería.

Tal vez, la oculta fortaleza de Job era la chispa divina que mantenía el fuego de su persistencia. Lo que Satán no tomó en cuenta es que las pérdidas de Job no apagaron, sino que inflamaron esa oculta chispa divina. Hecho que Dios, en cambio, conocía en su omnisciencia.

Pareciera que se tratase de un constante fluctuar entre luz y oscuridad, conocimiento e ignorancia, pero que la paradoja se basara en ese saber y no saber, incluidas las presencias y las intuiciones del lector y del autor del Libro de Job. La técnica narrativa es de una sutileza contemporánea. O mejor dicho, como si el libro pudiera saltarse las ataduras de tiempo y espacio. Y eso es lo que atrae a María Zambrano: un caso que se pierde en las épocas míticas, pero perfectamente aplicable en la nuestra. ¿Comprensible también? Sí, comprensible también.

María Zambrano equipara ese deseo de ver y oír a la divinidad con la ceguera y el silencio que sufre el hombre moderno. De ahí que dos extremos pudieran tocarse.

El juego o "sueño de voces" abarca no sólo la de Job y Dios, la de Job y sus amigos, la de Job y su mujer, sino las suyas propias: las "voces de su razonamiento discursivo".[3] Job se convierte en su propio dialogante, en su escucha, en su ser otro: se ve y se ve otro: sujeto y objeto al mismo tiempo: inmanencia y trascendencia fusionadas.

Es, pues, el Libro de Job un libro de sabiduría y de revelación. Para María Zambrano, de triple revelación: "La del Dios omnipotente y hacedor, Señor del hombre, y la revelación del hombre. Mas queda la tercera en que se conjugan las dos: la revelación del Señor de la palabra presentándose tan cabalmente como autor, que a los oídos de los hombres a quienes una semejante directa revelación les es in-

---

[2] María Zambrano, *El hombre y lo divino*, 1a. reimpresión de la 2a. ed. aum., Fondo de Cultura Económica, México, 1986 (Breviario 103), p. 386.
[3] *Ibid.*, p. 386.

dispensable que les llegue, les suene en los confines de una justificación." [4]

Aquí es donde se comprende la cercanía, la mezcla, quizá la dificultad de separar el entretejido de hombre y divinidad. La unión de las
voluntades, del deseo de ejercer la más alta comprensión. Job no
quiebra su fortaleza: en la soledad, desarrolla la memoria, invoca la
nada: no haber nacido. No invoca la muerte, como dice María Zambrano, sino el des-nacimiento: "¿Por qué no morí yo desde la matriz, o fui
traspasado en saliendo del vientre?" [5]

En realidad, lo que pide Job es el vacío, el abismo de su ser, no
ocupar el lugar del hombre. Y éste es Job el justo. Pero cuando se vuelva Job el sabio evolucionará y habrá de necesitar el diálogo con Dios.
Luego de este diálogo y de la revelación de la palabra vendrá, por fin,
la comprensión última de las cosas. El lugar preciso de cada objeto y
de cada sujeto. La naturaleza será recreada de nuevo por medio de la
palabra de Dios para beneficio de Job. El lenguaje críptico es el propio
de la divinidad y éste es el libro, dentro de los incluidos en el *corpus*
bíblico, donde aparecen animales misteriosos cargados de simbolismo.
Animales que intrigan a María Zambrano, uno de los cuales, el extraño
pájaro (avestruz), de difícil traducción, dará pie a su teoría del misticismo jobiano. Pero también aparecen el unicornio (toro salvaje), el *behe-
mot* (hipopótamo), el leviatán (cocodrilo), como fuerzas apocalípticas.

Y entre esos simbolismos de los animales extraños, María Zambrano recuerda a un autor judío en la tradición de la parábola y el
apocalipsis, de lo humano en metamorfosis animal y de la soledad y la
impotencia ante la autoridad todopoderosa. Kafka, indudablemente, conoce y vive a Job. Lo padece en sí y lo transforma en el José K. de *El
proceso*: "No pregunta ni preguntará nunca a lo largo de la paciente
obra; no reclama a esos grises burócratas como él, que se han deslizado
en su cámara en la intimidad de su despertar al día, según hace Job a su
Señor que es el mismo Hacedor de todas las cosas y su propio autor." [6]

Coincidencia de María Zambrano con la ensayista y poetisa Margarete Susman, quien en un estudio sobre Job encuentra un correlato
natural en la obra de Franz Kafka donde la presencia oculta de un Dios

---

[4] *Ibid.*, p. 388.
[5] Job 3: 11.
[6] María Zambrano, *op. cit.*, p. 393.

omnipotente es la base del diálogo implícito humano-divino en torno a padecimiento, culpa, justicia, castigo.[7]

Mas nuestra autora, en su visión de claridades, aspira en este ensayo a darle alas a Job, a permitirle un vuelo liberador y por eso lo titula "El Libro de Job y el pájaro". El extraño pájaro, junto a los otros animales emblemáticos, manifiesta la grandeza de Dios, en los capítulos finales del texto bíblico. De ellos, el escogido es el avestruz, cuya cita textual es:

> ¿Diste tú hermosas alas al pavo real, o alas y plumas al avestruz?
> El cual desampara en la tierra sus huevos, y sobre el polvo los calienta.
> Y olvídase de que los pisará el pie, y que los quebrará bestia del campo.[8]

Esta imagen de la semilla abandonada y de la pérdida que puede sufrir, obsesiona a María Zambrano. Revierte los términos del padre engendrador, al dios todopoderoso, que se permite abandonar su criatura a todos los males y peligros del mundo. El símil con Job es inmediato: también él ha sido abandonado en el instante de la creación. La pregunta latente que nadie se atreve a hacer, incluyendo a María Zambrano, es la de: ¿cuál es el sentido de la creación? Éste es el arcano que inunda a Job. Ésta es la medida de la humildad, de la pequeñez que se aferra al polvo del que se nace y al polvo al que se reintegrará. La creación toda y los animales como emblemas divinos vuelven a ser enumerados para que Job no olvide su lugar preciso. Para que recuerde el orden que le corresponde y la fragilidad de la que pende su vida. Dios se exalta a sí, recalcando las fuerzas en las que se manifiesta y su carácter poético se expresa en los misteriosos animales que rodearán al hombre. Poco le queda a Job por hacer o por comprender.

La solución, para María Zambrano, ocurre cuando Job acepta su propio ser, "un ser creado como los otros, el animal, la planta, los astros, en el lugar que es ahora la tierra desconocida. El 'ser así' entre el nacimiento y la muerte, en la incertidumbre de su suerte en medio de un universo de arcanos".[9]

---

[7] Margarete Susman, "God the Creator", en *The Dimensions of Job. A Study and Selected Readings*, presented by Nahum N. Glatzer, Schocken Books, Nueva York, 1969, pp. 86-92.

[8] Job 39: 13-15.

[9] María Zambrano, *op. cit.*, p. 401.

El secreto del misterioso pájaro o, más bien, de su misteriosa actitud es otra de las pruebas para que Job entienda. Si Job no descifra el mensaje oculto seguirá sin comprender.

Mas no se trata de comprender, sino de acceder a la revelación. Y la revelación se da cuando, por fin, Job recurre al silencio y tapa su boca con la mano: el arcano no necesita de palabras. El ave misteriosa tampoco necesita explicar el abandono de sus crías y, en cambio, se ríe porque sabe que prosperarán.

En esta equivalencia que hace María Zambrano entre Job y el embrión de pájaro, en su aparente abandono, la risa divina es la prueba de que el sentido de la creación puede conllevar en sí una ironía que escapa a la comprensión humana.

Si así fuera, llegaría el momento en que Job podría levantar sus alas y volar, volver a nacer en una nueva creación que cumpliría la profecía de un mundo perfecto por venir:

> Y después de esto vivió Job ciento cuarenta años, y vio a sus hijos, y a los hijos de sus hijos, hasta la cuarta generación.
> Murió, pues, Job, viejo y lleno de días.[10]

Aunque, tal vez, nos quedaría una duda que nace de esta historia: ¿era necesaria una segunda creación del mundo, para reafirmar a Dios? Así parece. Si el hombre se debate entre el bien y el mal sin llegar a la explicación última, la necesidad de múltiples creaciones y recreaciones será el ejemplo vivo del puente de unión entre lo humano y las fuerzas de la divinidad.

Job, un hombre simple, que no era ni rey, ni sacerdote, ni héroe, sino un exiliado de Dios y de los hombres, forma parte del reino de los bienaventurados que tanto amó María Zambrano: "Desde el fondo de la soledad y aún más de la desdicha, si es dado que una ventana se abra, se puede, asomándose a ella, ver, pues que andan lejos e intangibles, a los bienaventurados."[11]

---

[10] Job 42: 16-17.
[11] María Zambrano, *Los bienaventurados*, Siruela, Madrid, 1990, p. 63.

LA SACRALIZACIÓN DE LA MATERIA: MARÍA ZAMBRANO Y PABLO NERUDA

ANTHONY STANTON
El Colegio de México

María Zambrano y Pablo Neruda: dos nombres que no suelen asociarse. En vano buscaríamos una referencia a la escritora española en la vasta obra del chileno, en sus autobiografías en verso y en prosa o en las múltiples biografías que otros han elaborado sobre su vida y su obra. De la misma manera, las bibliografías de estudios sobre Neruda no registraban por mucho tiempo ningún ensayo de Zambrano. El desconocimiento no se debe a la incompetencia de los investigadores sino a un azar del destino: el texto de la andaluza sobre Neruda, escrito a finales de 1938, llegó a imprimirse en enero de 1939 en el número 23 de la revista *Hora de España*, pero la caída de Barcelona impidió que este último número saliera de la imprenta. En palabras de Zambrano, la publicación quedó "enterrada viva, tras una puerta cerrada herméticamente".[1] Durante muchos años este número final se había dado por perdido, hasta que fue localizado hacia 1973, año en que se procedió a hacer una reedición facsímil de toda la revista. Esta historia explica, pues, que aquel ensayo no haya tenido lectores sino hasta fechas recientes.[2]

---

[1] "*Hora de España* XXIII" [ensayo escrito en 1973], en *Hora de España. Revista Mensual*, reimpresión anastática de la edición de Valencia/Barcelona 1937/38, 5 tomos, Topos Verlag/Laia, Liechtenstein/Barcelona, 1977, tomo 5, p. III.

[2] Que yo sepa existe un solo comentario —de tipo descriptivo— sobre este ensayo de María Zambrano: Mónica Walter, "Pablo Nerudas *Residencia en la tierra* in der Sicht María Zambranos. Ein verschollenes Kapitel siener Wirkungsgeschichte", en *La vanguardia europea en el contexto latinoamericano* [Actas del Coloquio Internacional de Berlín 1989], ed. Harald Wentzlaff-Eggebert, Vervuert, Frankfurt, 1991, pp. 287-300.

El contenido del último número de la legendaria revista es realmente impresionante y confirma su alto lugar en la historia literaria y cultural: conviven en sus páginas el último escrito publicado por Antonio Machado (un texto sobre el padre de María Zambrano); el extraordinario poemario de César Vallejo, *España, aparta de mí este cáliz*, sin duda la obra poética de mayor trascendencia que haya surgido de la Guerra Civil; el ya mencionado ensayo de Zambrano sobre Neruda; y "El barco", un poema del entonces joven y poco conocido escritor mexicano Octavio Paz.

En su nota introductoria a la reimpresión del número 23 de *Hora de España*, Zambrano resume el carácter cultural de esa revista "nacida en la guerra" que, sin embargo, "no era de guerra": "faena poética, religiosa, política, Revelación, por tanto, del suceso total".[3] Sus palabras retrospectivas rescatan una visión del tiempo que ella misma había encontrado muchos años antes en la poesía de Neruda, una visión que busca definir "ese centro sacrificial" que fue España durante la Guerra Civil:

> Se abrió el ancho presente, el presente hacia el que nos habíamos ido encaminando desde el principio. El tiempo, más que detenerse se abría como si todas sus dimensiones formaran una sola; tal como un punto que recoge toda la inmensidad: un punto tal vez situado en el eje vertical de la espiral del tiempo todo. Al menos así se sentía.[4]

Como suele ocurrir en sus escritos, esta visión mítica que abre la posibilidad de una trascendencia coexiste con el terrible presentimiento de un ineludible destino ritual:

> Había pasado ya la hora del alba. La aurora de la revelación —incompleta siempre— del hombre se veía en la aurora celeste como en un espejo. La aureola de luz pura y naciente sostenida y mermada por el rojo de la sangre que asciende y se derrama a la par y el levantarse de un astro apenas reconocible: el rojizo amoratado Sol del Sacrificio.[5]

La misma intuición de una temporalidad total y ambivalente (apertura y clausura, creación y destrucción) forma el hilo conductor de su

---

[3] *"Hora de España* XXIII", pp. V y X.
[4] *Ibid.*, p. XII.
[5] *Ibid.*, p. XIII.

lectura de la poesía nerudiana, y ejemplifica una de sus creencias más arraigadas: la auténtica luz sólo se puede vislumbrar en las capas más oscuras de la experiencia; el acceso a la definición del día entraña la inmersión previa y primaria en las tinieblas nocturnas.

Pero antes de comentar el ensayo de 1938, quisiera detenerme en esta figura geométrica de la espiral que aparece en la cita anterior. En su introducción a *La razón en la sombra. Antología del pensamiento de María Zambrano*, Jesús Moreno Sanz señala que esta figura simboliza la estructura de la trayectoria imaginaria de Zambrano, cuya obra no sigue un desarrollo lineal sino que vuelve sobre sí para ensanchar los caminos explorados.[6] El suyo es un pensamiento orgánico, obsesivo y expansivo que se complementa a sí mismo al reiterarse y ampliarse en cada encrucijada. Me parece que la figura de la espiral implica al menos tres cualidades que se encuentran en la obra de Zambrano: dinamismo, apertura y la quietud móvil del centro. Implica también la posibilidad de encontrar, al menos en germen, la totalidad de este pensamiento en casi cualquier fragmento, incluso en un fragmento muy temprano, como el ensayo "Pablo Neruda o el amor de la materia". En un texto de 1977 sobre el significado profundo de la Guerra Civil, la pensadora sostiene que "cualquier momento verdaderamente vivido está en el centro de los humanos tiempos" y que por lo tanto "el fragmento revela la existencia de la totalidad de la que es fragmento y no un simple, amorfo, pedazo".[7] Es posible, pues, identificar en este breve texto sobre Neruda varias de las facetas del pensamiento de María Zambrano que se desarrollarían plenamente años después.

El texto de 1938 no sólo es un hito de cierta importancia en la evolución del pensamiento de Zambrano sino que tiene un lugar nada despreciable en la historia de la recepción de la obra de Neruda: en unas cuantas páginas anticipa con imaginación y lucidez líneas de interpretación que serán retomadas, en forma independiente, en otros acercamientos a *Residencia en la tierra*, libro fundador de la nueva poesía hispanoamericana y universal. La primera publicación completa de dicho libro, la llamada edición Cruz y Raya que salió en Madrid en

---

[6] Introducción a *La razón en la sombra. Antología del pensamiento de María Zambrano*, ed. Jesús Moreno Sanz, Siruela, Madrid, 1993, pp. XI-XXXVII.

[7] "La experiencia de la historia (Después de entonces)", en *Senderos*, Anthropos, Barcelona, 1986, p. 12.

septiembre de 1935, tuvo un enorme impacto espoleado por la presencia de Neruda en la capital española a partir de 1934. La poesía y la poética "impuras" de éste abrieron las puertas de la percepción a otra realidad y, de distintas maneras, ofrecieron un acicate a las búsquedas de otros. En este momento Neruda acepta con gusto el papel que los jóvenes le asignan como caudillo poético y es evidente el objetivo de desplazar a Juan Ramón Jiménez, figura dominante en la década anterior para los mismos poetas en ciernes de la Generación de 1927.

Menciono estos datos porque contribuyen a situar este ensayo que comienza por contraponer la poesía nerudiana a otra concepción de ascendencia juanramoniana, una concepción decididamente esencialista, solipsista y purista que

al trascender de sus raíces queda despegada, extática, en el aire, encantada en su propia perfección, que en un paso más llega a ser narcisista, llega a reflejarse a sí misma, encerrándose en un círculo de espejos que nos devuelven alucinatoriamente la misma imagen, que no deja, sin embargo, de ser superficial.[8]

Frente a este modelo estéril de preciosismo formal y autorreferencial, Zambrano manifiesta su entusiasmo por la fuerza y el riesgo de una poesía que penetra en lo real: "sumergirse en un mundo tan denso, tan material y consistente... nos da un poco de miedo" (p. 35). La simultánea atracción y repulsión que ejerce sobre ella este foco de energía, "llamándonos y repeliéndonos, amenazando abstraernos en su seno inacabable" (p. 35), sólo puede provenir, como veremos, de un centro sagrado. Indudablemente, la autora se siente hechizada por una poesía que rompe simultáneamente con varias tradiciones, entre ellas la de la poesía española inmediata. ¿Cuáles son los motivos de su fascinación? ¿Cuáles son las características de esta nueva poesía que entronca con su pensamiento más profundo? En primer lugar, el descenso a lo oscuro, a la sombra enterrada, a las zonas subterráneas de

---

[8] "Pablo Neruda o el amor de la materia", *Hora de España*, núm. 23, noviembre de 1938, p. 35. En adelante todas las referencias a este ensayo se darán en el texto, indicando sólo el número de página. El ensayo ha sido recopilado en el ya citado volumen *Senderos*. Por otra parte, es interesante notar que la misma táctica —la de contraponer la estética "impura" de Neruda a la "purista" de Juan Ramón Jiménez— fue empleada en el mismo momento por el joven poeta Octavio Paz en un ensayo revelador: "Pablo Neruda en el corazón", *Ruta*, México, núm. 4, septiembre de 1938, pp. 25-33.

los impulsos marginados o reprimidos (la inconsciencia, la sexualidad, lo intuitivo... en fin, toda esa vasta región ignorada por el racionalismo occidental que suele relegarla al no-ser). Un poeta se atreve a "hablar de lo oculto y esquivado" (p. 41) y ella comparte, sin duda, varias de las obsesiones formales, temáticas y, sobre todo, *espirituales* que dan su singularidad a *Residencia en la tierra*: la poetización de lo que germina, de la creación como acto vivencial en proceso; el vitalismo que deshace las rígidas estructuras racionales; un discurso metafórico denso, rico en resonancias simbólicas; y un estilo que parece ser el eco lejano de cierto ritual primitivo (unos años después, Leo Spitzer trazaría el origen bíblico de estas enumeraciones caóticas de la poesía moderna).[9]

Para apreciar la originalidad de esta lectura realizada por María Zambrano, es interesante compararla y contrastarla con otra interpretación contemporánea, la que hace Amado Alonso en su gran libro de 1940: *Poesía y estilo de Pablo Neruda*. Sus respectivos métodos no podían ser más distintos: la empatía contagiosa e intuitiva de Zambrano no se detiene a analizar procedimientos estilísticos o retóricos (tampoco se atrevería a corregir la puntuación y la gramatica "defectuosas" del poeta, como lo hace el profesor español) y en alguna parte de su ensayo incluso llega a declarar su "incompetencia, sobre todo técnica, acerca de la poesía" (p. 39). A pesar de las evidentes diferencias que separan a un ensayo de ocho páginas de un libro extenso, ambos textos coinciden en señalar la raíz existencial de la angustiosa visión de la desintegración de los seres y las cosas, pero la lectura pesimista de Alonso, quien insiste repetidamente en la metafísica subjetiva de una temporalidad destructiva, va en dirección contraria a la interpretación simbólica de Zambrano.

En una frase que se haría famosa, Alonso afirma que "el poeta sufre un apocalipsis sin Dios" y señala en forma contundente la ausencia total de una cosmovisión religiosa, de un afán trascendente: "Ni rastro de religiones positivas, ni rastro tampoco de una fuerza divina de mero sentido metafísico."[10] Por tener una comprensión mucho más

[9] Leo Spitzer, "La enumeración caótica en la poesía moderna" [1945], en *Lingüística e historia literaria*, 2a. ed., Gredos, Madrid, 1961, pp. 247-300.

[10] Amado Alonso, *Poesía y estilo de Pablo Neruda*, 3a. ed. Edhasa, Barcelona, 1979, pp. 34 y 35.

amplia y menos ortodoxa de la experiencia religiosa, Zambrano logra percibir algo que se le escapa por completo al gran crítico español: un sustrato sagrado. Su hallazgo es admirable porque se da en un momento histórico de fervor anticlerical y por tratarse de un poeta que parece romper —y no sólo en el estilo— con muchos elementos del cristianismo y del clasicismo de Occidente. Al ver a Neruda como representante de "una cultura *otra*... antigua, antiquísima" (p. 36), Zambrano se refiere no al Oriente, donde fue escrita gran parte del libro, sino a América. Pero la suya no es la estereotipada concepción telúrica y elemental de América, tan vigente y tan codificada en aquel momento, sino que se identifica más bien con lo que se podría llamar una otredad mítica: un primitivismo ritual y heterogeneizador. De ahí que no haya dudado en registrar el fascinante espectáculo de un

> Mundo... donde no ha quedado, por olvido del creador o por alguna tremenda incoherencia, lugar para lo humano si por humano se entiende lo que tradicionalmente, en nuestra tradicional cultura de Occidente greco-cristiana, se ha creído necesario, definitorio: la libertad, la pureza, la individualidad; la religión, en suma, de la razón finalista (p. 36).

Logra comprender que la innegable novedad de esta poesía esconde algo muy antiguo: se trata de "un mundo inédito y viejo a la vez" (p. 36). Y aquí coincide, sin saberlo, con lo que el mismo Neruda intuía cuando escribía aquellos poemas, tal como se ve en algunas frases acerca de ellos, frases entresacadas de las cartas que enviaba a su amigo argentino Héctor Eandi: "Es un montón de versos de gran monotonía, casi rituales, con misterio y dolores como los hacían los viejos poetas"; "espero creer que tienen algo sagrado." [11] Se trata de una atmósfera de cierta monotonía ritual, de cierta religiosidad primitiva. Pero esta religiosidad no es muy convencional y tampoco resulta fácilmente identificable. Para la sensibilidad cristiana, apunta Zambrano, el mundo de Neruda sería el del pecado y de la caída; sin embargo, en una poesía que no transmite ningún sentimiento de culpabilidad, ningún deseo ortodoxo de redención, ¿en dónde reside el aspecto sagrado?

---

[11] Las citas provienen de las cartas fechadas el 24 de abril de 1929 y el 16 de enero de 1928, en Pablo Neruda / Héctor Eandi, *Correspondencia durante "Residencia en la tierra"*, ed. Margarita Aguirre, Sudamericana, Buenos Aires, 1980, pp. 48 y 43.

La sorprendente respuesta de la pensadora es que la dimensión sagrada de esta poesía reside en su actitud ante la materia informe. Como Alonso, Zambrano nota que "todo lo que es forma está dentro de la poesía de Neruda gastado, atravesado, disuelto", pero esta disgregación de la forma es para ella una señal positiva: es "lo que más nos empuja hacia su centro porque es lo más próximo al amor" (p. 37). Tal como el amor destruye los límites entre los seres y las cosas, así la disolución de la forma sirve para realzar el objeto deseado que es, aquí, la materia misma. Y ¡qué acierto decir que en *Residencia en la tierra* hay una "adoración a la materia sin figura, a la materia más material, virgen y madre"! (p. 39). Como el místico busca unirse con el objeto de su deseo, el poeta enamorado de la materia quiere bajar a reunirse con ella:

Amor, terrible amor de la materia, que acaba en ser amor de entrañas, de la oscura interioridad del mundo. Sobre la superficie del mundo están las formas y la luz que las define, mientras la materia gime bajo ella. *Residencia en la tierra* acaba por llevarnos a residir bajo la tierra misma, en sus oscuros túneles minerales (p. 38).

Lo sorprendente, a primera vista, es que esta interpretación provenga no de un crítico marxista sino de una filósofa de lo sagrado. Años después varios comentaristas estudiarían el materialismo en la poesía de Neruda desde una perspectiva marxista. Sin embargo, Zambrano fue uno de los primeros en ver que el materialismo de Neruda no es, en este momento, la simple ejemplificación o anticipación de una ideología política (el materialismo dialéctico del marxismo) sino que constituye un misticismo laico, una cosmovisión de signo religioso.

La autora destaca esta idolatría materialista en los tres "Cantos materiales" que forman una sección aparte en *Residencia en la tierra* y que habían sido editados como folleto unos meses antes de la aparición del libro.[12] Efectivamente, en el primero de ellos, "Entrada a la madera", presenciamos un descenso órfico al mundo oscuro de la materia, a una naturaleza en continuo proceso de germinación y putrefacción:

---

[12] *Homenaje a Pablo Neruda. Tres cantos materiales*, Plutarco, Madrid, 1935.

Caigo en la sombra, en medio
de destruidas cosas,
y miro arañas, y apaciento bosques
de secretas maderas inconclusas,
y ando entre húmedas fibras arrancadas
al vivo ser de substancia y silencio.[13]

En la siguiente estrofa de esta plegaria dirigida al mundo de las cosas, el poeta lleva a cabo un acto de compenetración o de comunión con la naturaleza:

Dulce materia, oh rosa de alas secas,
en mi hundimiento tus pétalos subo
con pies pesados de roja fatiga,
y en tu catedral dura me arrodillo
golpeándome los labios con un ángel.[14]

Se trata de un misticismo natural en el cual Dios es sustituido por o identificado con la naturaleza. El lenguaje simbólico remite a la religión e incluso se apropia de las paradojas de la poesía mística (hundimiento-subo). La rosa, símbolo de la perfección material, funciona como el centro del mundo y permite al sujeto desplazarse libremente sobre este eje vertical que enlaza las zonas cósmicas del infierno, la tierra y el cielo.

Varios críticos han notado que este poema establece desde su título mismo una serie de hondas equivalencias entre madera, materia y madre. Emir Rodríguez Monegal, por ejemplo, escribe:

Ante esta materia primera, el poeta se siente como ante la materia materna. La madera es la madre, como lo sugiere la etimología. Es también (como en *Correspondances* de Baudelaire) el metafórico bosque sagrado de las primitivas religiones, la catedral de columnas arbóreas.[15]

Aquí, como en "Galope muerto", el poema inaugural del libro, se rescata una temporalidad que no es puramente destructiva sino que

---

[13] "Entrada a la madera", en *Residencia en la tierra*, ed. Hernán Loyola, Cátedra, Madrid, 1987, p. 257.
[14] *Ibid.*, p. 258.
[15] *Neruda: el viajero inmóvil*, 3a. ed., Laia, Barcelona, 1988, p. 209.

abarca la vida y la muerte en un proceso total, en un ciclo natural que incluye los contrarios y al cual el poeta solitario desea unirse:

> Poros, vetas, círculos de dulzura,
> peso, temperatura silenciosa,
> flechas pegadas a tu alma caída,
> seres dormidos en tu boca espesa,
> polvo de dulce pulpa consumida,
> ceniza llena de apagadas almas,
> venid a mí, a mi sueño sin medida,
> caed en mi alcoba en que la noche cae
> y cae sin cesar como agua rota,
> y a vuestra vida, a vuestra muerte asidme,
> a vuestros materiales sometidos,
> a vuestras muertas palomas neutrales,
> y hagamos fuego, y silencio, y sonido,
> y ardamos, y callemos, y campanas.[16]

Esta impresionante letanía o plegaria está dirigida a la riqueza física
y sensorial de la madera/materia/madre. La enumeración inicial se
vuelve invocación, petición y exhortación. Sobre la sorprendente audacia
de los dos versos finales del poema, Alonso señala que el efecto se debe
a una anomalía en la relación paralelística que se establece entre dos se-
ries de elementos gramaticales que el lector esperaría encontrar en estricta simetría (tres sustantivos —"fuego", "silencio", "sonido"— parecerían
exigir tres verbos correspondientes —"ardamos", "callemos"...): "El
poeta ha sacrificado las necesidades últimas de la forma sintáctica a las
pretensiones lujosas de la forma rítmica." [17] Al encontrar al final un sus-
tantivo ("campanas") en lugar de un verbo, se rompe la expectativa del
lector y esta ruptura permite realzar tanto la materialidad rítmica de la
palabra como sus múltiples connotaciones, entre ellas "lo rotundo,
henchido, sonoro: plenitud, con hermosura", según el mismo crítico.[18]

Aquí, me permito disentir de la interpretación que da Hernán Loyola al significado "materialista" de los "Tres cantos materiales". En su
excelente edición crítica, Loyola opina que el adjetivo "materiales"
constituye, en parte, una "velada, pero inocente señal de preferencia o

---

[16] "Entrada a la madera", en *Residencia en la tierra*, ed. Hernán Loyola, pp. 260-261.
[17] Alonso, p. 115.
[18] *Ibid.*, p. 241.

simpatía respecto de cierto materialismo ideológico político".[19] Confieso que esta lectura me parece forzada, como si el crítico quisiera anticipar la existencia de una visión del mundo que aparece posteriormente en la obra de Neruda. Alain Sicard ha identificado este peligro que está presente en varios comentaristas (como Loyola y Jaime Concha) y que consiste en proyectar sobre los poemas de *Residencia en la tierra* una conciencia material, social y colectiva de la temporalidad histórica que sólo aparece en la obra posterior. En aras de comprobar la continuidad y unidad de la obra nerudiana se tiende a subestimar o ignorar la presencia de elementos de discontinuidad.[20] Comparto la opinión de este mismo crítico cuando afirma que es exagerado hablar de la presencia de una dialéctica materialista en "Entrada a la madera".[21]

María Zambrano lee en la poesía nerudiana las fases arquetípicas de una fenomenología de lo sagrado que expone en varios textos a lo largo de su fructífera carrera. En un fragmento tempranísimo, de 1933-1934, leemos: "en el principio era la sombra... La luz es siempre intermitente; somos iluminados por ella, mas nunca logramos vivir en ella sin extrañarnos".[22] Una obra de su madurez, *El hombre y lo divino* (1955), es una ampliación de esta cosmogonía imaginaria y psíquica que localiza el origen de lo sagrado en el caos de las tinieblas nocturnas. Antes de la aparición de los dioses sólo existe el "delirio persecutorio", el "sentirse mirado no pudiendo ver a quien nos mira".[23] Y este reino de lo indiferenciado, anterior a la concreción de la forma y la figura, anterior a la luz de la conciencia, anterior a la configuración de lo individual, fue conocido por los griegos con el nombre de *apeiron* (lo ilimitado, lo informe, la totalidad primordial sin medida).

Aquel caos oscuro de lo informe es el sustrato fecundo de *Residencia en la tierra*, vasto universo donde no hay dioses, donde sólo podríamos hablar tal vez del "dios desconocido" del ser, el dios de la angustia, el "motor inmóvil".[24] Sin la definición que otorgan la luz y la

---

[19] Introducción a *Residencia en la tierra*, ed. Hernán Loyola, p. 53.

[20] Ver Alain Sicard, *El pensamiento poético de Pablo Neruda*, trad. Pilar Ruiz Va, Gredos, Madrid, 1981, pp. 102-103.

[21] *Ibid.*, pp. 127-133.

[22] "De una correspondencia", *Azor*, núm. 15-16, diciembre-enero de 1933-1934, citado en Jesús Moreno Sanz, Introducción a *La razón en la sombra*, pp. XXXV-XXXVI.

[23] *El hombre y lo divino*, 2a. ed., Fondo de Cultura Económica, México, 1973, p. 31.

[24] *Ibid.*, p. 64.

transparencia, el dios tenebroso del delirio no tiene límites. Como ocurre en tantas imágenes acuáticas de *Residencia en la tierra* y —¿por qué no?— de *Muerte sin fin*, el poema extenso que publicaría cuatro años después José Gorostiza, estamos ante "el dios que se derrama, que se vierte siempre", el que no conoce "el vaso de la forma". No pretendo, desde luego, equiparar a dos poetas tan radicalmente distintos como Neruda y Gorostiza, pero me parece elocuente el hecho de que desde dos posiciones independientes hayan llegado a formular el dilema de la expresión poética en imágenes alegóricas parecidas que realzan la huidiza sustancia vital que no se deja atrapar en la asfixiante rigidez de la forma.

Creo que la sugerente visión cosmogónica de María Zambrano podría ayudarnos a interpretar el enigmático final del poema en prosa "La noche del soldado": "y el dios de la substitución vela a veces a mi lado, respirando tenazmente, levantando la espada". ¿No sería ésta una alusión a los dioses de la vida y la muerte —los dioses de la vida *en* la muerte—, anteriores a las divinidades de la luz y la forma, y que se metamorfosean bajo máscaras porque carecen de sustancia fija, de identidad precisa: carecen, pues, de forma y figura?[25] La amenaza, entonces, sería la de que el sujeto perdiera su precaria identidad para caer al caos de lo informe.

No cabe duda de que el pensamiento de María Zambrano entronca en este momento con el materialismo poético de Pablo Neruda. Desde muy pronto ella se rebela en contra de la desrealización del mundo provocada por el predominio de la conciencia o de la razón abstracta. En 1933 escribe que el ser humano sufre de una "nostalgia de la tierra" porque la realidad sensible ha sido disuelta y reducida, ya sea a un dato de la conciencia, ya sea a un objeto inerte: "Había que buscar afanosamente entre las ruinas del mundo muerto, de los mitos perdidos para siempre, había que salir de la cárcel de la conciencia... Había que conquistar de nuevo la cosa del mundo." [26] Esta reconquista de un mundo perdido, despoblado y deshumanizado por la razón, pasa necesariamente por un redescubrimiento sensorial de "la gravedad de las cosas, que no sólo son espectros coloreados, que no sólo son número y medi-

---

[25] Para otra lectura "contextual" de esta imagen, ver los comentarios de Hernán Loyola en su edición crítica ya citada (p. 149).

[26] "Nostalgia de la tierra", *Los Cuatro Vientos*, Madrid, núm. 2, abril de 1933, p. 30.

da, sino también peso, corporeidad, masa que gravita, cuerpo que dice, llora o canta su misterio".[27] Es asombrosa la coincidencia entre este proyecto estético-filosófico-moral y el programa de *Residencia en la tierra* con sus inventarios de objetos, de cosas exteriores al yo. En Neruda hay un desesperado intento por romper los límites del egocentrismo, por salir de los confines de la "cárcel de la conciencia", con la esperanza de vislumbrar la olvidada plenitud del mundo. Era natural que la pensadora, para quien el hombre moderno sufre de una "nostalgia de la tierra", encontrara en *Residencia en la tierra* si no la respuesta definitiva a sus propias inquietudes, al menos la formulación promisoria de un camino de exploración fructífera que permitiese al sujeto religarse con la tierra, con el mundo natural del cual había sido desterrado. En otro texto escrito en medio del dramatismo de los hechos de 1938, Zambrano sentenció que el fracaso de la razón absoluta y abstracta —herencia de Grecia y del cristianismo— había engendrado una necesidad de retornar a lo olvidado. De nuevo, la formulación podría ser una descripción del programa de *Residencia en la tierra*:

> Era menester ponerse en contacto con la realidad inmediata, bajar a la tierra, descubrir de nuevo el mundo, reivindicar la materia, hundirse en la vida y aceptarla sin imponerle demasiadas condiciones, sin someterla a ninguna purificación, aceptándola íntegra en toda su impureza.[28]

Al final de su ensayo sobre Neruda, Zambrano habla de una especie de resurrección órfica del poeta en *España en el corazón*, libro que acababa de reeditarse, en noviembre de 1938, en las Ediciones del Ejército del Este.[29] Como se sabe, es el poema que expresa el gran cambio de la soledad a la solidaridad, de lo privado a lo público, del nihilismo existencial al compromiso político. Para Zambrano, en *Residencia en la tierra* no hay amor por la forma o por la figura humana, pero *España en el corazón* marcaría el paso de la adoración de la mate-

---

[27] *Idem.*

[28] "La nueva moral", *La Vanguardia*, Barcelona, 27 de enero de 1938, p. 3.

[29] *España en el corazón*, con una Noticia de Manuel Altolaguirre, Ejército del Este, Ediciones Literarias del Comisariado, 1938. En una nota publicada en el mismo número 23 de *Hora de España* (pp. 72-73), María Zambrano saluda la aparición de este libro (y la del *Cancionero menor* de Emilio Prados). No creo que sea simplemente una fórmula retórica cuando, al referirse al libro de Neruda, la escritora hable de una "ofrenda".

ria a la "adoración humana" (p. 41). Precisamente en aquel momento crítico, cuando es visible la inminente derrota de la República, la autora proclama que "una nueva era se abre en la poesía de Pablo Neruda" (p. 42). Además de la comprensible y muy inmediata lectura ideológica, se siente aquí la presencia de aquel segundo momento de la cosmogonía, descrito con tanta belleza en *El hombre y lo divino*: el descenso a los infiernos es seguido por el ascenso a la aurora. La aparición de los dioses de la luz es "el signo y la garantía de que el mundo está formado; se ha salido ya del Caos".[30] Es el momento de la configuración, de la definición de una identidad. Es el paso del delirio a la libertad, de lo acuático a lo aéreo, de la materia indiferenciada a la forma resplandeciente. Zambrano lee el tránsito entre *Residencia en la tierra* y *España en el corazón* como un correlato simbólico de la cosmogonía imaginaria: se desciende a las tinieblas para nacer de nuevo o por primera vez.

El ensayo de 1938 describe así la nueva identidad de Neruda:

> Del camino recorrido le queda la sabiduría, le queda la experiencia de la palabra y una transparencia creciente que es al mismo tiempo poder de concreción. Su poesía va cada vez más cerca del himno, de la letanía, de la litúrgica enumeración, diríase que se clarifica por profundidad, manifestándose más y más ampliamente (pp. 41-42).

Muchos años después, al comentar las reflexiones de Nietzsche sobre la muerte del Dios cristiano, escribe:

> Dios puede morir; podemos matarlo... mas sólo en nosotros, haciéndolo descender a nuestro infierno, a esas entrañas donde el amor germina; donde toda destrucción se vuelve en ansia de creación. Donde el amor padece la necesidad de engendrar y toda la sustancia aniquilada se convierte en semilla. Nuestro infierno creador.[31]

No cabe duda de que para María Zambrano *Residencia en la tierra* es el "infierno creador" de Pablo Neruda, una especie de inmersión iniciática en las tinieblas subterráneas de "esas entrañas donde el amor germina". La originalidad de su interpretación es inseparable de sus

---

[30] *El hombre y lo divino*, p. 38.
[31] *La razón en la sombra*, pp. 514-515.

presupuestos filosófico-religiosos. Lejos de toda ortodoxia, su lectura ritual y mítica nos sigue iluminando: Neruda o la sacralización de la materia. ¡Qué difícil es pensar que por las diversas circunstancias del azar que describí al comienzo de estas páginas, es muy probable que Neruda no haya llegado nunca a leer el ensayo que le dedicó en 1938 Zambrano! En el momento en que se descubre la existencia del texto, Neruda está viviendo los dramáticos acontecimientos de 1973 en Chile y muere unos días después del asesinato de Salvador Allende.

Quedan, pues, el valor y la originalidad de esta lectura pionera de la obra más enigmática de Pablo Neruda. No quisiera terminar sin antes mencionar otra idea más abarcadora de María Zambrano. Sigue llamándome la atención una observación suya de 1973 acerca de los poetas de *Hora de España*, observación que bien podríamos tomar no sólo como una descripción de una faceta de Pablo Neruda sino también como una hipótesis general sobre el arte y la epistemología de la época moderna: "clamando está por ser conocido el sentir y el pensamiento religiosos en poetas y pensadores laicos, acatólicos, y heterodoxos".[32]

---

[32] *"Hora de España* XXIII", p. VI.

MARÍA ZAMBRANO. CAMINO A LA ESPERANZA

RAMÓN XIRAU
Universidad Nacional Autónoma de México
El Colegio Nacional

> Y si el pensamiento no abre el horizonte y no lo sostiene
> y, al sostenerlo, no lo agranda ¿es pensamiento?
>
> MARÍA ZAMBRANO[1]

Sostener el pensamiento, agrandarlo. *Constituyen* el pensamiento de
María Zambrano. Estas dos palabras constitutivas subrayan lo que
quiero decir de ella en estas páginas. No volveré a mencionarlas pero
creo poder decir que en ellas reside lo que ella misma ha llamado *esperanza*.[2]

I

Corría el año de 1939. En Morelia se celebraba el cuarto centenario de
la Universidad de San Nicolás de Hidalgo, colegio de hecho fundado
por Vasco de Quiroga en Pátzcuaro (1540). La ocasión era solemne. A
mis dieciséis años oí a algunos de los que participaban en aquellos actos, aunque varias veces escapé para "navegar" en aquel hermosísimo

---

[1] Tomado de una entrevista realizada por la revista *Diálogos*, núm. 5, julio-agosto de 1965.

[2] En el primer punto de mi comentario, algunos recuerdos fragmentarios. El punto segundo recoge lo que dije en Vélez-Málaga en abril de 1990. También abrevia lo que entonces dije. La tercera parte remite a un tema central. Justamente el de la esperanza.

lago, el de Pátzcuaro. Oí a Joaquín Xirau que estaba terminando su libro *Amor y mundo*, oí a don Alfonso Reyes, brillante, hondo y "pícaro" como solía serlo.

Hacía un año que *habíamos* llegado a México. Terrible 1939. Me sentía en mi casa especialmente en la poesía (castellana, catalana, francesa). Me impresionó lo que dijo María Zambrano y lo que de ella leí en su recentísimo *Pensamiento y poesía en la vida española*. Sobre poesía y filosofía habló María en alguno de aquellos días morelenses.

Delgada, rápida, vida, movimiento, constante llama, habló con pocas pausas, aunque éstas —estos silencios— eran importantes en su decir. Hablaba como escribía, escribía como hablaba, entre torrentes y remansos.

No conocí de verdad en aquel año a María Zambrano. La vi, la oí, lo cual ya es mucho.

Año de 1944, en La Habana. Conferencias fervorosas de mi padre. Recuperamos el mar, ya antes recuperado nuestro Mediterráneo mexicano, el que sería nuestro en Veracruz. La Habana era una ciudad radiante. Radiante también en su poesía: Emilio Ballagas, Lezama Lima y poetas jóvenes que he leído más tarde.

Allí, en La Habana, María Zambrano. Volví a verla, volví a oírla, cosa que ya es algo.

Pasaron los años, los muchos años. Cuando inicié la revista *Diálogos*, que se publicó en El Colegio de México de 1964 a 1985, le pedí a María colaboración. Fue una de las primeras colaboradoras y lo fue con generosidad y pasión. Y fue en Madrid, en los años 80, cuando me encontré de verdad con María Zambrano. Fui a visitarla. Vieja, enferma; pero como antes, inteligente y vivísima. Conversamos. No hubo muchos "secretos" filosóficos. Hubo muchos recuerdos comunes, de lugares, de paisajes, de personas. Sobre todo de personas.

Abril de 1990. ¡Cincuenta años después de Morelia, Pátzcuaro, México! Primer Congreso Internacional de la Fundación María Zambrano. En su tierra, en su ciudad natal. No pudo ella asistir ya a aquella celebración —porque fue eso, una celebración. Hablé por teléfono con ella el primer día. Emoción de verdad.

El Congreso fue de primer nivel, organizado por este "zambraniano" de Málaga que es Juan Fernando Ortega Muñoz. Conviví con viejos amigos. Con Paco Giner, Francisco Giner de los Ríos, desde hacía ya unos años vecino de Nerja. No volví a verlo como tampoco volví a ver a María.

Ahí estaba el Congreso. ¿Quién iba a clausurarlo? La idea de Ortega Muñoz fue espléndida. María Zambrano, desde su piso de Madrid,
lo clausuró por teléfono. Altoparlantes. Todos pudimos oírla, con su
voz débil, algo temblorosa, conmovida y conmovedora. Fue la última
vez que la escuchamos. Se nos quedó con su alto "destino", un destino
sin "delirio".

II

Algo es tan evidente como crucial. María Zambrano, en "La religión
poética de Unamuno" (*España, sueño y verdad*), escribía: "Es difícil, si
no imposible, el poder adentrarse en la obra de un autor —alguien que
crea— sin sorprenderse a sí mismo queriendo comprender su religión
o, al menos, su actitud religiosa." Leer a María Zambrano es aproxi-
marse a su religión o, por lo menos, a su "actitud religiosa". En este
sentido, así lo dice en *El hombre y lo divino*: "la aparición de un dios
representa el final de un largo período de oscuridad y padecimiento".
Al aparecer el dios, cesa "el delirio de la persecución".

En *El hombre y lo divino* (1955) María Zambrano remite a la tragedia, a la "historia" de lo divino, a la muerte de Dios (sea cristiana o,
como en Nietzsche, atea y patética), a la piedad, al amor. En varias
ocasiones —hablaré poco del asunto— me he referido a la crisis del
mundo moderno y contemporáneo.[3] He creído percibir que en la historia del pensamiento llega un momento en el cual lo relativo toma el lugar de lo absoluto y pretende verdaderamente convertirse en absoluto.
Esto parece suceder en el pensamiento clásico y en el medieval. Hoy
por hoy me limitaré a nuestro mundo, al de la modernidad y la contem-
poraneidad. Con la caída del sistema hegeliano, la mayoría de sus
seguidores-enemigos absolutizan lo contingente después de haber negado el Ser, después de haber negado a Dios. Así en Feuerbach, para
quien el único Dios del hombre es el hombre mismo (y, paradójica-
mente, este Hombre imaginario quiere ser infinito en inteligencia, vo-

---

[3] Ya, en parte, en *Sentido de la presencia: ensayos*, Tezontle, México, 1955 y, sobre todo,
en mi *Introducción a la historia de la filosofía*, 11a. ed., Universidad Nacional Autónoma de
México, México, 1990, cuya primera edición es de 1964, y en *El desarrollo y las crisis de la
filosofía occidental*, Alianza, Madrid, 1975.

luntad, amor), así en Max Stirner cuando absolutiza a lo Uno, así el propio Marx cuando en sus *Manuscritos* de 44 afirma que el hombre comunista es la unión de los opuestos, del hombre y la naturaleza, del hombre y el hombre, de la esencia y la existencia,[4] es decir, ¿su propio dios? Fuera de la esfera hegeliana, Auguste Comte crea su sorprendente religión relativa, que se quiere total, la religión de la Humanidad (con mayúscula) presidida por Sofía (con mayúscula) camino al Progreso (también con mayúscula). Algunos previeron ya que esta afirmación del hombre como lo que no es conduce a una terrible amargura; así en la poesía hermosísima de Mallarmé donde acabamos por saber que el hombre es "solamente una constelación".

Resumo: la crisis del mundo moderno, y en parte contemporáneo, ha consistido en querer imposiblemente divinizar al hombre, hombre-especie u hombre-individuo. Ignoro si María Zambrano haya leído un libro que en mí tuvo mucha influencia, *El drama del humanismo ateo* de Henri De Lubac. Solamente sé que mi "esquema", acaso no idéntico aunque sin duda derivado del de De Lubac, me ha sido útil para entender ciertos pensamientos que María Zambrano expone en *El hombre y lo divino*. Entre lo que ha escrito María Zambrano y lo que he escrito existen diferencias; existen también semejanzas. Tiene razón María: Hegel, "historiador de la virtud necesaria, inexorable, del espíritu no busca ya la Ciudad de Dios", sino que diviniza la historia para que siga divinizándola Comte —lejos de Hegel, Marx, entre otros. No estoy seguro, como lo piensa María Zambrano, de que en Hegel "se cumpla la emancipación de lo divino". Creo que el deseo vehemente por "emanciparse" es mucho más notorio en los pensadores posteriores a Hegel.[5] Suponiendo que el "emancipado" sea ya Hegel, sería cierto lo que afirma María Zambrano: Hegel se habría emancipado de lo divino "*heredándolo*", es decir, si bien entiendo, tratando de serlo o aun siéndolo. Es todo esto lo que yo he llamado crisis y lo que, más gráficamente, María Zambrano llama "tragedia".

---

[4] Este proceso "divinizador" puede encontrarse en el prólogo de Marx a su tesis doctoral *Diferencia de la filosofía de la naturaleza en Demócrito y en Epicuro.*

[5] Para una discusión de este problema en Hegel puede verse —si me cito varias veces es porque "converso" con María Zambrano— mi *Entre ídolos y dioses. Tres ensayos sobre Hegel,* El Colegio Nacional, México, 1980. Libro de primera donde se trata este tema es el de Franz Grégoire, *Études hegeliennes. Les capitaux du système,* 1958.

¿Cómo nace lo divino? *Lo divino tiene una historia.* María Zambrano nos hace ver cómo "en el principio era el Caos", en un mundo confuso, terrible, angustioso, perseguidor de los hombres. Cuando nacen los dioses, que, como lo ve agudamente María Zambrano, no nacen de la naturaleza sino que permiten entenderla, nace el orden del mundo. Escribe: "La aparición de un dios representa el final de un largo periodo de oscuridad y padecimiento." Y es que el "suceso más tranquilizador" que puede ocurrir en una cultura es la llegada de los dioses, del "dios" camino del "pacto", camino a la "alianza" entre dioses y hombres, entre hombres y hombres. Y para que vengan los dioses a nosotros, para "suscitar" su "manifestación" es necesario y es inteligible el sacrificio, sobre todo en el cristianismo cuando vemos que ya no se sacrifican "cosas", seres vivientes, hombres, sino que el sacrificado es Dios mismo.

¿Quién llama a los dioses? ¿Quién los busca? El filósofo, sin duda; también el poeta. El poeta no arguye, no argumenta. Ve, puesto que la poesía es esencialmente mirar y ver. El filósofo trata de argüir y argumentar. La poesía es, por decirlo en palabra exacta de María Zambrano, "hallazgo". La filosofía quiere dar razones acerca de las cosas. Una y otra pueden acercarse a lo divino. Lo que debe evitar la filosofía es limitarse al uso de la mera razón, del racionalismo adelgazado, no tanto de Descartes o de Kant sino de cartesianos y kantianos.[6] Pero volvamos a lo esencial, al tema mismo de la divinidad. ¿Hasta qué punto se aproxima María Zambrano, mediante la razón y la poesía, a la religión? ¿Cuál es su "actitud religiosa"? Esta "actitud" se presenta, sobre todo, en *Claros del bosque*, libro de excepción. ¿Qué son los "claros"? María Zambrano se acerca a la expresión, sugestiva, casi silenciosa de la religión en terrenos que parecen ser los de la mística.[7]

La mística es originariamente "misterio". En este sentido María Zambrano estudia a los pitagóricos y en este sentido parece acercarse —no hablo de influencias— a otra gran mujer, Simone Weil, apasionada

---

[6] El "intelecto" se adelgaza todavía mucho más en filosofías contemporáneas, estructuralistas o analíticas. Son, por así decirlo, filosofías de bisturí. En forma radical y "anarquista" Feyerabend ha señalado los límites de la filosofía de la ciencia (y de la filosofía analítica). En efecto, podemos preguntarnos, aunque sin ironía, lo que Feyerabend plantea, "¿por qué no Platón?".

[7] La experiencia religiosa me parece mucho más precisa en *Claros del bosque* que en *De la aurora.*

como María Zambrano por los griegos y la tragedia griega. Pero si hay algo místico en el pensamiento y el sentimiento religioso de María Zambrano, acaso los místicos a quienes más haría suyos serían Plotino, Juan de Yepes y Santa Teresa. Algunas expresiones como "llama", tan presente en *Claros del bosque*, "cuidado", "pena", "abandono" recuerdan a los místicos españoles, especialmente a San Juan, sin olvidar a Molinos.

Volvamos a los "claros" del bosque. La expresión proviene de Heidegger y, sobre todo, del "segundo" Heidegger, el de *Logos, Aletheia. Construir, habitar, pensar*. La actitud de María, sin embargo, no tiene nada de nihilista, aunque para ser haya que pasar por la nadificación. La actitud de María Zambrano tiene que ver con la *visión*.

La mística, es sabido, conduce a lo indecible, se encamina hacia lo que se puede "sentir mas no decir", como afirmaba San Juan. Solamente en un lenguaje alusivo, como el de la poesía o el de una prosa hecha de intuiciones poéticas, podremos movernos en torno a lo místico o, más exactamente, a la experiencia mística. Tal es el lenguaje que María Zambrano misma llama "discontinuo", principalmente en *Claros del bosque*. Este lenguaje frecuentemente se entreteje como una narración, la narración de una experiencia luminosa que, por decirlo con Chantal Maillard, se dirige al "aparecer visto no como apariencia sino como aparecer".[8]

El "claro" de un bosque es un "centro". El "centro" suele serlo de lo sagrado y si a veces utilizo la palabra "sagrado" en mis textos, me refiero exactamente a lo que María Zambrano llama "divino".[9] Cuando María Zambrano nos introduce al tema, escribe, luminosamente: "el claro de un bosque es un centro en el que no siempre es posible entrar; desde la linde se le mira y el aparecer de algunas huellas de animales nos ayuda a dar ese paso. Es otro reino que el alma habita y guarda". Lenguaje éste, si se quiere, metafórico y también paradójico. No es otro el lenguaje de la mística poética de San Juan de la Cruz.

De manera próxima a la mística, escribe María Zambrano que el claro "no es nada determinado, prefigurado, consabido. Y la analogía

---

[8] Véase Chantal Maillard, "Ideas para una fenomenología de lo divino en María Zambrano", en *María Zambrano. Pensadora de la aurora. Anthropos*, Barcelona, núm. 70-71, 1987, pp. 123-127.

[9] Tal vez lo que sucede es que aquí sigo el lenguaje usado por los estudiosos de la religión: Otto, Eliade, Lévi-Strauss.

del claro con el templo puede desviar la atención". Dice: "Mas si nada se busca, la ofrenda será imprevisible, ilimitada. Ya que para que la nada y el vacío —o la nada o el vacío— hayan de estar presentes o latentes de continuo en la vida humana... hay que hacerlos en uno mismo, hay a lo menos que detenerse, quedar en suspenso, en lo negativo del éxtasis." Si por una parte alcanzar el "claro" consiste en ver la "llama", es también necesario pasar por la *vía negativa*, por las negaciones. María Zambrano vive en las "aulas" del alma —¿reminiscencia de las "moradas" de Santa Teresa? Concluye así su texto, que cito con alguna extensión: "...aquel que distraídamente se salió un día de las aulas, acaba encontrándose por puro presentimiento recorriendo bosques de claro en claro tras el maestro que nunca se le dio a ver: el único, el que pide ser seguido, y luego se esconde tras de la claridad. Y al perderse en esta búsqueda, puede dársele que descubra algún secreto lugar en la hondonada que recoja el amor herido, herido siempre, cuando va a recogerse". Lo Único, ¿como en Plotino? El amor herido, ¿como en San Juan?

De lo que se trata en María Zambrano es de "abismarse" en la belleza:

"Hay que dormirse arriba en la luz."

"Hay que estar despierto abajo en la oscuridad intraterrestre, intracorporal de los diversos cuerpos que el hombre terrestre habita: el de la tierra, el del universo, el suyo propio."

"Allá en los *profundos* el corazón vela, se desvela, se reenciende en sí mismo."

"Arriba, en la luz, el corazón se abandona, se entrega. Se recoge. Se duerme al fin ya sin pena. En la luz que acoge, donde no se produce potencia alguna, pues se ha llegado allí a esa luz sin forzar ninguna puerta y aun sin abrirla, sin haber atravesado dinteles de luz y de sombra, sin esfuerzo y sin protección."

María Zambrano, mediante dos vías a la vez diversas y unificadoras, Poesía y Logos, alcanza una visión místico-poética. ¿Hay en su mística un conocimiento, una visión, una experiencia de Dios? Lo ignoro. Lo único que sé es que su religión o, mejor, su *actitud religiosa* es la del místico, del descubridor de misterios, de este continuo y olvidado misterio que es el mundo, nuestro mundo.

III

Pensar en la esperanza es, por lo pronto, recordar a Gabriel Marcel, a Pedro Laín Entralgo y, junto con ellos, pensar en San Pablo y en la "buena nueva" del esperar que es esperanza. ¿Qué decir de la esperanza?

La cosa es crucial. María Zambrano, tan cercana a Ortega y a la vez tan distinta de él, asumía, por lo menos en su juventud, la distinción del maestro entre *ideas* y *creencias*. Fue uno de los grandes descubrimientos de aquel pensador intuitivo que quería ser sistemático. Intuitivo, sin dejar de ser coherente. Pero María descubrió algo más vivo, algo más fundamental que creencias e ideas. Descubrió, raíz de la vida humana, la *esperanza* y, con ella, la des-esperanza, sin dejar de esperar, esperanzarse. El hombre *tiene ideas*, pero *es creencias*, y ahora resulta que es, en esencia, esperanza: así lo ven María, Marcel, Laín.[10]

María Zambrano escribió sobre la esperanza (y la desesperación) en *La agonía de Europa* (1945). Cito a Ortega Muñoz (pocos han percibido, como él, la importancia de la esperanza en la obra de María): "Zambrano da un nuevo dinamismo a esta doctrina [la de Ortega y Gasset] al insistir en el carácter teológico de la historia, siguiendo en ello el pensamiento de San Agustín."[11] "A la historia de los hechos —dice Zambrano— tendrá que suceder la historia de la esperanza; la verdadera historia humana." María Zambrano recuerda a San Pablo: "... lo que hemos de esperar no lo sabemos y así el espíritu gime con gemidos indecibles". Y en San Agustín, prosigue María Zambrano, "el hombre nuevo ha nacido ya; ya sabe lo que tiene que esperar".

En efecto, María Zambrano da una importancia capital a la esperanza. Pero lo hace de manera algo dispersa y, por qué no decirlo, algo imprecisa. Trataré de ser más claro y también más clásico.

En 1994 apareció el libro de Karol Wojtila titulado *Cruzando el umbral de la esperanza*. Se trata de una obra maestra. Cruzar este um-

---

[10] En dos grandes libros: Marcel, *Homo viator. Prolégomènes à une métaphysique de l'espérance*, 1945; Laín Entralgo, *La espera y la esperanza: historia y teoría del esperar humano*, 1957.

[11] Juan Fernando Ortega Muñoz, en el apéndice al libro *Introducción al pensamiento de María Zambrano*, Fondo de Cultura Económica, México, 1994, percibe con gran claridad y creo que por primera vez la relación muy profunda María-San Agustín. Habría que precisar que en parte María remite a la *Ciudad de Dios*, pero principalmente a los libros X, XI, XII de las *Confesiones*.

bral es llegar a lo esperado por nuestra esperanza. Cita Juan Pablo II las conocidas palabras de Juan Evangelista, las palabras que dicen: "Yo soy la Resurrección y la vida... Todo el que vive y cree en mí no morirá jamás" (Juan 11: 25-26). Comenta Karol Wojtila: "Estas palabras con ocasión de la Resurrección de Lázaro contienen la verdad sobre la Resurrección de los cuerpos obrada por Cristo. Su resurrección y Su victoria sobre la muerte abrazan a todos los hombres. Somos llamados a la salvación, somos llamados a la participación en la vida que se ha revelado mediante la Resurrección de Cristo." Cristo es muerte en Cruz, Cristo es vida y promesa de más vida en otra vida.

Lo sabemos, la esperanza no es típica del judaísmo, aun cuando son varios los *Salmos* que preanuncian ya la buena Nueva. Pero en general la esperanza hebrea, en tantos puntos anunciadora de la cristiana, es la promesa hecha al pueblo de Israel en el futuro de este nuestro mundo, la del Mesías, sea pueblo, sea persona. Principalmente, en el judaísmo, pueblo.

Naturalmente, *Cruzando el umbral de la esperanza* remite a las condiciones que permiten pasar el umbral; remite sobre todo a este umbral mismo y, más allá de él, al mundo trascendente donde ya no son necesarios umbral ni esperanza porque, pasado el umbral, se nos ha dado lo prometido por la esperanza. En este caso, como en otros, nuestra fuente es paulina. Esperanza, es decir, confianza en que viviremos en el reino verdadero después de esta vida.

No me alargaré más sobre este tema, por lo demás decisivo. Todo está dicho en dos citas necesarias.

Decía San Pablo: "Fuimos pues con él sepultados en el bautismo de la muerte a fin de que, al igual que Cristo, que fue resucitado entre los muertos por medio de la gloria del Padre, así también nosotros vivamos una vida nueva" (Romanos 6: 4).

Decía San Juan, en uno de sus más hermosos poemas:

> Tras de un amoroso lance
> y no de esperanza falto,
> volé tan alto, tan alto,
> que le di a la caza alcance.

III

ALFONSO REYES Y MARÍA ZAMBRANO: UNA RELACIÓN EPISTOLAR

ANTHONY STANTON
El Colegio de México

De todos los vínculos de amistad entre escritores mexicanos y españoles a raíz del éxodo provocado por la Guerra Civil, uno de los menos conocidos es el que se dio entre Alfonso Reyes y María Zambrano. No obstante el contraste entre sus respectivas formaciones y la diferencia de edad (Reyes, nacido en 1889, era 15 años mayor que la andaluza), compartían varias inquietudes: una fascinación por el mundo clásico y su mitología, una predilección por la forma ensayística, un afán enciclopédico y la convicción de que la literatura (y aún más la poesía) es inseparable de otras formas de conocimiento. Como veremos, la amistad no fue de tipo íntimo y no excluía hondas diferencias. Sin embargo, una lectura de las cartas intercambiadas revela que la apreciación mutua fue muy real y profunda. Más allá de la cortesía protocolaria en el trato, la relación epistolar es interesante sobre todo por lo que nos revela de Zambrano y no tanto por las escasas revelaciones del mundo interior de Reyes.

La correspondencia existente tiene características muy particulares. Son más de sesenta cartas, distribuidas en forma equitativa entre los dos remitentes, pero de esta cantidad unas cincuenta pertenecen al periodo comprendido entre abril de 1939 y marzo de 1940. Por lo tanto, permiten una reconstrucción bastante detallada del primer año de exilio en México y, a partir de enero de 1940, en Cuba. Esta inusitada cantidad tiene una explicación histórica y práctica —la exiliada tenía que informar a Reyes de sus actividades como acogida por La Casa de España— además de una justificación más bien personal o psicológica: la ruptura violenta en su vida exigía el establecimiento de canales de comunicación sobre sus temas de trabajo.

Reyes, principal responsable —a partir de marzo de 1939— de la recién fundada Casa de España en México, era la figura natural para encabezar la nueva institución. Era conocido y respetado en España desde tiempos de su estancia madrileña (1914-1924), cuando se incorporó a los trabajos literarios y filológicos del Centro de Estudios Históricos. Su vida posterior en la diplomacia y su desempeño en países como Francia, España, Argentina y Brasil, lo habían convertido en el embajador cultural por excelencia de México. Su principal colaborador en la organización y marcha diaria de la nueva institución es Daniel Cosío Villegas, con quien Zambrano también intercambia siete cartas.

Además de las cartas propiamente dichas, se conservan otros documentos valiosos que permiten ver la labor intelectual de la filósofa en aquel tiempo: programas de cursos, proyectos de conferencias, índices de futuros libros y bibliografías de los textos que solicita para sus cursos en la Universidad Michoacana. Como señalo con más detalle en la tercera parte de este trabajo, los documentos reproducidos provienen de dos fuentes: la Capilla Alfonsina en la ciudad de México y el Archivo Histórico de El Colegio de México. En las páginas que siguen haré, en primer lugar, un brevísimo repaso de una mínima parte de esta correspondencia, sobre todo la del año inicial del exilio, para después detenerme, en un segundo apartado, a comentar una extensa carta posterior (de 1954) que ella dirige a Reyes. Finalmente, en la tercera parte, incluyo una selección de las cartas que Zambrano intercambia con Reyes y con Cosío Villegas entre 1939 y 1958.

I

El comienzo de la relación de María Zambrano con La Casa de España está plasmado en una "carta telegráfica nocturna" fechada el 20 de febrero de 1939 y dirigida a la Legación Mexicana de París, a nombre de Narciso Bassols, principal responsable del traslado de los exiliados republicanos a México. Dice textualmente: "Favor entregar María Zambrano giro telegráfico trescientos dólares enviado nombre usted Gracias Casa España México". La escritora llega a México en marzo del mismo año con su esposo Alfonso Rodríguez Aldave. A diferencia de otros intelectuales, ella no se queda en la ciudad de México. Por motivos que desconozco, Cosío Villegas había hecho gestiones para que la Universidad de San Nicolás, en Morelia, Michoacán, la recibiera como Profesora Residente de Filosofía con un sueldo de 450 pesos mensuales. En una carta fechada el 21 de marzo de 1939 y dirigida al rector de la Universidad de San Nicolás en Morelia, Cosío habla de "la ocasión casi única de asegurarse en condiciones excepcionales los servicios de profesores de primer orden". A pesar de su tierna edad, la escritora ya tenía cierta experiencia y algo de renombre: había dado clases de filosofía en la Universidad Central de Madrid al lado de sus maestros José Ortega y Gasset y Xavier Zubiri, había publicado en la *Revista de Occidente* y en *Cruz y Raya*, y era conocida y apreciada entre el círculo de los nuevos escritores y pensadores. Acepta agradecida la oferta que le hace La Casa de España y desde un principio colabora en la refundición de los tres cursos clásicos de filosofía (Lógica, Ética y Psicología) además de ofrecer por iniciativa suya un curso monográfico sobre "El pensamiento filosófico en los momentos de crisis histórica". Como recordará al final de su vida, empieza a impartir clases en Morelia "el mismo día que cayó Madrid en manos de los autollamados salvadores".[1]

Aunque relativamente breve, la estancia de Zambrano en la Universidad Michoacana fue muy fructífera para ambas partes, pero no estuvo libre de ciertos malentendidos debidos a expectativas equivocadas. Estos detalles señalan de nuevo la necesidad de matizar la visión acostumbrada de un idilio de coexistencia fraternal entre exiliados y mexicanos. Es preciso recordar que la filósofa llega a la cuna del cardenismo en un momento de radicalización ideológica. En diciembre de 1934 se había implantado la educación socialista y Natalio Vázquez Pallares, rector de la Universidad Michoacana, en aquella época una de las más radicales del país, acababa de modificar la Ley Orgánica para darle una orientación socialista a la enseñanza.

En su primera carta de Morelia, fechada el 4 de abril de 1939, Zambrano le manifiesta a Cosío Villegas su sorpresa y confiesa estar

---

[1] "Entre violetas y volcanes" [1989], en *Las palabras del regreso (Artículos periodísticos 1985-1990)*, ed. Mercedes Gómez Blesa, Amarú, Salamanca, 1995, p. 142.

"un poco impresionada" porque el rector está seguro de que ella es "militante del partido comunista". El rector le ha indicado que en Mexico "no existe la libertad de cátedra y que quienes la defienden es con la finalidad de eludir el mandato constitucional". Consciente de su delicada situación, ella guarda silencio y sólo interrumpe al rector para aclarar que "no había sido nunca comunista ni marxista". Después de declararse incapaz de dar un curso filosófico de materialismo dialéctico, agrega:

> Por el momento he creído mejor no plantear "cuestiones previas" ni discusiones de "principio". La realidad dirá. Y tanto más cuanto que ni el Dr. Gaos ni el Dr. Recaséns son, creo, marxistas. Los programas del primero, que Ud. me ha entregado, nada tienen que ver con la "educación socialista", a mi entender, y al Dr. Recaséns creo conocerle lo bastante para saber que anda bastante lejos —tal vez más que yo— de ello.

Su mejor defensa ante Cosío es la reiteración de su afiliación filosófica orteguiana: "Creo que Ud. ya sabía que he sido discípula de Ortega y Gasset —cosa que ni sabía el Sr. Rector— y es su filosofía la que sigo, la que en todo caso me inspira y dirige." La respuesta pragmática de Cosío la deja en libertad para adoptar sus propias estrategias. Aquí un comentario. No dejan de extrañar las repetidas declaraciones de lealtad a Ortega, al hombre y a su pensamiento, que hace Zambrano a lo largo de su vida. Si bien es cierto que su formación inicial se da dentro de la filosofía orteguiana, me parece indudable que muy pronto se separa de esta presencia protectora. El maestro, que le había dirigido su tesis doctoral sobre "La salvación del individuo en Spinoza", es un punto de partida que ella muy pronto deja atrás. La "razón poética" de María Zambrano dista mucho de ser la "razón vital" de Ortega y Gasset. El centro del pensamiento de Zambrano es el polifacético tema de lo sagrado, preocupación que brilla por su ausencia en la obra de Ortega. Al no querer cortar el cordón umbilical de la mayéutica, ella da una imagen que obedece más a la gratitud de los afectos que a la precisión intelectual.

En otra carta del mes de abril Zambrano anticipa el programa de unas conferencias ("Algunos temas de la cultura española" es el título provisional) que se darían poco después en La Casa de España y que formarían el libro *Pensamiento y poesía en la vida española*, publicado por la misma Casa en 1939 con viñetas de Ramón Gaya. Ese año Zambrano ve salir de las prensas de la Universidad Michoacana, en edición artesanal cuidada por su esposo, otro libro que plasma las semillas de su pensamiento: *Filosofía y poesía*, un capítulo del cual se publicó en la revista mexicana *Taller*, a petición de Octavio Paz. Hacia el final de su vida ella confesará:

> Mi libro lo escribí en aquel otoño mexicano como homenaje a la Universidad de San Nicolás de Hidalgo, descendiente directo de los estudios de Humanidades, fundado por Don Vasco de Quiroga no lejos de las orillas del lago Pátzcuaro, que fue allí desde España, a la región de los indios Tarascos, para fundar la Utopía de República Cristiana de Tomás Moro. Utópico para mí el escribir este pequeño libro, pues que, siendo irrenunciable en mi vida la vocación filosófica, era perfectamente utópico el que yo escribiera, y aún explicara, como lo hice, en la Universidad de San Nicolás de Hidalgo, Filosofía.[2]

La preocupación esencial de estos dos libros que vieron la luz en México es el sueño —utópico sin duda— de reconciliar la razón filosófica y la intuición poética, el afán de afirmar "la doble necesidad irrenunciable de poesía y de pensamiento".[3] Se trata nada menos que del programa embrionario de toda su obra posterior. Y aquí un comentario al margen: valdría la pena estudiar algo que nadie ha explorado hasta ahora —la forma en que algunos de sus planteamientos sobre las relaciones entre poesía, mito, religión y pensamiento influyeron en las búsquedas iniciales de un joven poeta mexicano llamado Octavio Paz.

La impresión general que se desprende de esta correspondencia es que más allá de algunas quejas motivadas por problemas económicos, por el número excesivo de clases, por la falta de formación (no así de entusiasmo) de los alumnos y por la condena de una siempre precaria salud que habría de acompañarla toda su vida, se trata de una época sumamente fértil. Aprovecha el aislamiento intelectual de Morelia para sembrar dentro de sí. En mayo le escribe a Reyes: "Me siguen naciendo proyectos que ya le comunicaré según estén maduros; en cuanto saco mis papeles, nacen como hongos en matorral." Por las mismas fechas ofrece cuatro nuevos títulos a La Casa de España: *Filosofía, poesía*

---

[2] "A modo de prólogo", en *Filosofía y poesía*, 2a. ed., Fondo de Cultura Económica, Madrid, 1987, p. 9.
[3] *Ibid.*, p. 14.

y tragedia, D. Miguel de Unamuno y su obra, Breve historia de la mujer y *El estoicismo como fenómeno de crisis histórica*. Libros que, a excepción del primero, se publicarán después y fuera de México, a veces en versiones refundidas. Al mes siguiente, cuando Reyes le informa que La Casa sólo puede publicar uno de los títulos adicionales ofrecidos, Zambrano le propone otro libro nuevo: *La crisis de la objetividad*, propuesta que cambiará más tarde por la de *Séneca o la resignación*. Hay otro dato interesante que se desprende de esta correspondencia: es en Morelia donde surge por primera vez la idea de escribir algo de grandes proporciones sobre el tema de "Filosofía y cristianismo". Este ambicioso proyecto se va desgajando con los años, pero uno de sus resultados es *El hombre y lo divino*, obra esencial que publicará en México el Fondo de Cultura Económica en 1955.

En octubre de 1939 la filósofa le manda a Reyes uno de los primeros ejemplares de *Filosofía y poesía* y éste le contesta de inmediato: "me seduce el solo planteo del problema". Pero en términos prácticos la relación con el Patronato de La Casa de España termina antes de cumplir un año. En los últimos días de 1939 Zambrano llega a La Habana para dictar unas conferencias y restablecer nexos de amistad con Lezama Lima y su círculo. Al parecer, su salud se deteriora y tiene que postergar el regreso a Morelia. Un telegrama en el abrupto estilo de Cosío Villegas le informa que la Universidad de Morelia considera roto su "contrato". La ruptura marca el fin de su exilio mexicano —aunque regresaría al país brevemente en 1949— y el comienzo de una odisea por varios países de América y Europa, antes del retorno a España en los años finales de su vida. El intercambio epistolar sigue esporádicamente hasta la muerte de Reyes en 1959. Fiel a su carácter, él nunca abandona la cortesía y el estímulo generoso de sus primeras cartas; por su parte, ella rememora años después la presencia de Reyes en su vida y en su obra, viéndolo significativamente como una encarnación de la "razón mediadora" que consiste en "estar viendo al mismo tiempo lo inmenso y lo pequeño, lo que el hombre no puede alcanzar y lo que ya ha alcanzado: la razón del presente, la razón en el tiempo presente".[4] Como si fuera una despedida anticipada, Zambrano le escribe desde Puerto Rico en 1942 a su entonces padre protector para

---

[4] "Entre violetas y volcanes", p. 141.

agradecerle lo que llama su "medicina de piedad e ironía". La frase, como veremos, tiene valor premonitorio.

II

Desde Roma, en agosto de 1954, Zambrano envía sin previo aviso una extensa "Carta abierta a Alfonso Reyes sobre Goethe". La copia mecanografiada que se conserva en la Capilla Alfonsina ostenta múltiples correcciones a mano, pero son pocas las diferencias con la versión que se publicó un mes después en *El Nacional* de Caracas. Se trata de una carta polémica escrita en contra de cierta visión de Goethe y dirigida al principal defensor del alemán en el mundo hispánico. Goethe es una figura que acompaña a Reyes como piedra de toque desde sus inicios: su primer ensayo sobre él es de 1910.[5] Casi no hay libro suyo que no tenga alguna cita o referencia como la siguiente: "Goethe es el clásico que nos queda más cerca... el faro [que da] el rumbo"; o esta otra claramente autodescriptiva: "Nada le fue ajeno."[6] En la Introducción al tomo final de las obras completas —tomo aparecido hace poco y que recoge casi todos los textos de Reyes sobre el autor del *Fausto*—, José Luis Martínez opina que Goethe es "un personaje que le fascinaba, acaso más que ningún otro".[7]

Al leer las páginas goethianas de Reyes, sobre todo las de 1932 (publicadas en *Sur*) y las de 1954 que conforman el libro *Trayectoria de Goethe*, se nota de entrada el tono defensivo: el héroe es reivindicado frente a los detractores que no cesan de cuestionar la vida, obra y personalidad de Goethe. Si constituye un modelo o paradigma para Reyes, no es tanto por la obra literaria en sí —que Reyes conoce pero no analiza en detalle— como por la indisoluble unión de vida, obra y pensamiento. Lo que Reyes admira es el personaje íntegro que ejemplifica distanciamiento y objetividad, el hombre que armoniza ética y estética. Las palabras elogiosas que se repiten en los textos de Reyes son

[5] "Sobre la simetría en la estética de Goethe", en *Cuestiones estéticas*, recopilado en *Obras completas de Alfonso Reyes*, vol. 1, Fondo de Cultura Económica, México, 1955, pp. 86-88.

[6] *Rumbo a Goethe*, en *Obras completas de Alfonso Reyes*, vol. 26, Fondo de Cultura Económica, México, 1993, pp. 228-229 y 148.

[7] José Luis Martínez, Introducción a *Obras completas de Alfonso Reyes*, vol. 26, p. 7.

verdaderas autodefiniciones: serenidad, mesura, clasicismo, disciplina, universalismo, equilibrio, concordia, antifanatismo, perfeccionamiento paciente, humanismo renacentista, enciclopedismo epistemológico. No deja de impresionarle esa coexistencia armoniosa de lo privado y lo público, esa integración de las letras, la ciencia y la política. Le atrae su actitud heterodoxa y naturalista —por no decir pagana— ante la religión: "metafísico sin metafísica" lo llama Reyes, cuando no habla de su peculiar sincretismo panteísta.[8]

Además, Goethe encarna, para Reyes, el esquema ideal de la evolución del artista: de un desorbitado subjetivismo se pasa al espíritu científico y a la objetivación serena en la naturaleza. La maduración artística e intelectual es una manera de aliviar "aquel ahogo emocional" y de someter la violencia a mesura.[9] Así, la angustia juvenil se vuelve salud; la excepción romántica se corrige para ser aceptación de la norma clásica. ¡Cómo no reconocer en estas observaciones una confesión del proyecto personal de Alfonso Reyes! Es más: el poeta que se transforma en consejero y ministro en la corte de Weimar, el intelectual que pone su talento al servicio del príncipe ilustrado, es percibido como un modelo válido para la "inteligencia americana".

Estimulada por la publicación de dos textos de Reyes sobre el escritor alemán en el mismo suplemento del periódico venezolano, Zambrano empieza su "Carta abierta" externando su "resistencia" ante Goethe y ante los tópicos más asociados con él (su "olimpismo" y su "luminosidad"). Explica su actitud así: "Creo haber descubierto que el motivo de mi resistencia ante tan grande espíritu es simplemente el que no haya sido criatura tan de excepción, sacrificado o raptado por los Dioses en alguna forma." Lo compara desfavorablemente con otros poetas-filósofos de la tradición romántica alemana: Nietzsche, Schiller, Hölderlin y Novalis. Es motivo de suspicacia lo que Reyes encuentra admirable en Goethe: su humanismo, su "normalidad". Para Zambrano, Goethe es "ese hombre que parece haberse escapado de pagar la prenda" y su plenitud no cuadra con una época angustiosa como la nuestra, en que "el humanismo ha hecho quiebra". Hay que recordar que ella escribe en una posguerra dominada por el pesimismo existen-

---

[8] *Obras completas de Alfonso Reyes*, vol. 26, pp. 187 y 258-259.
[9] *Ibid.*, p. 271.

cialista y que tanto el olimpismo resplandeciente como la fe humanista de Goethe tenían que parecerle anacrónicos a una conciencia obsesionada por la violencia del holocausto.

La lectura crítica de Zambrano debe mucho a la que había realizado en 1932 su maestro Ortega y Gasset en el polémico ensayo "Pidiendo un Goethe desde dentro. Carta a un alemán", texto que ella misma recuerda en su "Carta abierta". Según Ortega, Europa vive "una crisis de todo clasicismo" porque el pasado ya no puede ofrecer normas para el presente y el futuro. Frente a la hagiografía monumental e impersonal que suelen producir los centenarios, Ortega pide la "contemporaneización" de Goethe, su confrontación con los problemas urgentes del presente; opina que en lugar de una estatua más, necesitamos una exploración de las contradicciones interiores de Goethe. El reproche central de Ortega es que Goethe fue infiel a su misión íntima, a su proyecto vital, a su inexorable vocación intuida por su yo auténtico. El problema es que Ortega no nos dice cómo se puede identificar objetivamente este yo auténtico que va a servir de parámetro para justificar o condenar una vida como "auténtica" o "inauténtica". Una muy legítima preferencia personal se presenta como si fuera un argumento filosófico.

Para Ortega, Goethe huye de su propio destino refugiándose en las seguridades anacrónicas y artificiales de la corte de Weimar en lugar de vivir el riesgo de una existencia más dramática o de experimentar la intoxicación de las ideas en Jena. Al igual que Zambrano, pide que Goethe sea otro. Así, la lección que Ortega deduce del "ejemplo" de Goethe se erige en modelo para el acercamiento de Zambrano:

> No hay más que una manera de salvar al clásico: usando de él sin miramiento para nuestra propia salvación —es decir, prescindiendo de su clasicismo, trayéndolo hasta nosotros, contemporaneizándolo, inyectándole pulso nuevo con la sangre de nuestras venas, cuyos ingredientes son *nuestras* pasiones... y *nuestros* problemas. En vez de hacernos centenarios en el centenario, intentar la resurrección del clásico re-sumergiéndolo en la existencia.[10]

---

[10] "Pidiendo un Goethe desde dentro. Carta a un alemán" [1932], en José Ortega y Gasset, *Obras completas*, tomo IV, Alianza/Revista de Occidente, Madrid, 1983, p. 419. La opinión fulminante de Reyes sobre este ensayo se puede leer en su "Carta a Eduardo Mallea sobre el Goethe de Ortega y Gasset", en *Obras completas de Alfonso Reyes*, vol. 26, pp. 439-445.

El texto de Zambrano es abiertamente confesional, género literario que entraña, para ella, ensimismamiento y desprendimiento. No sólo se ve rodeada por "las potencias obscuras verdaderamente infernales" sino que habla desde "ese infierno que se abre en las entrañas de la historia y aun en nuestras propias entrañas". En un momento le confiesa a Reyes: "quien esto escribe ha pasado su vida —no tan larga, ni tan corta— bordeando infiernos, trabada en luchas demoniacas cuando no a pique de asfixiarse en las tinieblas". Y desde su presente histórico y psíquico se pregunta: "¿Es de extrañar que la imaginación rememore los tiempos de sacrificio y que se nos pueble de figuras de la antigua piedad? Y que aquellos que pagaron la prenda sean nuestros 'santos'." Entiende que los héroes míticos de una época como la nuestra, bañada en sangre, tienen que ser héroes sacrificados, como "la muchacha Antígona condenada a ser enterrada viva... Y una tumba cerrada es el infierno donde cabe, eso sí, convertirse en semilla que el viento lleve a otras tierras más abiertas y soleadas". Se ve aquí la característica dialéctica simbólica de Zambrano: la auténtica resurrección implica un sacrificio previo; el acceso a la luz exige un descenso a las tinieblas. Este pensamiento mítico-religioso, que se desarrolla en *El hombre y lo divino*, de redacción contemporánea, ya había tenido una formulación inicial en los textos que Zambrano escribió en plena Guerra Civil: pienso en los ensayos sobre Machado, Unamuno, Neruda y Serrano Plaja publicados en la revista *Hora de España*. Es entonces cuando se configura el primer avatar de "ese centro sacrificial" que fue, para ella, la España en guerra.

Los "Dioses Olímpicos", como Goethe, se oponen a la "piedad antigua" que es "estigma y pagar prenda... devorar o ser devorado". Zambrano sólo se explica la serenidad y autoabastecimiento de Goethe como el resultado de una enseñanza de Roma, de una lección divina. Para ella, el viaje de Goethe a Italia representa una muerte simbólica, una resurrección y una asimilación de lo que llama una ciencia de la piedad que es: "poder descender a los infiernos una y otra vez, y hasta saber morir en vida todas las veces que haga falta. Saber tratar con los muertos y con sus sombras. Y sobre todo, sobre todo, saber tratar con lo otro en sentido eminente: El Otro".

Zambrano estaba pisando un terreno que Reyes conocía muy bien y que había explorado en uno de sus primeros ensayos, precisamente el que trataba del concepto aristotélico de la catarsis, "purificación por la piedad y por el terror".[11] El "olimpismo" de Goethe no significa, para Reyes, ni indiferencia ni miedo al dolor; al contrario, es el resultado de una descarga emotiva cuya función es nada menos que la preservación del equilibrio psíquico. El recurso al sacrificio simbólico, muy presente en Goethe y también en Reyes, funciona como "estrategia defensiva". Zambrano pide que el descenso a la violencia infernal sea vivido y sufrido en el dramatismo de la obra; Reyes pudo haber contestado que la experiencia angustiosa es necesariamente anterior a la obra y que en ésta la tensión se resuelve en una forma perfecta, clásica.

No otra cosa representa la personalísima *Ifigenia cruel*, poema dramático de Reyes que proyecta sobre la mitología clásica la violencia de la estirpe y logra un exorcismo del destino trágico del padre, muerto en el asalto al Palacio Nacional, hecho que motiva el exilio del hijo. La "estrategia defensiva" quedó tan arraigada en Reyes que incluso cuando comenta este aspecto subjetivo de su poema, lo hace bajo la máscara de la primera persona del plural y se niega a revelar la naturaleza de esa "experiencia propia" que tan hondos efectos tuvo en él:

La *Ifigenia*, además, encubre una experiencia propia. Usando del escaso don que nos fue concedido, en el compás de nuestras fuerzas, intentamos emanciparnos de la angustia que tal experiencia nos dejó, proyectándola sobre el cielo artístico, descargándola en un coloquio de sombras.[12]

Pudor y modestia que encubren una zona psíquica vulnerable y frágil, una especie de presa oscura cuyas aguas caóticas y violentas están contenidas por una compuerta que no debe abrirse. Es una zona que el mismo autor no puede nombrar directamente a pesar de saber que necesita hacerlo.[13] En la cita anterior se siente en el estilo y en la cadencia de las frases una sensación de liberación anímica expresada por los gerundios que resuelven la oración ("proyectándola", "descargán-

---

[11] "Las tres *Electras* del teatro ateniense" [1908], en *Obras completas de Alfonso Reyes*, vol. 1, p. 42.

[12] "Comentario a la *Ifigenia cruel*", en *Obras completas de Alfonso Reyes*, vol. 10, Fondo de Cultura Económica, México, 1959, p. 354.

[13] Tan marcada fue esta barrera psíquica en Reyes que nunca publicó en vida la "Oración del 9 de febrero", texto que escribió en Buenos Aires, en 1930, acerca del efecto traumático de la muerte de su padre. Se puede leer en *Obras completas de Alfonso Reyes*, vol. 24, Fondo de Cultura Económica, México, 1990, pp. 23-39.

dola"). Por otro lado, tampoco es fortuito que Reyes haya modelado su poema, en parte, sobre la *Ifigenia en Táuride* de Goethe.

Zambrano termina su "Carta abierta" con una parábola acerca de la doncella que hace un pacto con El Otro a cambio de la prenda de su alma. Se trata de una historia escuchada en la infancia de boca de una vieja criada que contaba cómo fue edificado el acueducto romano de Segovia. Una doncella iba por agua todos los días con su cántaro a la parte baja de la ciudad. Para librarse de esta tarea hace un pacto con El Otro, quien le ofrece hacer un puente para traer el agua, pero el puente tiene que estar terminado antes del amanecer. Cuando sale el primer rayo solar falta todavía una piedra, así que ella guarda su alma y el "Puente del Diablo" queda hecho.

La alegoría es polivalente y se dirige a varios destinatarios. Además, tiene una dimensión personal ya que de alguna manera María Zambrano se ve como la doncella que necesita hacer un pacto con El Otro. Algo que ella no le perdona a Goethe es haberle dado la espalda a Hölderlin, "sin haberle tendido ese puente de que tienen necesidad las doncellas que han de ir a llenar su cántaro de noche a la fuente lejana y escondida. A veces hasta se pierden, pues no todas pueden decir: 'Qué bien sé yo la fonte que mana y corre / Aunque es de noche...'.'" Con esta alusión a San Juan de la Cruz pone fin a su carta no sin antes invocar la ayuda de Goethe y de su discípulo mexicano para construir otro puente, "para que por él nos venga el hilillo de agua de nuestra historia poética que nos calme la sed, la sed de que el hombre sea, vaya siendo... que no nos descarriemos, ni se nos quebranten del todo los huesos en las idas y venidas de nuestra historia".

Zambrano tal vez ignoraba que una parábola parecida de la doncella y la fuente aparece como escena inicial de la famosa novela de juventud de Goethe, *Los sufrimientos del joven Werther.* Werther, el protagonista, empieza a fantasear nostálgicamente a partir de una escena natural que observa:

> No sé si espíritus falaces gravitan sobre esta comarca, o si cálida, celestial fantasía está en mi propio corazón, que todo en torno mío me lo vuelva tan paradisiaco. Hay ahí mismo, a la entrada del pueblo, una fuente, una fuente a la que estoy tan ligado como Melusina con sus hermanas... Bajas una pequeña loma y te encuentras ante una bóveda, en el fondo de la cual, al pie de unos veinte escalones, brota de las marmóreas peñas un agua clarísima [...] Vienen allá luego las mocitas de la ciudad a sacar agua,

ocupación la más inocente y la más necesaria, que en otro tiempo era incumbencia de las propias hijas de los reyes. ¡En tanto estoy allí sentado cobra intensa vida en mí la idea de aquellos tiempos en que los patriarcas trababan conocimiento junto a las fuentes y allí cortejaban a sus futuras esposas, y en torno a pozos y manantíos gravitaban benéficos genios![14]

Los vasos comunicantes no terminan aquí ya que en 1910, en su primer ensayo sobre Goethe, Reyes había aludido a esta misma escena: "En lo más sombrío, y mirando a las campesinas llenar sus cántaros en los pozos, distingo a Werther, quien hojea las páginas de Homero o las del que entonces era Ossián, según que esté alegre o que se aflija."[15] En Goethe y en Reyes la imagen es más secular que mística. Ambos ven en la fuente un símbolo nostálgico, una manifestación de una edad de oro de sabiduría y felicidad.

Carente de espíritu polémico, Reyes no aceptó el debate público. Tal vez intuía que el intercambio hubiera terminado por ser una repetición estéril de sus acaloradas discusiones juveniles con José Vasconcelos, el compañero ateneísta que reitera su "antigoetismo" en la primera carta que se conserva de las que envió a Reyes.[16] Es una lástima que éste no haya aceptado la confrontación de ideas porque hubiera podido demostrar que su Goethe era tan válido, tan justificable, tan útil y, en fin, tan necesario como el de Zambrano. La filósofa le había escrito: "nada hay en mi Carta de 'personal', aunque su persona estaba bien presente cuando lo escribía y cuando lo pensaba". Pero al criticar la interpretación y apología que él hacía de Goethe ella estaba cuestionando aspectos muy profundos del mismo Reyes. La única respuesta que se conserva es una carta privada en la que éste le dice:

---

[14] *Los sufrimientos del joven Werther*, en Goethe, *Obras completas*, recopilación, traducción, estudio preliminar, prólogos y notas de Rafael Cansinos Asséns, vol. 2, Aguilar, México, 1991, p. 351.

[15] "Sobre la simetría en la estética de Goethe", en *Obras completas de Alfonso Reyes*, vol. 1, p. 86.

[16] Vale la pena transcribir la objeción de Vasconcelos ya que en cierto sentido es la misma que formulará años después María Zambrano: "Tú te acordarás tal vez de mi antigoetismo, todavía lo conservo porque no perdono el engaño que cometen o la estrechez que demuestran quienes se asoman con ojos abiertos a la vida y la aplauden. Ni la mejor vida ni de Goethe es digna de un hombre, todo lo humano es poco para el hombre..." Carta fechada el 7 de marzo de 1916, en *La amistad en el dolor: correspondencia entre José Vasconcelos y Alfonso Reyes (1916-1959)*, ed. Claude Fell, 2a. ed., El Colegio Nacional, México, 1995, p. 26.

Su carta, sus cartas —la privada y la pública sobre Goethe— me causan profunda emoción, me hacen pensar mucho y las recibo con vivísimo agradecimiento que no encuentra fácil expresión.

Como usted, con perfecta probidad y nitidez mental, se objeta sola y pone tan cabalmente los puntos sobre las íes, nada me queda por decir, en efecto. Callo y medito...

Efectivamente, la "Carta abierta" escenifica en su interior un diálogo ya que va imaginando y contestando las objeciones del destinatario. Sin embargo, Reyes sí se atreve a plantear, en su característico tono conciliador, que el meollo de la discusión es el contraste entre dos temperamentos distintos:

Pero, en el fondo, amiga querida, ¿no cree usted que este diálogo está más allá de las palabras, más allá de la inteligencia, y se agarra en subsuelos de la sensibilidad y el temperamento donde las palabras pierden su oficio?

Con ese estilo tan suyo de decir las cosas, Reyes identifica finalmente su postura y lo hace con una suave pero eficaz ironía formulada, en apariencia, como autocrítica pero que se dirige certeramente a su blanco: "Que sea feliz y que su viaje a Roma le dé esa libertad y esa confianza en la alegría que yo —pobre pagano retardado— tanto he admirado en Goethe." Así, Reyes le regala una vez más su "medicina de piedad e ironía".

El viaje a Italia de Goethe es el encuentro con la eterna tradición, la revelación de las formas simples: luz y orden encarnados en lo esencial sensible de la naturaleza, "la simplicidad de los principios fundamentales en que reposa la profusa variedad de las apariencias", según Reyes, para quien la experiencia italiana representa un "viaje de expiación... Al volver de Italia es ya otro, siendo todavía él mismo".[17] Zambrano quiere leer en el mismo viaje la clave de una conversión religiosa.

Reyes había escrito sobre Goethe: "Él es un caso ejemplar, no un modelo absoluto naturalmente: un centro de cita. Desde allí, escoja cada uno su senda."[18] Tanto él como Zambrano escogieron sendas divergentes, pero desde las riberas opuestas del mismo río no dejan de

---

[17] *Obras completas de Alfonso Reyes*, vol. 26, pp. 294 y 289.
[18] *Ibid.*, p. 87.

cruzar el mismo puente y recordarnos que lo uno necesita de lo otro para definirse y conocerse. Zambrano critica a Goethe por no conformarse al modelo romántico de un rebelde inspirado por la visión sagrada; Reyes lo elogia por las mismas razones: por no ser un mártir sacrificial, por haberse atrevido a planear y realizar su propio destino y por no haber encarnado el mito romántico. En ambas lecturas, salvado o condenado, Goethe funciona no sólo como el pretexto para una confesión personal sino también como algo que los dos corresponsales anhelaban y necesitaban: un puente de diálogo entre lo uno y lo otro.

III

Ofrezco a continuación una selección de las cartas intercambiadas por María Zambrano, Alfonso Reyes y Daniel Cosío Villegas. He privilegiado los documentos que arrojan luz sobre los proyectos intelectuales y sobre la situación vital de la escritora en el primer año de exilio. Todos los documentos, que reproduzco en orden cronológico, son inéditos con la sola excepción de la "Carta abierta a Alfonso Reyes sobre Goethe", texto publicado en la página tres de *El Papel Literario,* suplememento del periódico *El Nacional* de Caracas, el 23 de septiembre de 1954. Esta misma versión fue reproducida fragmentariamente por la autora al final de su vida, en la prensa madrileña de 1988, bajo el título de "Goethe y Hölderlin" —texto recopilado en el ya citado tomo *Las palabras del regreso,* pp. 173-176—, e íntegramente en *La razón en la sombra. Antología del pensamiento de María Zambrano* (ed. Jesús Moreno Sanz, Siruela, Madrid, 1993, pp. 280-286). Pero aquí prefiero transcribir la versión ligeramente distinta que se encuentra en la Capilla Alfonsina de la ciudad de México y que consta de un mecanuscrito con correcciones a mano que Zambrano le envío a Reyes (junto con otra carta) antes de publicarlo en Venezuela. Los originales de las seis últimas cartas (las que llevan aquí los números 22-27) se encuentran en la Capilla Alfonsina, a cuya eficaz directora, Alicia Reyes, le agradezco su permiso para reproducir la correspondencia de su abuelo. Todas las demás cartas provienen del Archivo Histórico de El Colegio de México.

He corregido algunos errores de ortografía y de acentuación en las cartas de Zambrano, muchas de las cuales están manuscritas. Casi todas las cartas aparecen completas, pero en unos pocos casos he excluido pasajes anecdóticos. Anotaciones mías se señalan con número arábigo; anotaciones de los corresponsales aparecen con un asterisco; se usan corchetes para las interpolaciones del editor. Agradezco la ayuda de Michelle Suderman en la transcripción y la captura de estos documentos.

1. De Zambrano a Cosío Villegas

Morelia, 4 de abril de 1939

Sr. Don Daniel Cosío Villegas

Mi distinguido y buen amigo:

Ayer llegué aquí, por la noche en vez de por la mañana por dificultades del ferrocarril, cosa que ya había avisado al Sr. Rector. El recibimiento fue encantador y anoche mismo conversé con bastante amplitud con el Sr. Vázquez Pallares,[19] que hoy, me dijo, salía para México.

Una sorpresa recibí en esta conversación que no quiero dejar de comunicarle por dos motivos: por tenerle informado de todo lo importante y porque me dé su consejo, pues le confieso estar un poco impresionada. Se trata de lo siguiente: el Sr. Rector me habló con gran cordialidad acerca de la condición revolucionaria de la Universidad de Morelia, donde yo iba a encontrarme muy bien, ya que a él se le había dicho que yo había sido "militante del partido comunista". Como esto no es cierto, así se lo manifesté; pero se trataría solamente de un equívoco si ello no fuera, al parecer, un ingrediente de la buena acogida que tuvo la idea de traerme. A continuación me dijo el Sr. Rector que el Art. III de la Constitución prescribe la educación socialista y

---

[19] Natalio Vázquez Pallares (1913-1981), político e ideólogo cardenista, fue rector de la Universidad Michoacana de San Nicolás de Hidalgo en 1939, después de haber presidido la Federación de Estudiantes Antiimperialistas de América. Una de sus primeras acciones como rector fue la de modificar la Ley Orgánica de la Universidad para darle una orientación socialista.

que a él hay que ajustarse; que en México no existe la libertad de cátedra y que quienes la defienden es con la finalidad de eludir el mandato
constitucional y que el profesor no tiene libertad de elegir una postura
ideológica y política.

Francamente he de decirle que me dejó muy impresionada esta
conversación, estas afirmaciones del Sr. Rector, ante las que guardé silencio, tan sólo interrumpido para manifestarle que yo no había sido
nunca comunista ni marxista. Ni qué decir tiene que me siento completamente incapaz de realizar lo que se me demanda. He pensado comen-
zar mis cursos como únicamente puedo hacerlo y ya veremos; tal vez a
los alumnos les interese. Por el momento he creído mejor no plantear
"cuestiones previas" ni discusiones de "principio". La realidad dirá. Y
tanto más cuanto que ni el Dr. Gaos[20] ni el Dr. Recaséns[21] son, creo,
marxistas. Los programas del primero, que Ud. me ha entregado, nada
tienen que ver con la "educación socialista", a mi entender, y al Dr. Recaséns creo conocerle lo bastante para saber que anda bastante lejos
—tal vez más que yo— de ello. De ahí mi extrañeza al serme plantea-
da esta cuestión, ya que ellos han estado en esta Universidad y según
me dijo el mismo Sr. Rector, se les espera en fecha no lejana.

Tambien me manifestó el Sr. Rector que habría que añadir a las
materias de mi plan la Sociología, y que la I[ntroducción] a la Filosofía
sería *diaria*; la Psicología y la Sociología alternas, con lo cual serán 12 horas a la semana sin contar el Curso Monográfico y el Seminario, idea
que parece ser muy grata a los alumnos y al mismo Rector por algo que
entiendo justificado: la necesidad de aprender a leer libros de Filosofía.
Haré, pues, un nuevo plan después de nueva conversación con el Sr.
Rector, pues me parecen demasiadas horas, y se lo enviaré a Ud. Quizá
por el momento, por las razones anteriormente apuntadas, sea mejor no
presentar cuestionario, sino solamente el plan. Creo que Ud. ya sabía
que he sido discípula de Ortega y Gasset —cosa que ni sabía el Sr.
Rector— y es su filosofía la que sigo, la que en todo caso me inspira y

---

[20] José Gaos (1900-1969), filósofo español "transterrado", como él decía, había llegado a
México en 1938, después de haber sido rector de la Universidad Central de Madrid durante la
República. Discípulo de Ortega y Gasset, Gaos ejercería una influencia decisiva sobre el pensamiento mexicano del siglo XX.
[21] Luis Recaséns Siches (1903-1975), reconocido especialista español en filosofía del derecho, había llegado a México en 1937. Al igual que Gaos, fue miembro de La Casa de España.

dirige. Ya veremos; yo trabajaré lo mejor que pueda y el Tiempo dirá. Le agradeceré mucho su consejo e indicaciones.

Muchos saludos de mi marido que vino a acompañarme [...] Y reciba la expresión más verdadera de gratitud y amistad de su affma. a.

María Zambrano

2. De Zambrano a Cosío Villegas

Morelia, 21 de abril de 1939

Sr. Don Daniel Cosío Villegas

Mi buen amigo:

Recibí su amable carta, que le agradecí vivamente. Ya había comenzado el curso, que sigue "sin novedad". Creo que le dije cómo quedó: tres horas de Psicología, tres de Sociología y seis de Introducción a la Filosofía. En el curso de Sociología doy una hora de "Historia de las doctrinas socialistas". En la de Introducción, una hora de lectura de un texto filosófico que será "Introducción a la teoría de la ciencia" de Fichte; será, porque ahora es "Los seis grandes temas de la Metafísica occidental", como manera preparatoria de hacerles *leer* filosofía.

Los muchachos parecen muy interesados en los cursos y hay unos cuantos muy inteligentes, aunque sin preparación como ellos mismos confiesan. No dejó de sorprenderme cierto ambiente de indisciplina y no muy buenas maneras, que creo haberme explicado, mas como es largo lo dejo para cuando charlemos. En síntesis, puede corresponder a una etapa de la "rebelión de la juventud" [...] Pero puedo decirle que les hice algunas indicaciones que creo han dado ya resultados bastante positivos. En general y aun contando con que por naturaleza soy una *inconforme* con todo lo que hago, puedo decirle que podría estar satisfecha de mi trabajo y de la acogida que parece tener en los alumnos. Lo que sí creo es que tanto para ellos como para mí son demasiadas horas; a mí me agotan tantas clases y a ellos es posible que les cree un estado de sobresaturación. He tenido carta de Berta Gamboa[22] en que

[22] Berta Gamboa de Camino (1888-1957), escritora y profesora mexicana que se había casado en 1924 con el poeta español León Felipe (1884-1968). En 1938 fijan su residencia definitiva en México.

me dice que el Rector está en la idea de disminuir las horas, me imagino que por conversación con Uds. Cuando regrese, ya hablaré con él y le tendré a Ud. al corriente del resultado.

Para la segunda quincena de junio —me han dicho— habrá exámenes de reconocimiento que no se efectuarán en mis asignaturas, según me dijo el Sr. Regente del Colegio. Y he pensado que bien puedo aprovechar esos días en que los exámenes de las otras asignaturas absorberán el tiempo de los alumnos, para ir a México a dar las conferencias de las que tuvo Ud. la bondad de hablarme, si a La Casa de España, naturalmente, le conviene. Para ello se lo digo con anticipación suficiente para que lo puedan considerar y decidir. El programa va adjunto,[23] aunque le ruego que [en] caso de ser aceptado, antes de imprimirse le enviaría otro definitivo más desenvuelto. Éste es para Uds., para que se formen idea aproximada de lo que serían las conferencias que me atrevo a desarrollar.

De libros y revistas anda esto un poco mal [...] [El Señor Rector] me dijo que habían adquirido muchos libros y toda la colección de la *Revista de Occidente,* que aún no he visto.

Mucho le agradecería que si reciben Revistas de Filosofía o alguna publicación, me la enviaran aunque fuese temporalmente, es decir, con compromiso de enviarla una vez leída. Me encuentro muy desconectada intelectualmente.

Reiterándole mi agradecimiento por todas sus bondades, le saluda afectuosamente su amiga

María Zambrano

He visto con mucha alegría el nombramiento de Don Alfonso Reyes para Presidente de La Casa de España.

Mi nueva dirección: Benito Juárez 179.

Las conferencias las estoy escribiendo. Se trata de un libro, en realidad, que podría dar al día siguiente, para ser editado si acaso interesa.

***

---

[23] Por el interés que pueda tener y por diferir en muchos puntos del temario final que se convertiría en el índice del libro *Poesía y pensamiento en la vida española*, incluyo después de esta carta el programa inicial de las conferencias.

Algunos temas de la cultura española

I El conocimiento en España. Pensamiento y Poesía. El fracaso como raíz del conocimiento. España misma como fracaso. Cuál es la forma decisiva del entendimiento español; intento de caracterización en sus frutos logrados y en sus intentos sin logro. Conexiones con la vida religiosa: humillación y rebeldía. Leyes formales.

II La problemática de la vida española. Bosquejo de unas categorías de la vida española. Su aplicación histórica y sociológica a la interpretación de algunos textos y temas literarios. El pensamiento que deriva de ellas.

Resignación y esperanza. El estoicismo culto: Séneca. P. Granada. La Epístola moral a Fabio. —El estoicismo popular; idea del "sabio". Religión laica.

III Plenitud y aniquilamiento. Valor y sentido de la vida individual. El querer; su doble raíz. Proceso de crecimiento y proceso de aniquilamiento: amor y objetividad. Íntima complejidad de la vida amorosa española. Don Quijote, Miguel de Molinos y el molinismo. El soneto: "No me mueve mi Dios..." San Juan de la Cruz.

IV El proceso del absolutismo en la vida española —El absolutismo en el querer y en el entender. San Ignacio de Loyola y sus "Ejercicios". La vida prisionera. Conceptismo y barroquismo como caminos sin salida. "Tratado de las tribulaciones" del P. Rivadeneyra. Quevedo como clave de este periodo y como español ejemplar.

V El conocimiento sobre España. Historia y tradición. La novela; su función intelectual y poética —La novelería —Héroe y personaje —El mundo de lo doméstico; sus categorías. El misterio de la sangre y su trascendencia —La tragedia familiar —Universalidad de la sangre: Misericordia, "lo galdosiano". Baroja —Gómez de la Serna.

Desgarramiento de España. La prueba actual como forma la más transparente del "nuevo" español —España indestructible en el fracaso. La España anónima.

3. De Reyes a Zambrano

México, D. F., 12 de mayo de 1939

Señora María Zambrano,
Benito Juárez 179,
Morelia, Mich.

Mi muy estimada amiga:

Contesto su grata de 5 del actual, comenzando por manifestarle que tengo muy presente nuestra reciente conversación y estoy combinando un plan de acuerdo con sus deseos.

El programa de sus tres conferencias queda aprobado. Ya sabe usted que la atribución del soneto "No me mueve mi Dios..." es muy dudosa y la crítica no ha podido establecerla hasta ahora. Las mejores fechas para sus conferencias serían los días 12, 14 y 16 de junio próximo. Si no le conviene a usted por pasarse de la primera quincena, pero sólo en este caso, podremos fijarlas para los días 9, 12 y 14 del propio mes. Le ruego su respuesta sobre este punto.

Esperamos su bibliografía en cuanto a usted le sea posible.

Desde ahora le anuncio que su ofrecimiento del Manual de Ética es muy bien venido para nosotros.[24]

Hoy mismo envío a Alfonso[25] algunos de los libros que deseaba, rogándole que me los devuelva después de usarlos.

Muy cariñosos saludos a ambos de parte del Lic. Cosío y de su firme amigo.

El Presidente
Alfonso Reyes

---

[24] En carta del 5 de mayo Zambrano había ofrecido a las prensas de La Casa de España un Manual de Ética que ya había comenzado a compilar como instrumento pedagógico para sus clases.

[25] Alfonso Rodríguez Aldave, esposo de María Zambrano, había nacido en Lesaca (Navarra, España) en 1914. Se habían casado en septiembre de 1936. Él representó a la República como secretario de la embajada en Santiago de Chile entre 1936 y 1937, fecha en que los dos regresan a España, donde permanecen hasta el éxodo de 1939.

4. De Zambrano a Reyes

Morelia, 17 de mayo de 1939

Sr. Don Alfonso Reyes

Mi estimado y buen amigo:

Recibí el sábado pasado su carta que tanta alegría me trajo, por todo lo que me dice. Las fechas de las conferencias me parecieron muy bien; ayer pude ver al Regente —de quien dependen estas cuestiones más directamente— y me dijo que tenía completa libertad para aceptarlas. Así que por mi parte quedan así: 12, 14 y 16, según Ud. me dice.

No se han reanudado las clases: el calor y la costumbre dan vacaciones en el mes de mayo. No me parece ningún disparate, pues los muchachos están como pájaros; se han ido todos y solamente quedaron aquí seis que están en la Casa del Estudiante; ayer ofrecí darles dos o tres conferencias por semana de temas que no vayan en el curso para no adelantar a sus compañeros. Además de mi deseo de trabajar, me pareció un medio para entrar en relación más directa con ellos, que son de lo mejor. Veremos si se hace. A mí me viene muy bien esta pausa para "meterme" en las conferencias y en algunas otras cosas, como el proyectado Manual. También he terminado un trabajito para los muchachos amigos de la Revista *Taller* que ya me lo pidieron antes de salir yo de España y ahora han insistido cariñosamente. No es nada de particular, pero me gustará que lo vea, cuando salga.[26] Me siguen naciendo proyectos que ya le comunicaré según estén maduros; en cuanto saco mis papeles, nacen como hongos en matorral.

Sí, tiene Ud. razón, nada apenas se sabe del autor del soneto "No me mueve, mi Dios", pero a lo que voy a decir no le hace mucho y aun quizá le vaya mejor el no ser de nadie, pues que me referiré a la actitud mental y amorosa que refleja. Y un ruego más: si acaso se va a imprimir el esquema de las conferencias, en la Conferencia tercera y en el epígrafe que dice: "Lo galdosiano: Baroja, Gómez de la Serna", le su-

---

[26] El ensayo "Poesía y filosofía" se publicó en julio de 1939 en el número 4 de la revista *Taller*. Se trata de una primera versión del capítulo inicial del libro *Filosofía y poesía*. Por lo que en esta carta dice Zambrano, es probable que el texto haya sido pedido por Octavio Paz, uno de los "muchachos de *Taller*", en el transcurso del Segundo Congreso Internacional de Escritores Antifascistas, celebrado en Valencia en el verano de 1937.

plico intercalen Azorín entre Baroja y G. de la Serna. ¡No sé cómo me lo "comí", como que le amo!

¡Ah! he recibido un escrito bajo el título "Coqueteando con el materialismo" de un señor que no conozco y que creo es Preparador de Física de la Universidad, en que me dice una porción de cosas, la primera que la Ley de la Universidad es el "materialismo monista" y que esto es un dogma, cosa que repite varias veces, defendiendo la idea de substancia y de materia. No sé, en realidad, qué me quiere decir; quizá tenga relación con una clase en que hablé a los alumnos ligeramente de la imagen actual del mundo físico y les recomendé que leyeran alguna obra de popularización de la Teoría de la Relatividad. Lo que me preocupa únicamente es que ese señor pertenezca a la Universidad. No he comentado nada.

Y por hoy, creo que nada más. Muchos saludos al Sr. Cosío Villegas míos y de Alfonso que le agradece a Ud. muchísimo los libros que espera impaciente, para lanzarse al trabajo; también me encarga le salude a Ud. y de mí el más hondo agradecimiento por su atención, por su cuidado, el más verdadero afecto de su amiga

María Zambrano

Como verá, le adjunto la bibliografía.   Juárez 179

5. De Reyes a Zambrano

México, D.F., 19 de junio de 1939

Señora doña María Zambrano de Rodríguez Aldave,
Juárez 179,
Morelia, Mich.

Mi querida amiga:

La Casa de España en México puede, dentro de sus presupuestos del año actual, publicar, además de la obra que resulta de sus conferencias, *Pensamiento y poesía en la vida española*, otros de los libros breves, a elección de usted, que constan en la lista de cinco proyectos que usted nos ha presentado,[27] rogándole para ello que nos envíe el original de lo que usted prefiere.

La saluda muy afectuosamente su amigo.

Alfonso Reyes

6. De Zambrano a Reyes

Morelia, 3 de julio de 1939

Sr. Don Alfonso Reyes
Presidente de La Casa de España

Mi estimado Presidente y amigo:

Creo que habrá Ud. recibido ya el original de mis Conferencias que salió después de lo anunciado a causa de mi deplorable salud. También recibirá una carta mía, que me costó bastante trabajo escribir.

Estuvo aquí la semana pasada el Dr. Recaséns a quien acompañé; me dijo quería haber terminado el libro que tienen Uds. anunciado ya. Coincidiendo con su estancia he comenzado a recibir alguna atención por parte de las autoridades académicas y sobre todo de los alumnos que parecen estar cada vez más contentos conmigo. El Rector me ha dicho una proposición que les va a hacer a Uds. en relación conmigo y que le agradezco enormemente.

He visto una referencia en los periódicos [a] las actividades de La Casa y, para cuando den otra, les envío una nota exacta de mis activi-

---

[27] Se incluye a continuación la lista de la escritora de los cinco proyectos (el primero de los títulos mencionados se publicaría en 1939 como *Filosofía y poesía* en las ediciones de la Universidad de Michoacán):

Filosofía, poesía y tragedia. Un librito de una extensión como el de D. E. Díez Canedo. (Podría entregarlo el 10 de julio).

D. Miguel de Unamuno y su obra (doble número de páginas que el anterior).

Breve historia de la mujer (La mujer ante la sociedad y el estado). (Igual número de páginas que el anterior).

Estos dos libros pueden estar para el 10 de agosto y 10 de septiembre, no especificando las fechas concretas de cada uno por depender del orden de urgencia que señale La Casa de España.

El estoicismo como fenómeno de crisis histórica. Iguales dimensiones a los dos anteriores. (A entregar cuando interese a La Casa de España).

[En letra de Reyes] (Aparte, entregará, ya aceptado, *Poesía y pensamiento en la vida española*).

dades de ahora. El librito que les enviaré dentro de poco se llamará: La Crisis de la Objetividad. La Universidad me editará dos.[28]

Me alegra el ver que La Casa se enriquece continuamente: Bergamín va a dar dos conferencias tremendamente interesantes que lamento no poder oír, en el Palacio de Bellas Artes.[29]

Me permito hacerles una petición, como todas las que hago, empujada por la necesidad: no tengo más que un libro de Psicología y dos de Sociología. ¿Sería demasiado pedir que apresuraran el envío de una parte, al menos, de la bibliografía de esas materias? Temo a veces no poder seguir explicando.

Y nada más por hoy. Le saluda respetuosamente su affma. amiga

María Zambrano

7. De Zambrano a Reyes

Morelia, 14 de julio de 1939

Sr. Don Alfonso Reyes
Presidente de La Casa de España

Mi buen amigo y Presidente:

Después de enviado el original de las conferencias he sentido la necesidad de un pequeño prólogo, que quizá por deseo de entregarlo pronto no hice. Adjunto va y creo que llegará a tiempo. Le agradeceré que lo haga unir al original, precediendo a la primera conferencia.

Alfonso y yo enviamos ya a Carlos Pellicer la autorización que Ud. nos ha indicado.[30]

---

[28] La Universidad de Michoacán editaría sólo uno de estos libros, el ya mencionado *Filosofía y poesía*.

[29] José Bergamín (1895-1983), el director de la revista *Cruz y Raya* (1933-1936) y el presidente del Segundo Congreso Internacional de Escritores en Defensa de la Cultura (celebrado en el verano de 1937), era otro de los artistas e intelectuales españoles exiliados que habían llegado a México, donde creó la editorial Séneca. Véase, en este mismo libro, la fascinante correspondencia intercambiada con Zambrano, en edición de Nigel Dennis.

[30] El poeta mexicano Carlos Pellicer (1897-1977) trabajaba esporádicamente en aquel momento en La Casa de España, sirviendo como enlace con otras instituciones. En este caso específico, Reyes le había encargado la regularización de los documentos migratorios de los republicanos exiliados.

Reiterándole mi agradecimiento por todo, le saluda muy cordialmente su amiga

María Zambrano

Aprovecho para comunicarle que desde mañana viviremos en otra casa
cuya dirección es: Calle de la Corregidora 465.

8. *De Zambrano a Reyes*

Morelia, 9 de agosto de 1939

Sr. Don Alfonso Reyes
Presidente de La Casa de España

Mi distinguido amigo y Presidente:

Acabo de recibir carta de mi hermana desde París en que me dice
ha llegado a sus manos el cheque que tuvo Ud. la bondad de remitir a
M. Charles Fol. Por si este señor, que salía de vacaciones, tardase en
darle a Ud. acuse de recibo, no he querido dejar de hacerlo yo misma.

Al mismo tiempo, me atrevo a preguntarle por mi libro; cómo va,
si está en la imprenta, si saldrá pronto... No le extrañará esta impaciencia propia de quien ha publicado pocos.

Me decía Ud. en una de sus últimas cartas que ya el Sr. Licenciado
Cosío Villegas se disponía a enviar algunos libros para mis clases de
Psicología y Sociología; desde luego no ha llegado a mí ninguno. Sí re-
cibí, en cambio, en tiempo oportuno los de Juan de la Encina y Adolfo
Salazar.[31] Muchas gracias.

Saludos de mi esposo y míos muy afectuosos.

María Zambrano

---

[31] Los dos exiliados españoles llegaron a México en 1939. Juan de la Encina, seudónimo de
Ricardo Gutiérrez Abascal (1890-1963), era crítico de arte y publicó en 1939, en edición de La
Casa de España en México, el libro *El mundo histórico y poético de Goya*. El compositor y mu-
sicólogo Adolfo Salazar (1890-1958) es el autor de *Música y sociedad en el siglo XX: ensayo de
crítica y estética desde el punto de vista de su función social*, La Casa de España en México, 1939.

9. De Zambrano a Reyes

Morelia, 22 de agosto de 1939

Sr. Don Alfonso Reyes

Mi estimado y querido amigo:

Recibí hace dos o tres días su precioso libro: *Capítulos de literatura española*.[32] Ha sido una alegría que debo agradecerle mucho. Todo él, desde su presentación hasta su lectura, es un regalo; una especie de agua muy clara. Me transporta, además, a dos paisajes muy hondos, uno en el espacio, otro en el tiempo: a la España lejana, y al tiempo venturoso en que conocí algunos de los trabajos que integran el libro. Gracias, por todo ello. Me parece haber visto anunciado otro más, que espero con impaciencia.

Y ahora de nuevo, voy a molestarle haciendo uso de su amabilidad, con varias peticiones. Pero Ud. se hace cargo de la pobreza absoluta de medios en que nos encontramos; por eso me atrevo. Se trata de lo siguiente: necesitaría de las *Cartas* de la monja portuguesa, Sor Mariana, y también de las de Eloísa... he escrito algo sobre ellas, para una revista argentina, pero llega un momento en que me es imprescindible su relectura. Si Ud. las tiene y puede desprenderse de ellas por unos días se lo agradeceré infinito. Haré que me copien los párrafos más salientes y se las mandaré enseguida. Igualmente me sucede con la obra poética de Unamuno, más difícil porque algún volumen está agotado, creo. Me atrevo a dirigirle la misma petición. Las retendré lo menos posible.

Gracias por anticipado. Reciba Ud. un saludo de mi marido y de mí la expresión de una amistad verdadera y cordial.

María Zambrano

Saludos a su señora.

---

[32] Alfonso Reyes, *Capítulos de literatura española* (Primera serie), La Casa de España en México, 1939.

10. *De Zambrano a Reyes*

Morelia, 31 de agosto de 1939

Sr. Don Alfonso Reyes
Presidente de La Casa de España

Mi distinguido y buen amigo:

Son varios los asuntos que necesito tratar y así los iré exponiendo uno a uno.

PASAPORTES: Acabo de recibir su carta en que me recuerda la petición hecha por don Carlos Pellicer. No los habíamos enviado ya, porque mi marido ha estado pendiente de trasladarse a México, por otros motivos, y pensaba, una vez allí, resolverlo. Hoy los envío, pero [me] permito pedirle que no se queden en la Oficina correspondiente; los necesitamos porque todavía son vigentes para Norteamérica; el visado que nos dieron es para un año y nos dijeron que los respetarían. Por otros motivos querríamos también conservarlos: es el único documento en que consta el que estemos casados. Le suplico pues, muy encarecidamente, que no dejen de sernos devueltos.

LIBRO: Le envío certificadas las pruebas de mi libro. He encontrado varias confusiones graves que he arreglado como mejor he podido, ya que el original no me lo enviaron y el que tengo aquí difiere un tanto del que envié. Creo será todo inteligible porque he puesto unas notas explicativas. Desde luego, no he añadido nada nuevo, ni he introducido variación sensible en el texto, según me indicaba. Me ha complacido mucho la presentación del libro y las viñetas de Ramón Gaya. Ha sido una gran suerte para mí.

CIRCULAR: Oportunamente recibí la circular "privada" fechada el 5 de agosto. Y desde luego he tomado buena nota de todos sus extremos.

LIBROS RECIBIDOS: Llegaron a mi poder algunos folletos de Francisco Romero y un libro de Wagner de Reyna, retrasmitidos por La C[asa] de España. Muy agradecida por ellos y por el libro de Ud. acerca del cual le he escrito separadamente.

No creo que me quede más por contestar. Reciba los más afectuosos saludos de Alfonso y míos.

Su amiga
María Zambrano

Corregidora 465, Morelia, Mich.

11. De Zambrano a Cosío Villegas

Morelia, 15 de septiembre de 1939

Sr. Don Daniel Cosío Villegas

Mi distinguido amigo:

He recibido su muy amable carta en que me plantea la cuestión del modo de distribuir mi libro. Se me ocurre lo siguiente:

1: Que tengan la bondad de enviarme ocho ejemplares de los correspondientes a miembros de La Casa de España, para que yo los firme y los envíe a Uds. mismos, a continuación, para que los repartan. A los demás miembros, Uds. como siempre, según me dice, los enviarán.

2: Que tengan la bondad de enviarme también, otros ocho ejemplares para personas que no están en La Casa de España y que son: Octavio Paz, Dr. González Guzmán, Centro Español, Sr. Gordón Ordás, José Bergamín, Josep Carner, Emilio Prados y Ramón Gaya. Los enviaré enseguida firmados.

Y por último, me imagino que regalarán a los autores un cierto número de ejemplares; yo los necesito para enviárselos a mis amigos de fuera de México y que, por cierto, son bastantes, especialmente en Cuba, Argentina y Chile. Si no les molesta, desearía conocer la lista de las revistas donde Uds. los mandan, para no incurrir yo en repetición.

Creo que no es demasiado molesto y no se me ocurre otra solución mejor.

Muy agradecida por todas sus amabilidades. Aquí está, en efecto, el Sr. Medina[33] quien me ha trasmitido sus recuerdos.

Atentamente lo saluda su affma. amiga y s. s.

María Zambrano

---

[33] Se refiere, probablemente, a José Medina Echavarría (1905-?), sociólogo valenciano que llegó a México en 1939. Después sería director del Centro de Estudios Sociales en El Colegio de México.

12. De Zambrano a Reyes

Morelia, 2 de octubre de 1939

Sr. Don Alfonso Reyes
Presidente de La Casa de España

Mi estimado y buen amigo:

Con el mes de septiembre se han dado por terminadas las clases en esta Universidad. Desde mañana voy a dar un cursillo extraordinario de seis lecciones de Psicología, cuyo programa va adjunto.[34] Tal vez dé algún otro más. Del 25 al 30 de este mes verificaré los exámenes y con eso quedará terminado el curso definitivamente.

Al mismo tiempo, le manifiesto que me encuentro un poco extrañada por no haber recibido mi libro; el día uno de septiembre devolví las pruebas definitivas y el día 19 tuve una segunda carta del Sr. Cosío Villegas pidiéndome unas aclaraciones en cuanto a la forma de distribución, contesté el mismo día dándole la que creía más cómoda y rápida: distribuir como siempre y cuando yo llegue firmar los ejemplares a las personas que deba. Y todavía no he recibido ningún ejemplar de los diez que me destinan. Agradeceré que me diga si ha surgido algún inconveniente.

Afectuosamente le saludo en nombre de mi marido y mío. Su amiga

María Zambrano

---

[34] A continuación este bosquejo que es el germen de varios ensayos posteriores:

CURSILLO EXTRAORDINARIO DE PSICOLOGÍA

Lección 1a.
Las pasiones: Clasificación y genealogía. —Pasiones orgánicas, pasiones sociales y pasiones intelectualizadas.
Lección 2a.
La pasión y la imaginación: La pasión y la razón. —La pasión y el carácter.
Lección 3a.
Las tendencias: Su evolución. —Las tendencias espiritualizadas y socializadas.
Lección 4a.
Amor y odio: Fenomenología del amor y del odio. —Teoría e historia del amor y del odio.
Lección 5a.
Los sentimientos sociales y los sentimientos morales. —Confluencia de lo psíquico y lo social. —Confluencia de lo psíquico y lo moral.
Lección 6a.
Los sentimientos estéticos. —El arte y las artes. —La contemplación estética. —La creación y la obra de arte.

Morelia 2 de octubre de 1939.   María Zambrano

13. De Zambrano a Reyes

Morelia, 10 de octubre de 1939

Sr. Don Alfonso Reyes
Presidente de La Casa de España

Mi estimado y buen amigo:

Recibí oportunamente su carta del día cinco; merced a sus palabras, que le agradezco, conservo la esperanza de recibir el libro, que aún no ha llegado.

Dentro de poco tendré el gusto de enviarles el que aquí me editan y que comenzaron a imprimir hará una semana.

Le remito adjunto el programa de otro cursillo de diez lecciones que, a petición de los alumnos, he comenzado a dar sobre Filosofía moderna;[35] empecé ayer por no recargar su atención mientras estaba aquí el Prof. Gaos. Todos los demás profesores han concluido ya sus exámenes inclusive.

[...] Nada más, por hoy. Con todo afecto le saludo y mi esposo, y yo me despido de Ud. reiterándole mi amistad y agradecimiento.

María Zambrano

---

[35] A continuación se reproduce el programa:

CURSILLO DE FILOSOFÍA MODERNA

I Origen de la razón moderna en el final de la Escolástica.-   Conocimiento, Individuo y Libertad en Scoto y Guillermo de Occam.

II La divinidad y sus pruebas.- Argumento Ontológico.- Ser y Razón.

III Situación metafísica y situación histórica de la duda cartesiana.- El "Cógito"; su significación y sus consecuencias.

IV El método físico-matemático.

V El racionalismo de Espinosa.- Substancia y extensión.- El problema de la individualidad.

VI La monadalogía de Leibniz.

VII La crítica de la idea de substancia y de causalidad.- Locke y Hume.

VIII La crítica de la Razón Pura.

IX Conocimiento y libertad: Fichte.

X Razón, ser e Historia: Hegel.

Morelia 9 de octubre de 1939. María Zambrano

14. De Zambrano a Reyes

Morelia, 21 de octubre de 1939

Sr. Don Alfonso Reyes
Presidente de La Casa de España

Mi distinguido y buen amigo:

Hace unos días recibí la invitación suscrita por el Sr. Arreguín, para participar en los Cursos de la Universidad de Primavera "Vasco de Quiroga" sobre el tema: "El Amor". Con esta misma fecha le envío, por medio del Rector de esta Universidad, la aceptación, ya que me siento muy honrada con ello, y el programa esquemático de diez conferencias, cuya copia le envío a Ud. adjunto, para La Casa de España.[36]

Al mismo tiempo, me permito molestar su atención para volver sobre un asunto sobre el cual ya habíamos quedado de acuerdo hace algún tiempo. La Casa de España me había aceptado para su publicación un libro pequeño de los varios que les ofrecí para la serie de "obras originales". Yo les di el título: "La crisis de la objetividad", que Uds. amablemente aceptaron. Pero la escasez de libros para consultar me ha hecho imposible el que dicha obrita quede apta para su publicación y, así, en su lugar me permito ofrecerles una de idénticas dimensiones —es decir, igual en extensión a la que han tenido la gentileza de publicarme en la serie de Conferencias. Su título es tal vez mucho más sugestivo para la mayoría: "Séneca o la resignación".[37]

---

[36] El esquema es el siguiente:

EL AMOR EN EL SIGLO XX

I Fenomenología del amor.
II El amor como hecho social.
III El amor y la expresión.
IV Forma y estilo en el amor.
V La idea de la diferenciación sexual, y sus diversos estadios.
VI Situación del amor al final del Romanticismo.
VII Variación en la idea de la mujer y en la vida femenina.
VIII Evolución de la idea del amor.
IX La situación en la post-guerra.
X El problema en la actualidad.

Morelia, 20 de octubre de 1939. María Zambrano

[37] El libro se publicaría unos años después: *El pensamiento vivo de Séneca (Presentación y antología)*, Losada, Buenos Aires, 1944.

Mucho le agradeceré la contestación. Si es afirmativa, quedará naturalmente cancelado el compromiso de "La crisis de la objetividad". Y, al mismo tiempo, quiero manifestarle que creo no haberme salido de lo correcto al contestar afirmativamente a la invitación, muy gentil, que el Prof. don Francisco Romero, de Buenos Aires, me hace para colaborar en la serie filosófica que él dirige en la Editorial Losada de Buenos Aires.(*) Por cierto me habla de Ud. con gran simpatía.

Con la amistad más sincera le saluda mi marido y lo mismo hago con la mayor cordialidad.

María Zambrano

(*) Le ofrezco un pequeño libro: "Filosofía y cristianismo".[38]

15. *De Reyes a Zambrano*

México, D.F., 25 de octubre de 1939

Sra. Doña María Zambrano
Corregidora, 465
Morelia, Mich.

Mi querida amiga:

Muy agradecido por el importante temario de su curso para "Vasco de Quiroga" en el próximo mes de mayo.

No tenemos inconveniente en admitir, a cambio de "La crisis de la objetividad", el libro que ahora usted nos propone: "Séneca o la resignación".

Por supuesto que tiene usted todo derecho para haber ofrecido a la Editorial Losada su libro "Filosofía y cristianismo". Espero tener el gusto de verlo.

Saludos a su esposo y muy cordiales para usted

El Presidente.
Alfonso Reyes

---

[38] El título no llegó a publicarse.

16. *De Zambrano a Reyes*

Morelia, 28 de octubre de 1939

Sr. Don Alfonso Reyes
Presidente de La Casa de España

Mi estimado y buen amigo:

Muchas gracias por haber aceptado el "Séneca", según le propuse, en lugar de "La crisis de la objetividad". Creo podré entregarlo en breve.

Me alegra lo que me dice acerca de mi derecho a ofrecer el libro "Filosofía y cristianismo" a Losada. Pero deseo que quede claro que no ha partido de mí la iniciativa; he recibido dos cartas de Guillermo de Torre, pidiéndome colaboración para las colecciones que él dirige y otra últimamente del profesor Romero en que me expone los proyectos que tiene para la Colección filosófica y me indica, igualmente, que trabaje en algo para ella. Hasta ahora, solamente a esta última propuesta he contestado.

[...] Muy agradecida por todo le envío mis saludos y los de mi esposo, muy llenos de amistoso afecto.

María Zambrano

17. *De Zambrano a Reyes*

Morelia, 15 de noviembre de 1939

Sr. Don Alfonso Reyes
Presidente de La Casa de España

Mi estimado y buen amigo:

Con cierto retraso envío los ejemplares anunciados de mi libro editado por esta Universidad.[39] Mi marido está para ir de un día a otro a ésa, pero ya no quiero diferir más el envío. Como Ud. verá las faltas son muchas en la edición, la imprenta es muy pobre y para colmo de males el encargado por la Universidad de dirigir las ediciones cayó enfermo hace mucho tiempo y mi marido ha tenido que encargarse de di-

---

[39] Se trata de *Filosofía y poesía,* publicado por la Universidad de Michoacán en 1939.

rigir mi libro, y no es un técnico, sino un simple aficionado. Así que no ha podido quedar a la medida de nuestro deseo, pero no ha podido hacerse mejor.

Recibí hace unos días los veinticinco ejemplares de mi libro, con el veinticinco por ciento de descuento. Muchísimas gracias por su gestión.

Sigo con el estoicismo de Séneca, que espero quedará en breve concluido.

Con afectuosos saludos de mi marido reciba los míos con mi verdadera amistad.

María Zambrano

18. De Reyes a Zambrano

México, D. F., 21 de noviembre de 1939

Señora doña María Zambrano,
Corregidora 465,
Morelia, Mich.

Mi querida amiga:

Como me lo anuncia su carta del 15, acaba de llegar a mis manos el libro de usted, *Filosofía y poesía*. Ya mandé su ejemplar al despacho de Daniel Cosío, quien está de vacaciones en Acapulco.

Mucho le agradezco. He leído las primeras páginas y me seduce el solo planteo del problema. Es un verdadero deleite la lectura de su prosa, de tanta transparencia y nobleza. No se preocupe de las inevitables erratas. El tomo, aunque modesto, está bien impreso y es claro y agradable.

Inmediatamente he pasado al libro las correcciones que usted indica en la hojilla anexa. Se la devuelvo señalando una errata que no he podido encontrar. Ya aparecerá al leer el libro.

Saludos muy cordiales para ambos y mi enhorabuena cariñosa.

Su amigo

Alfonso Reyes

19. De Zambrano a Reyes

La Habana, 18 de enero de 1940

Sr. Don Alfonso Reyes
Presidente de La Casa de España

Mi estimado y buen amigo:

Como le decía en mi anterior ya he comenzado a dar las conferencias en la Universidad. La primera fue en el Aula Magna presidida por el Rector; el decano Sr. Agramonte me presentó; parece que han gustado mucho pues de cuatro que iba a dar daré seis. Asisten muchos profesores y escritores y la gente más selecta a quien parece que de verdad gusta mi trabajo. Estoy contenta y creo que a Ud. le gustará saberlo.

Aquí he visto a don Álvaro de Albornoz quien dentro de unos días va para La Casa de España como Ud. ya sabrá.[40] Su hija Concha es una de las criaturas más extraordinarias a quien se puede conocer en el mundo. Es inteligentísima, gran conocedora de la literatura castellana, profesora de un Instituto en Madrid. Ella desea ir a Estados Unidos de profesora de castellano y allí donde vaya será una suerta verdadera, pues lo hará magníficamente y los alumnos la querrán enseguida como le ha sucedido siempre. En la Universidad de Salónica, donde ha estado recientemente, dio un curso con enorme éxito. Sabe inglés perfectamente. Ud. con su gran autoridad en todo el Continente podrá, sin duda, ayudarla de un modo decisivo. Yo se lo agradeceré muchísimo y allí donde ella vaya, también.

Mi salud no es nada buena; paso días enteros echada en la cama y hasta con algo de fiebre; no sé qué será esto. Tal vez el trabajo de este curso y el no haber podido todavía descansar desde antes que empezara la guerra, sea la causa. Mas lo cierto es que me encuentro completamente agotada. Por este motivo no les he mandado el original; pero no tardaré pues es mi pesadilla.

Le saluda con verdadero afecto su amiga

María Zambrano

---

[40] Álvaro de Albornoz (1879-1954), el escritor y político republicano, exministro del gobierno, llegaría a México en 1940. Su hija Concha de Albornoz trabajaría como profesora en los Estados Unidos.

Mi dirección en La Habana es todavía incierta y la segura es: Mar-azul, Varadero, Cuba.

Le agradeceré dé la orden de que si algo ha llegado para mí me lo transmitan a esta dirección.

20. De Zambrano a Cosío Villegas

La Habana, 4 de febrero de 1940

Sr. Don Daniel Cosío Villegas

Mi distinguido amigo:

Acaba de llegar a mis manos su cable del día dos, retrasmitido des-de Varadero.[41] Me apresuro a contestarle lo más rápidamente que me es posible.

Lamento muchísimo no poder regresar inmediatamente a Morelia. Como ya dije en carta al Sr. presidente de La Casa de España, don Al-fonso Reyes, estoy enferma; tengo fiebre a diario y un gran agotamien-to que no me permite hacerme cargo de los numerosos cursos que hay que dar en la Universidad de Morelia, mientras no me encuentre más repuesta.

Me habla en su cable de "contrato". Me interesa dejar aclarado que no he firmado ninguno, ni en la Universidad, ni, como Ud. sabe, con La Casa de España. Le será fácil comprender que me interese dejar claro esto; no quiero aparecer como cancelando un contrato de cuyas seguri-dades no he disfrutado.

Si la Universidad de Morelia, en vista de esta situación mía, decide prescindir de mis servicios, le agradecería mucho la molestia de comu-nicármelo.

Atentamente le saluda su afec. amiga y s.s.

María Zambrano

Mi nueva dirección es: The Savoy, 15 y F. Vedado, Habana.

---

[41] El cable reza así: "COMUNICANOS UNIVERSIDAD MORELIA CURSOS INICIADOS DESDE 16 ENERO STOP SU LICENCIA REBASADA DESDE 19 STOP CONSIDERA CANCELACION CONTRATO CASO NO REGRESAR INMEDIATAMENTE STOP RUEGOLE INFORMARME: COSIO."

21. De Zambrano a Reyes

THE SAVOY

F. Y 15, VEDADO. HABANA

13 de marzo de 1940

Sr. Don Alfonso Reyes
Presidente de La Casa de España

Mi distinguido y buen amigo:

Recibí oportunamente su amable carta. Deploro la decisión tomada
por la U. de Morelia, pero nada por mi parte podía hacer, ya que sigo
bastante mal de salud y fuerzas.

Como tiene Ud. la amabilidad de preguntarme por mis planes le
diré que todavía tengo conferencias aquí. Un ciclo de cuatro en la H.
Cubana de las que ya he dado dos; una en el Ateneo que di anoche,
Chacón[42] hizo mi presentación, pues tiene mucho empeño en que el
Ateneo reviva. Y tengo para el 25 un cursillo de cinco lecciones sobre
Ética Griega en la Escuela Libre de La Habana, matrícula libre, para el
cual, antes de haberse anunciado, se han inscrito más de sesenta personas; el mismo Sr. Presidente de la República ha manifestado deseos
de ir. Tengo también una invitación del Departamento de E. Hispánicos de la U. de Puerto Rico y de varias entidades más de aquel país.
Me imagino que tanto a Ud. como al Sr. Cosío Villegas les será grato
el saber tan favorables noticias.

Por cierto que sería conveniente que el Fondo de Cultura Económica mandase libros míos a las librerías de San Juan de P. Rico, pues me
dicen algunas personas que han querido comprarlos y no hay. Y si yo
llego a ir, tal vez se vendan algunos más.

Sin más por hoy, le ruego acepte un saludo lleno de amistad y afecto de su buena amiga

María Zambrano

---

[42] José María Chacón y Calvo (1892-1969), el ensayista y crítico cubano que fue gran amigo de Reyes, había invitado a María Zambrano y a su esposo a dictar varios ciclos de conferencias
en La Habana.

22. *De Zambrano a Reyes*

17 de febrero de 1942

Río Piedras, Puerto Rico.
Sr. Don Alfonso Reyes

Mi admirado y buen amigo:

Tan sólo hará unas tres semanas que llegué a ésta, aunque el periodo "angustioso" en que Ud. me dejó pasó enseguida; se arreglaron los
papeles y sólo quedó pendiente el sitio en el avión; llegaron también
mis amigas, Lydia Cabrera[43] a cuya casa fui a vivir y eso fue la com-
pensación de todo o de mucho, a lo menos. Mis días en La Habana
discurrieron apacibles y tuve una cura o tratamiento de risa y sonrisa
que es tan bueno siempre.

Quería enviarle desde aquí un saludo muy cariñoso y decirle una
vez más cómo le agradezco aquellas sonrisas que usted hizo brotar
en el turbio ambiente del Congreso, que no es otro que el del mundo en
esta negra hora. Le nombraría a usted médico y con su medicina de
piedad e ironía las cosas irían mucho mejor. Pero...

Le pido a usted un favor: Castro Leal me indicó enviara una colaboración mía a la *Revista Mexicana de Literatura* [*sic*].[44] Muy gustosa
lo hago y como no tengo actualmente la dirección, me permito enviar
dicho original a nombre de Ud., al Colegio de México, para que haga
la merced de hacérselo llegar. Mil gracias.

Mi marido le envía sus saludos muy cordiales y usted ya sabe
donde me tiene para lo que pueda servirle

Con todo afecto y amistad

María Zambrano

Universidad Río Piedras, Puerto Rico.

---

[43] Lydia Cabrera (1899-1991), cuentista y folklorista cubana que escribió estudios pioneros
sobre el sincretismo de la cultura afrocubana.

[44] Zambrano no llegó a publicar ningún texto en la *Revista de Literatura Mexicana,* cuyo
director, el crítico literario Antonio Castro Leal (1896-1981), sólo logró sacar dos números de la
revista, en julio-septiembre de 1940 y en octubre-diciembre del mismo año.

23. De Reyes a Zambrano

México, D.F., 24 de febrero de 1942

Sra. doña María Zambrano,
Universidad de Río Piedras,
Río Piedras, Puerto Rico.

Mi querida amiga:

Saludo a ambos cariñosamente y me alegro de sus noticias, porque no se me borraba aquella angustia en que le dejé. En el mundo actual hasta dar un paso es difícil. Las más automáticas y naturales funciones se nos vuelven problemas.

Ya hago llegar a Castro Leal su manuscrito, en cuanto éste llegue a mis manos. La dirección de nuestro amigo es Amsterdam, 202 en esta ciudad.

Un abrazo muy cordial de su amigo

Alfonso Reyes

24. De Zambrano a Reyes

Roma, 25 de agosto de 1954

Piazza del Popolo 3.

Sr. Don Alfonso Reyes

Admirado y buen amigo:

... Pues ahí va esa larga Carta Abierta sobre Goethe que me he tomado el atrevimiento de dirigirle a Ud. Las cosas son así, sus artículos sobre Goethe tan bellos y justicieros me hicieron ahondar en mi examen de conciencia frente a su "caso". No podía detenerme de pensar en ello hablando con Ud. a ratos, hasta que por fin lo fui poniendo en las cuartillas. Pensé enviárselas a Ud. para que diera su visto bueno antes de enviarlas a *El Papel Literario,* de donde habrá visto, quizá, que soy colaboradora. Pero caí en la cuenta de que retrasaría mucho la publicación. Y como, por otra parte, nada hay en mi Carta de "personal", aunque su persona estaba bien presente cuando lo escribía y cuando lo pensaba —no es ningún recurso "literario" el que todas esas reflexiones o lo que sean vayan a Ud. dirigidas—, me he dispensado y le he dispensado a Ud. de la molestia de tener que ocuparse del asunto. Pero, claro está que no querría que Ud. la conociese por el periódico, y se la envío. Perdone las muchas faltas.

Llevo ya un año aquí en Roma que es muy fascinadora. Y también sobre esa fascinación quisiera un día meditar para que no me devore.

Aunque no necesito de nadie para recordarle, siempre estoy cerca de alguna persona que le quiere y admira. En La Habana era Mariano Brull; aquí Diego de Mesa y Juan Soriano; continuamente le recordamos.

Con la honda amistad y admiración ya antigua le envío a Ud. un saludo y si en algo le puedo servir.

María Zambrano

25. *De Zambrano a Reyes*

CARTA ABIERTA A ALFONSO REYES SOBRE GOETHE

Hace algunos días pude leer en *El Papel Literario* de Caracas —adonde van estas cuartillas— sus dos hermosos artículos sobre Goethe y habiéndome recreado en los dos me quedé dándole vueltas al último; me he sorprendido pensando en el "supuesto olimpismo de Goethe" mientras se volvían solas las hojas del libro abandonado o se abarquillaba la cuartilla puesta a la máquina hablando entre mí acerca del asunto. Me había sentido un tanto aludida entre la multitud de los que se resisten ante la figura de Goethe viéndola más estatua que hombre viviente. Y entonces me digo ¿por qué no hablar con Ud. en alta voz y en alta voz confesarme ante Ud. de esta falta? Pienso que está Ud. dispuesto a escucharme en virtud de ese su señorío intelectual y moral inherente a su persona y su obra, nunca desmentido. Y a ello voy, pues que creo que me lo permite.

No sé, naturalmente, si lo que me pasa con Goethe coincide con el sentir de los que han fabricado y mantenido el tópico de su "olimpismo". No puedo hablar sino en nombre propio, preguntándome qué raíz tiene esta más que aversión, resistencia a dejarme anexionar por uno de los más lúcidos espíritus del mundo a que pertenecemos. Pero sin querer he dicho una palabra: "anexionar"... Hay hombres que en su modo de estar plantados ante el mundo parecen tener un gesto imperioso e imperial. Pero creo que ello sería nada, una pequeña nada que la lectura de alguna de sus obras o de sus líneas más hermosas hubiera disuelto.

¿Es la pluralidad de almas, quizá? ¿La pluralidad de almas fundida en un solo destino, enseñoreadas por una sola voluntad, lo que despierte una especie de rencor en quienes harto habemos con el peso de nuestra sola, única alma? Ya ve que estoy entrando en el terreno de la confesión, que ya aludo a cosas secretas e indescifrables de mi propio ser, pues ¿sé yo acaso qué género de unidad poseo —quiero decir, voy creándome? Pero confesión han de ser estas líneas a Ud. dirigidas pues que se trata de encontrar la explicación de algo que a primera vista tiene todos los caracteres de un pecado: resistencia a una de las más luminosas figuras de la cultura europea.

Y ¿por qué? me pregunto; ¿por qué nunca me he dejado seducir por el brillo que irradia la figura de Goethe?; ¿por qué no puedo decir sin faltar a la verdad que me haya alimentado de su pensamiento, que me haya sido imprescindible, como Nietzsche —por citar filósofos-poetas solamente—, que me haya atraído, como Schiller, que me haya despertado ese sentimiento que es ligazón fraternal, como Hölderlin y Novalis —por referirme tan sólo a otros hijos de su mismo suelo germánico? ¿Por qué? No ciertamente porque la obra de Goethe carezca de riquezas innumerables, quizás demasiado innumerables... pero ahí está Nietzsche que también las posee y en forma ambigua y para muchos perturbadora. Y Nietzsche también tuvo varias almas; la unidad de su espíritu también se dio en la metamorfosis. Y entonces, mirando lo que de común tienen los cuatro poetas-filósofos que he enumerado, algo que aparece en todos y más determinadamente [en] dos de ellos —Nietzsche y Hölderlin— y que no se deja ver en Goethe, algo, si difícil de decir ahora que lo he encontrado... Le pido un poco de paciencia, lo cual es un modo de decir, pues si yo no supiera que la tiene en grado tan alto no le escribiría estas líneas. Creo haber descubierto que el motivo de mi resistencia ante tan grande espíritu es simplemente el que no haya sido criatura tan de excepción, sacrificado o raptado por los Dioses en alguna forma. Su vida aparece como el triunfo de lo humano, de la humana voluntad que domeña las pasiones y crea su propia fortaleza. Es alguien que se ha hecho a sí mismo a través de múltiples combates —algunos secretos, sin duda— como si nos dijera: "Vean: la condición humana puede lograrse en todo su esplendor; vean cómo es posible, al fin, ser un hombre, todo un hombre en todos los aspectos... sin menoscabo de ninguno."

—¿Y tal milagro de pura humanidad despierta en Ud. esa resistencia de que me habla? —se dirá Ud. quizá—. Entonces viene a confesarse de algo realmente muy feo, de una especie de rencor o de un arcaico sentir religioso que me hace situarla, sí, en el Antiguo Testamento, antes de que se dijeran las palabras: "Misericordia quiero y no sacrificio"; en la antigua Grecia quizá al lado de los que de buena fe —pues de todo habría— sacrificaron a Sócrates, portador de la nueva piedad a la piedad arcaica, trágica y... ¿a qué seguir? Basta ya, si es bastante, pero no creo que sea este sentimiento —ni rencor ni resentimiento piadoso— y si lo fuera, quedaría contenta de habérmelo descubierto y agradecida a Ud. que me lleva a confesarlo públicamente, forma tan eficaz de "catharsis". Pero no, no es eso; veamos si puedo explicarme.

Creo que lo que me sucede ante el caso de Goethe, ese hombre que parece haberse escapado de pagar la prenda —la prenda que de niños aprendemos jugando a pagar—, es una zozobra que traducida en pregunta sería: "¿Y cómo, si es posible lograrse como hombre en tanto esplendor, no acontece así más a menudo? ¿Por qué la plenitud goethiana es un 'caso' y no la normalidad en mayor o menor escala?" Y no se le ocultará que bajo esa pregunta late la angustia de estos tiempos en que el humanismo ha hecho quiebra; pues hoy nos preguntamos en mil formas, hasta cuando nos preguntamos otra cosa, ¿es que es posible ser hombre? Y la dificultad creciente que ante el logro de lo humano se opone y ante el horrendo espectáculo dado por los más cultos de los pueblos, se hacen visibles las potencias obscuras verdaderamente infernales que al hombre acechan; que si se adjudican a un personaje no humano sería el Demonio y si a algo que llevamos en nosotros, sería infierno, ese infierno que se abre en las entrañas de la historia y aun en nuestras propias entrañas... Todo en fin, lo que quedó olvidado en los días de la fe humanista de la que Goethe parece ser uno de los santos principales... Y como quien esto escribe ha pasado su vida —no tan larga, ni tan corta— bordeando infiernos, trabada en luchas demoniacas cuando no a pique de asfixiarse en las tinieblas, como si las circunstancias, las famosas circunstancias históricas, fuesen casi sólo eso: infiernos de la condición humana que hay que rescatar de ellas una y otra vez "sin tregua", ¿es de extrañar que la imaginación rememore los tiempos de sacrificio y que se nos pueble de figuras de la antigua Piedad y que aquellos que pagaron la prenda sean nuestros "santos"? ¿Y es ya un triunfo de la esperanza que sea Prometeo y no Sísifo y que lo sea Orfeo que esperamos rescatará a nuestra Eurídice después de haber sido desgarrado por todas las Ménades que en el mundo han sido? Nos han vuelto a enseñar los tiempos que es preciso irse en sangre para que el hombre no se vaya; para que subsista la posibilidad y la esperanza de lo humano. Y hemos visto a la muchacha Antígona condenada a ser enterrada viva. ¡Bien lo sabe Ud. que tanto se conmovió cuando tapiaban su tumba! Y una tumba cerrada es un infierno donde cabe, eso sí, convertirse en semilla que el viento lleve atravesando el resquicio de la piedra, a otras tierras más abiertas y soleadas; donde se puede seguir indefinidamente delirando, conciencia y voz sin cuerpo... y que la sangre y el alma se hundan en la tierra para revivir un día ¡tantos muertos! Parece esencial al destino humano que tengan lugar estos sacrificios humanos en Primaveras sagradas para que la historia no se quede vacía de alma. Y hay además esos sellados por los Dioses que pagan la gota de luz recibida y dada a todos por su arte, por la miseria y el anonimato como nuestro, iba a decir Padre Cervantes; el ir "más allá" en la pasión de ser hombre enajenándose como Nietzsche o quedando envuelto en vida en el sudario de su propia inocencia como Hölderlin.

Pero, con todas estas razones le indico tan sólo el motivo de mi apego a las víctimas de sacrificio. "El caso Goethe" queda intacto. ¿Cómo consiguió su plenitud sin pagar prenda? Eran otros tiempos... sí, los de Hölderlin y Novalis; también los de Hegel y Fichte, pero éstos como filósofos apenas tuvieron vida que es el modo más seguro de esquivar la cicuta. Y la cicuta ¿no es prefiguración del cáliz? Cosa sagrada, de la piedad. Y mal sagrado la locura de Hölderlin. Y sagrada también la miseria de nuestro don Miguel que tuvo hasta su estigma en la mano mutilada. Y estigma también la sordera de Beethoven y los vértigos de Pascal. ¿Cómo se las valió Goethe para pasarse sin estigma y sin pagar prenda? ¿Es que acaso, tan grande poeta que era y adivino, no tuvo que ver nada con lo sagrado, con la piedad? Y como los Dioses Olímpicos parecen ser la esencia inmutable en su perenne metamorfosis que trasciende la piedad antigua —que es estigma y pagar prenda— de ahí quizá el olimpismo que circunda como un halo y... como un estigma a Goethe el bienaventurado de lo humano; el que amó como no amó don Juan, el don Juan logrado.

Tratándose de los Dioses que dan a Goethe su patronímico, no nos atrevemos a preguntarnos qué hicieron para escapar de la Piedad primera que es devorar o ser devorado. La respuesta inmediata sería: viviendo en la metamorfosis. Pero ¿cómo vivir en la metamorfosis sin perder la identidad? Y como Goethe era, al fin, un hombre y el que fuera paradigmático no hace sino agravar el caso, la pregunta surge sin que la podamos acallar.

Todo hace pensar en un pacto. Y puesto que de aquí, de Roma volvió tan cambiado, lleno de serenidad y fuerza, maestro de sí mismo, como Ud. tan delicada y agudamente señala, ¿por qué no pensar que algo aprendió aquí de lo que más le importaba: una ciencia de la piedad que es "saber tratar con lo otro"? (lo pongo entre comillas porque me veo forzada a citarme a mí misma). Saber tratar, sí, con lo diverso, con los distintos planos de la realidad que al ser armonía ha de ser múltiple. Saber tratar con lo cualitativamente diferente: tender puentes entre los abismos existenciales, que hoy se diría. Saber tratar con la mujer, el loco y el enfermo; saber tratar con el mundo que es siempre "lo otro" —el no-yo. Saber tratar con lo sagrado, poniéndose una máscara cuando hace falta callar a tiempo; saber de conjuros y de exorcismos; poder descender a los infiernos una y otra vez y hasta saber morir en vida todas las veces que haga falta. Saber tratar con los muertos y con sus sombras. Y sobre todo, sobre todo, saber tratar con "lo otro" en sentido eminente: "El Otro".

Y en el trato con El Otro es donde debió de triunfar Goethe, pues en lo demás algún error cometió como el no reconocer o no saber tratar a Hölderlin, o ¿formaba parte de su estigma?, que al fin no se pudo librar de tener alguno. Y recuerdo ahora algo que de niña me contaba una vieja criada analfabeta, sibila de la Piedad: la historia del acueducto romano de Segovia edificado en la época del olímpico Emperador Augusto. Una doncella de la Edad Media, sobrina de un canónigo, tenía que ir por agua todos los días con su cántaro a la parte baja de la ciudad; una tarde en que el frío le calaba los huesos invocó a "El Otro" para que la librara de esta fatiga a cambio de la prenda de su alma. Acudió, como en aquellos tiempos solía, presuroso, y se hizo el pacto, que imagino no se debió de firmar porque la doncella no sabría. Aquella misma noche haría un puente que trajera el agua, pero había de estar terminado antes de la salida del sol; de no ser así, la doncella guardaría su alma. Legiones de diablillos trabajaron toda la noche —yo los he visto en un viejo grabado— bajo las órdenes del arquitecto, y ya sólo quedaba por poner una piedra cuando el primer rayo de sol fue a dar en su hueco. Y debió de ser así, porque allí está el hueco cara a Levante. La grandiosa Puente del Diablo quedó hecha y la doncella guardó su alma para quien la creó.

Pues algo de este género debió de pasarle a Goethe, con una ligera variación, pues que él sabía firmar, pero sin duda El Otro deslumbrado no se dio cuenta que Goethe no le había dado su firma. Alguna piedra quedó sin poner, recuerdo el "Goethe desde dentro" de mi maestro Ortega. Mas la puente quedó hecha y la doncella se casó y tuvo muchos hijos... Yo me pondría ahora mismo a investigar si acaso no se llegó Goethe por Segovia, pero como el puente es romano y él estuvo aquí, en Roma, con eso basta. ¿No cree?

Y ya me tiene convertida por haber sido fiel a mi inicial rencor y a mi inicial amor por los hermanos sacrificados. Eso sí, no le perdonaré nunca el haber pasado de largo junto a Hölderlin, sin haberle tendido ese puente de que tienen necesidad las doncellas que han de ir a llenar su cántaro de noche a la fuente lejana y hasta escondida. Y que a veces hasta se pierden, pues no todas pueden decir: "Qué bien sé yo la fonte que mana y corre / Aunque es de noche... / Qué bien sé yo do tiene su manida."

Y tan completa ha sido mi conversión frente a Goethe que su artículo me ha llevado a apurar, que termino esta carta tan larga —por lo que le pido excusas a Ud. y a nuestro director Picón Salas— con una especie de invocación a su espíritu para que no abandone al hombre de hoy como abandonó a Hölderlin; que le ayude a no descarriarse en la noche camino de la fuente, que al fin Hölderlin como poeta se salvó, pues todos, todos se salvan. Pero la Historia cuanto más poética más en peligro pone a su protagonista. ¡Bien lo sabemos los españoles y Uds. los que están salvando a la historia de México de su fondo trágico sin que deje de ser poesía! Que nos guíe a todos para que nuestro voto más íntimo se cumpla aun con parsimonia y fatiga. Y si pudiera pactar por nosotros —ya que tan bien parece ser que supo hacerlo— para que las fuerzas de las entrañas abismales se plieguen a trabajar a las órdenes del arquitecto que es siempre el Uno. Y que se construya el Puente —todos los Imperios han de hacer el suyo— para que por él nos venga el hilillo de agua de nuestra historia poética que nos calme la sed, la sed de que el hombre sea, vaya siendo... que no nos descarriemos, ni se nos quebranten del todo los huesos en las idas y venidas de nuestra historia.

Y me despido pidiéndole perdón por este atrevimiento y, como siempre que he tratado con Ud., contenta y agradecida

María Zambrano

Roma, 20 de agosto de 1954

26. *De Reyes a Zambrano*

México, D. F., 4 de septiembre de 1954

Sra. Doña María Zambrano,
Piazza del Popolo 3,
Roma, Italia.

Querida, admirada y muy recordada amiga María:

Su carta, sus cartas —la privada y la pública sobre Goethe— me causan profunda emoción, me hacen pensar mucho y las recibo con vivísimo agradecimiento que no encuentra fácil expresión.

Como usted, con perfecta probidad y nitidez mental, se objeta sola y pone tan cabalmente los puntos sobre las íes, nada me queda por decir, en efecto. Callo y medito...

Pero, en el fondo, amiga querida, ¿no cree usted que este diálogo está más allá de las palabras, más allá de la inteligencia, y se agarra en subsuelos de la sensibilidad y el temperamento donde las palabras pierden su oficio?

Que sea feliz y que su viaje a Roma le dé esa libertad y esa confianza en la alegría que yo —pobre pagano retardado— tanto he admirado en Goethe. Téngame de su recuerdo como de un suave cordón de seda, y siéntame siempre a su lado.

Cordialmente suyo.

Alfonso Reyes
Av. Industria 122,
México 11, D. F.

27. De Zambrano a Reyes

Roma, 11 de diciembre de 1958

Piazza del Popolo 3
Señor Don Alfonso Reyes

Mi admirado amigo:

Tantas veces que me dirigiría a Ud. para comunicarle alguna cosa, para enviarle algo de lo que publico y no lo hago por no distraerle de su obra —ese parto continuo de claridades— y hoy me dirijo a Ud. para pedirle un favor, que por desgracia le llevará un poco de su precioso tiempo.

Se trata de una beca que he pedido a la American Association of University Women para que me sirva de ayuda en tanto que termino mi libro *Los sueños y el tiempo*. Un requisito de ese género de peticiones, como Ud. sabrá, sin duda, es que ciertas personas de la máxima autoridad intelectual den referencias acerca del demandante. Yo me tomé la libertad de poner su nombre creyendo que sería el Comité el que, caso de estimarlo necesario, se dirigiera a Ud. pidiéndole esas referencias. Me dicen que no es así; que son esas personas las que deben de escribir la carta. Y me dicen también que urge.

Un esquema de *Los sueños y el tiempo* apareció en el número 19 de *Diógenes* —edición española, inglesa y francesa— en el año 57,[45] como resultado del concurso para el Premio del mismo nombre adonde lo envié. No fue señalado con el premio, pero sí como uno de los pocos trabajos que podían haberlo recibido y fue publicado en consecuencia. En el Jurado, compuesto de miembros de cinco o seis países, figuraban André Malraux, Lewis Mumford, Daya, no recuerdo ahora más. La convocatoria rezaba así: "Un punto de vista original y fundado capaz de renovar una de las Ciencias Humanas."

Cuando llegaron a mis manos los escasos ejemplares de la revista, ya mi hermana, la única persona que me ha quedado en el mundo, esta-

---

[45] María Zambrano, "Los sueños y el tiempo. (Esquema de *El sueño creador*)", *Diógenes*, Buenos Aires, vol. 5, núm. 19, septiembre de 1957, pp. 43-58; *Diogène*, París, núm. 19, julio de 1957, pp. 42-53. Bajo este título Zambrano fue elaborando, durante muchos años, el libro matriz que fue su proyecto más ambicioso. En 1955 publicó un anticipo con el título de *El sueño creador* (Universidad Veracruzana, Xalapa). *Los sueños y el tiempo* se editó por primera vez (en forma reconstituida a partir de los múltiples manuscritos existentes) en 1992 (Siruela, Madrid).

ba enferma gravemente, lo que ha durado un año. Y aún... sólo está convaleciente. Le hago a Ud. gracia del más conciso relato de todo lo que yo he pasado y aún sigo pasando.

El libro correspondiente lo tengo sumamente adelantado (el esquema lo escribí a mediados del 55). Pero no veo el modo de terminarlo si no recibo alguna ayuda económica. Por eso, he pedido esa beca, que es por cierto muy modesta —dos mil dólares en un año.

En *Los sueños y el tiempo* el protagonista en realidad es el tiempo. He encontrado que al despertar recobramos el uso del tiempo y con él la libertad y la realidad. Durante el sueño, bajo ellos estamos en la atemporalidad que nada tiene que ver con la duración mesurable de los sueños. Es una situación de estar privados dentro de los sueños de tiempo; por eso en sueños nunca se sobrepasa un obstáculo.

Pero ello me ha llevado a un análisis de los sueños y sus especies y de la situación del sujeto en ellos... En fin, es el punto de partida de una fenomenología del tiempo en la vida humana. Tiemblo, si lo pienso. Lo he de ir haciendo... como en sueños, pero con tiempo.

Si Ud. cree que puede escribir una carta acerca de mis merecimientos para obtener esa beca, muchísimo, infinitamente se lo agradeceré. Y le suplico que crea cuánto me apena el molestarle. Todos los instantes son preciosos para cualquier persona, pero cuando se trata de alguien como Ud., robarle un poco de tiempo, es casi un delito.

Abajo le pongo la dirección para el caso en que Ud., haciendo uso de su amabilidad, crea oportuno escribir esa carta.

Aprovecho la ocasión para enviarle mis mejores "auguri" para el Año Nuevo: que en él continúe Ud. su prodigiosa obra y que la salud y todos los bienes le acompañen.

Y le ruego acepte el testimonio de mi admiración y amistad sinceras

María Zambrano

Dr. Ruth Roettinger
Director Fellowship Program
American Association University Women
1634 Eye Street Northwest
Washington

CUATRO CARTAS DE MARÍA ZAMBRANO
A MANUEL ALTOLAGUIRRE Y CONCHA MÉNDEZ

JAMES VALENDER
El Colegio de México

La amistad de María Zambrano con el famoso matrimonio de poetas impresores conformado por Manuel Altolaguirre y Concha Méndez se remonta a los años inmediatamente anteriores a la Guerra Civil, cuando la obra de la filósofa y ensayista empezó a circular intempestivamente en el mundo intelectual español, ganando difusión para sí en varias de las publicaciones más exigentes y más prestigiosas del momento. Era discípula predilecta de Ortega, claro está, pero el autor de *La rebelión de las masas* no fue el único en darse cuenta, ya desde entonces, de su gran talento; por el rigor de su pensamiento, así como por el carácter específico de sus inquietudes, también había ganado la admiración de muchos de los poetas y escritores que años después serían identificados como la Generación del 27. De ahí que durante los años de la República colaborara no sólo en *Revista de Occidente*, la famosa tribuna de Ortega, sino también en publicaciones como *Los Cuatro Vientos* y *Cruz y Raya*, revistas impulsadas por Pedro Salinas y José Bergamín. Es decir, al ir dándose a conocer a lo largo de la década de los treinta, María Zambrano se fue asimilando al grupo de escritores al que por su edad y por sus intereses intelectuales y artísticos de hecho ya pertenecía.

De esta manera era inevitable que tarde o temprano conociera a los Altolaguirre, quienes no sólo formaban parte integral de ese movimiento, sino que, como impresores, fomentaban precisamente esa convergencia entre valores nuevos y valores consagrados que la integración de María Zambrano venía ejemplificando. Buen ejemplo de ello fue su revista *Caballo Verde para la Poesía* (1935-1936), que recogió textos de unos y de otros, así como la colección "Héroe", editada asimismo por ellos, en la que, al lado de libros de Federico García Lorca, Luis Cernuda y Rafael Alberti, por ejemplo, figuraban volúmenes de Germán Bleiberg, Miguel Hernández y Arturo Serrano Plaja (para mencionar sólo algunos de los poetas nuevos).[1] Zambrano no publicó ni en la revista ni en la colección "Héroe"; pero todo parece indicar que sí visitaba el taller, atraída, al igual que tantos otros (Neruda, Lorca, Moreno Villa, Cernuda, Alberti, etc.), por la intensa transformación cultural que ahí se generaba.

La guerra misma la volvió a acercar, si bien no a Concha Méndez (quien buscó refugio, junto con su hija, primero en Inglaterra y luego en Bélgica), sí a Altolaguirre. Los primeros meses de la guerra los pasó Zambrano en Santiago de Chile, acompañando a su marido, Alfonso Rodríguez Aldave, en misión diplomática. Sin embargo, en la primavera de 1937 los dos malagueños se reencontraron en Valencia, donde, junto con muchos otros intelectuales españoles, colaboraron en la revista *Hora de España* (publicación cuya impresión, por cierto, corría a cargo de Altolaguirre), y donde, en el verano del mismo año, también participaron en los distintos actos organizados con motivo del Segundo Congreso Internacional de Escritores y Artistas Antifascistas. Trasladados a Barcelona a principios de 1938, los dos siguieron compartiendo proyectos en común, centrados sobre todo en *Hora de España*, aunque, como novedad, también dedicaron tiempo y esfuerzo a promover relaciones culturales entre España y América Latina por medio de la Unión Iberoamericana, iniciativa que, en el caso de Zambrano, seguramente se debió a la fuerte impresión que le había causado su reciente estancia en Chile. En la nueva directiva de la Unión anunciada en febrero de 1938, sus nombres figuran como vocales, después de los de Enrique Díez-Canedo (presidente), Corpus Barga (vice-presidente) y León Fe-

---

[1] En esta generosa y sabia política editorial, parece haber pesado bastante el criterio de Pablo Neruda, director de la revista *Caballo Verde para la Poesía*, que los Altolaguirre imprimían. Según recordaría más tarde el poeta malagueño: "Hasta llegar Pablo Neruda a Madrid, yo estaba acostumbrado a mirar hacia arriba o hacia detrás, hacia los poetas del pasado o hacia los poetas mayores que yo, sin darme cuenta de mi futuro. Pablo Neruda, con toda su América por delante, nos enseñó a mirar hacia abajo, hacia la juventud." Texto tomado de una nota anónima, "Fue un verdadero suceso literario la conferencia de Altolaguirre", *Excélsior*, México, 9 de mayo de 1943, 2a. sección, p. 4. Se trata de una reseña sobre la última de una serie de tres conferencias que dictó Altolaguirre en México bajo el título de "Memorias y poemas de mi vida de impresor".

lipe (bibliotecario).[2] Sus nombres también aparecen en la lista de redactores del órgano de la Unión, la *Revista de las Españas*, en cuyas páginas, por cierto, se publican versos de Altolaguirre en homenaje a los americanos muertos en defensa de la República, así como una crónica de Zambrano sobre sus primeras impresiones de Chile.[3] En julio de 1938 Altolaguirre fue llamado a filas, pero, atenta como siempre a la obra de los demás, Zambrano siguió con evidente interés los importantes trabajos editoriales que su amigo llevaba a cabo en el frente de Aragón. Así, en noviembre de 1938, en el último número de *Hora de España*, publicó una reseña de las hermosas ediciones que Altolaguirre acababa de realizar, en condiciones sumamente precarias, de *España en el corazón*, de Pablo Neruda, y del *Cancionero menor*, de Emilio Prados, dos poetas, por cierto, con quienes, por estas fechas, Zambrano se sentía especialmente identificada. Tras celebrar esta "bellísima iniciativa", emprendida por el Comisariado del Ejército del Este, terminó su nota felicitándose, en nombre de *Hora de España,* el que "haya sido uno de sus colaboradores, Altolaguirre, el llamado a realizarla con tanta perfección".[4]

En vista de estos antecedentes, no es sorprendente encontrar que, una vez instalados en La Habana a principios de 1940, María Zambrano y su marido hayan sido asiduos de las tertulias celebradas en casa de los Altolaguirre, quienes llegaron a la isla unos meses antes, en abril de 1939. Fueron aquellos tiempos muy difíciles, en que al dolor del exilio y de la separación (la madre y la hermana de María Zambrano se encontraban atrapadas entonces en Francia) se agregaba la angustia motivada por la segunda guerra mundial, el miedo de que no sólo España sino la civilización occidental entera fuese a desaparecer al extenderse el fascismo internacional. En fin, el panorama era bastante desolador; sin embargo, frente a él, Zambrano parece haber encontrado en los Altolaguirre un gran estímulo vital que le ayudó a seguir adelante.

---

[2] Para más detalles al respecto, véase la nota anónima "La Unión Iberoamericana. Nueva directiva", *La Vanguardia*, Barcelona, 13 de febrero de 1938, p. 3.

[3] Altolaguirre, "Homenaje a los americanos muertos en defensa de España", *Revista de las Españas*, Barcelona, núm. 101, mayo de 1938; Zambrano, "Recuerdo de un viaje. La tierra de Arauco", *Revista de las Españas*, Barcelona, núm. 102, junio de 1938.

[4] Zambrano, "Las Ediciones del Ejército del Este", *Hora de España*, Barcelona, núm. 23, noviembre de 1938, pp. 72-73.

Como ella recordaría años después, en la casa de estos amigos "había mucha alegría, mucha inventiva, mucho hacer algo maravilloso sin nada, que es el arte supremo".[5]

Según la misma Zambrano, en lo que más se distinguía Concha Méndez ("una mujer con arrojo y también con algo de misterio que no conseguía del todo ocultar") era en "amparar a los que tenían aún menos que ellos, a los refugiados que afluían desde Santo Domingo y llegaban a La Habana con la pasión de náufrago", aun cuando, como también agrega Zambrano, los Altolaguirre "estaban tan náufragos como ellos". Uno de los refugiados que se quedaron en la isla fue Pascual Méndez, un hermano de Concha, a quien en enero de 1940 ayudaron a salir de un campo de concentración en el sur de Francia. Otro fue el poeta y latinista Bernardo Clariana quien, al igual que Pascual Méndez, terminaría compartiendo la pequeña casa de los Altolaguirre en el barrio de El Vedado. Antiguo investigador del Centro de Estudios Históricos, durante la Guerra Civil Bernardo Clariana había publicado trabajos en las revistas *Hora de España* y *Nueva Cultura* (entre otras). En La Habana colaboró con Altolaguirre en la preparación de una antología de *Poesía popular española* (1941), así como en la traducción de un largo poema del poeta franco-alemán Ivan Goll, *La canción de Juan sin tierra* (1941). En "La Verónica" también apareció su versión de los *Epitalamios* de Catulo (1941). El gran afecto que Zambrano evidentemente sentía por esta interesante pero olvidada figura queda reflejado en el prólogo que escribió para el primer libro de poemas de Clariana, *Ardiente desnacer*: un volumen que a la filósofa le parecía "necesario por todo y más que nada, por su mejor virtud: la defensa ardiente de una vida íntima y personal, inalienable. De una vida que no quiere enajenarse; calor de vida entrañable transfigurándose en luz por la palabra".[6]

Pero desde luego, además de la amistad personal, lo que atrajo a María Zambrano y su marido a la casa de los Altolaguirre fue la imprenta, "La Verónica", que éstos habían instalado ahí en junio de 1939.

---

[5] Zambrano, "Presentación", en Paloma Ulacia Altolaguirre, *Concha Méndez: memorias habladas, memorias armadas*, Mondadori, Madrid, 1990, p. 10. Las citas de Zambrano que aparecen en los dos párrafos que siguen provienen de esta misma página de su "Presentación".

[6] Zambrano, "Bernardo Clariana", prólogo a Clariana, *Ardiente desnacer. Testimonio poético*, Ediciones Mirador, La Habana, 1943, Colección Verso y Prosa, p. 13.

"Una persona tan cristianísima como yo me las daba", recordaría Zambrano, "no sabía que la primera imprenta fue la dejada por la faz de Cristo en el paño de la Verónica, pero ellos sí lo sabían."[7] Con el tiempo "La Verónica" sería protagonista de numerosos proyectos editoriales, a los cuales Zambrano y Rodríguez Aldave, al igual que muchos otros intelectuales españoles exiliados en Cuba (como Álvaro de Albornoz, José Ferrater Mora, Ángel Lázaro, José Rubia Barcia, Francisco Martínez Allende, Felipe A. Cabezas y el ya mencionado Bernardo Clariana), no tardarían en sumarse. Sensible a las preocupaciones que embargaban entonces a los exiliados, "La Verónica" realizó una labor muy importante a favor de ellos. Sin embargo, no fue una empresa exclusivamente orientada hacia esa comunidad, sino que, abierto a la cultura cubana (y latinoamericana en general), fue también un lugar de convivencia sumamente fructífera entre los españoles y sus anfitriones americanos.

Lo primero creado por los Altolaguirre en su imprenta fueron dos colecciones de libros: una, de pequeño formato ("El ciervo herido"), en la que, al principio, se pretendía editar la obra de poetas muertos en circunstancias de guerra: las *Églogas* (I y III) de Garcilaso, una antología de *Poemas escogidos de García Lorca, Sino sangriento y otros poemas* de Miguel Hernández, *La tierra de Álvar González* de Antonio Machado, y *Versos sencillos* y *Versos libres* de José Martí. Por otra parte, en colección paralela de formato algo más grande, titulada "Héroe", título que desde luego remitía a la famosa serie del mismo nombre emprendida en Madrid antes de la guerra, se daba a conocer, sobre todo, a los poetas y escritores cubanos del momento: *Momento español: Ensayos* de Juan Marinello, *Sabor eterno: Poemas* y *Júbilo y fuga: Poemas* de Emilio Ballagas, *Tilín García* de Carlos Enríquez, *Más allá canta el mar... Poema* de Regino Pedroso, y *Pulso y onda: Poemas* de Manuel Navarro Luna.

Esto fue, repito, el esquema que anunció "La Verónica" al lanzar sus primeras ediciones en el verano de 1939; sin embargo, al poco tiempo, y tal vez tras darse cuenta del error cometido al incluir a Miguel Hernández entre los poetas muertos, los editores parecen haber decidido abandonar estos lineamientos por esquemas mucho más flexi-

---

[7] Zambrano, "Presentación", p. 10.

bles.[8] Así, "El ciervo herido" empezó a acomodar a poetas de índole muy variada, casi todos ellos vivos (en 1939 aparecieron dentro de esta colección *Nube temporal*, de Altolaguirre, y *Lluvias enlazadas*, de Concha Méndez); mientras, a partir de 1940, decidieron publicar un buen número de libros fuera de colección, entre ellos los *Cuentos cubanos* de Lydia Cabrera, una *Antología poética* de Ángel Lázaro, una segunda edición de *Indagación del choteo* de Jorge Mañach, y *Aventuras del soldado desconocido cubano* de Pablo de la Torriente Brau. Cuando se recuerda que estos libros, junto con muchísimos más, fueron todos compuestos, impresos y encuadernados a mano, para luego ser vendidos de manera bastante ingrata, yendo los impresores-editores de casa en casa en busca de compradores, se puede empezar a comprender el enorme esfuerzo que su publicación significaba. "Tanto que le costaba a Concha el vender las publicaciones casa por casa", musitaría Zambrano en 1990, "y ahora un pedacito de cualquier de aquellos libros lo que valdría si se encontrara".[9]

Zambrano colaboró en estas ediciones con dos ensayos de cierta extensión, ambos publicados fuera de colección en el otoño de 1940: *Isla de Puerto Rico (Nostalgia y esperanza de un mundo mejor)* y *El freudismo. Testimonio de un hombre actual.*[10] Por otra parte, también participó en las sucesivas revistas literarias que también se confeccionaban en "La Verónica". En ella fueron impresos, por ejemplo, los trece números de *Nuestra España*, la revista política y literaria que dirigió (entre 1939 y 1941), para la comunidad exiliada, el exministro de la República, Álvaro de Albornoz. Y también se imprimieron ahí varios números de *Espuela de Plata* (1939-1941), la revista que en ese momento reunía a los jóvenes poetas cubanos que poco después se conocerían como el "grupo de *Orígenes*". Zambrano colaboró en am-

[8] Para más precisiones sobre este punto, véase James Valender, "Miguel Hernández y Manuel Altolaguirre: notas sobre una amistad", en José Carlos Rovira (ed.), *Miguel Hernández, cincuenta años después*, Comisión del Homenaje, Alicante, 1992, vol. II, pp. 845-855.

[9] Zambrano, "Presentación", pp. 9-10. Una descripción muy parcial de las publicaciones de "La Verónica" la ofrece Gonzalo Santonja en *Un poeta español en Cuba: Manuel Altolaguirre. Sueños y realidades del primer impresor del exilio*, Círculo de Lectores, Madrid, 1994. Véase, al respecto, mi nota "En torno a Manuel Altolaguirre en Cuba (1939-1943)", *Revista Canadiense de Estudios Hispánicos*, Ottawa, vol. XXI, núm. 3, primavera de 1996, pp. 556-566.

[10] Ambos fueron reseñados por Bernardo Clariana en "Dos ensayos de María Zambrano", *Nuestra España*, La Habana, núm. XIII, sin fecha [1941], pp. 215-219.

bas revistas, así como también en otra mucho más modesta, *La Verónica*, que los Altolaguirre editaron entre octubre y noviembre de 1942.[11] En *Nuestra España* publicó dos trabajos sobre dos filósofos españoles muy admirados por ella, Unamuno y Ortega; en *Espuela de Plata*, un hermoso ensayo sobre Franz Kafka; y en *La Verónica*, dos ensayos sobre poesía y mística.[12] Algunos de estos textos fueron incorporados más tarde por la filósofa a libros suyos. No así otros, cuyo contenido seguramente permitiría al paciente investigador hacer matizaciones importantes con respecto a la evolución que registra el pensamiento de Zambrano por estas fechas.

La vida intelectual de María Zambrano siempre fue intensa y variada y, desde luego, al referirme a sus publicaciones en "La Verónica", no he querido dar a entender que durante los años señalados la órbita de acción de la filósofa se haya limitado a dicha editorial. Evidentemente, Zambrano participaba en muchos foros, dentro y fuera de La Habana; incluso, como hemos visto, daba cursos en Puerto Rico. Tampoco sería exacto decir que "La Verónica" fuese el único centro de actividad cultural creado por los exiliados en que ella participara. Habría que mencionar también, cuando menos, la Escuela Libre de La Habana, un centro educativo que creó un grupo de exiliados, inspirándose en la famosa Institución Libre de Enseñanza, de Madrid; según parece, dicha iniciativa pedagógica también encontró en Zambrano una colaboradora entusiasta.[13] Pero, sea como sea, se ve que "La Verónica" sí

---

[11] Sobre esta revista, véase James Valender, *"La Verónica* (1942): una revista del exilio", *Cuadernos Hispanoamericanos*, Madrid, núm. 473-474, noviembre-diciembre de 1989, pp. 221-240.

[12] Véanse, de María Zambrano, "Sobre Unamuno", *Nuestra España*, La Habana, núm. IV, enero de 1940, pp. 21-27; "Confesiones de una desterrada. Una voz que sale del silencio", *Nuestra España*, La Habana, núm. VIII, mayo de 1940, pp. 35-44; "Franz Kafka, mártir de la miseria humana", *Espuela de Plata*, La Habana, núm. H, agosto de 1941, pp. 3-8; "Las dos metáforas del conocimiento", *La Verónica*, La Habana, núm. 1, 25 de octubre de 1942, pp. 11-14; y "San Juan de la Cruz", *La Verónica*, La Habana, núm. 6, 30 de octubre de 1942, pp. 184-192, 195. De los ensayos publicados en revista, los dos aparecidos en *Nuestra España* merecen ser mejor conocidos.

[13] En una nota anónima publicada en *Nuestra España* leemos lo siguiente: "La 'Escuela Libre de La Habana' es un Centro creado por un grupo de intelectuales españoles exilados de la guerra y cubanos hermanos en sentimiento e idealidad, con miras a la expansión cultural y a mantener viva la inquietud de saber de la juventud de esta República. La tribuna de la 'Escuela Libre de La Habana', habitualmente habitada por el elenco de Profesores que constituyen su cuadro, se ha visto honrada con la actuación de la pensadora María Zambrano que desarrolló un curso libre

le ofreció un importante medio de difusión durante los primeros años de su exilio en Cuba.

En cuanto a la relación, ya no profesional sino intelectual, de Zambrano con los Altolaguirre, sería difícil ofrecer un cuadro muy preciso. Aunque no se conserve ningún ensayo suyo dedicado exclusivamente al poeta malagueño, Zambrano sí dejaría asentada en varias ocasiones la auténtica admiración que sentía por su obra, dándole la razón, por ejemplo, a Luis Cernuda con respecto a la vinculación que éste había establecido, en algún momento, entre Altolaguirre y San Juan de la Cruz.[14] La admiración, por otra parte, parece haber sido mutua: la obra de Zambrano llegó a influir, si no en la poesía de Altolaguirre (de todos modos bastante escasa por estas fechas), sí en las memorias que empezara a redactar en el curso de 1940. En este sentido cabe recordar que, al publicar un avance de este proyecto en los cuadernos de su revista unipersonal *Atentamente*, Altolaguirre las bautizó con el título de "Confesiones", nombre sin duda sugerido por los ensayos de su amiga de Vélez. Porque como se ve reflejado en la primera parte del título que lleva el ensayo ya citado sobre Ortega ("Confesiones de una desterrada"), la confesión era un género de gran importancia para la filósofa en esta época. Lo fue a tal grado que, tras varias aproximaciones parciales, finalmente dedicó todo un libro al tema, *La confesión: género literario y método*, volumen publicado en México en 1943.

Para Zambrano la confesión es un género literario que suele adquirir una presencia muy especial en tiempos de crisis, ofreciéndole al hombre abatido o fracasado la posibilidad de reconciliar las contradicciones que está sufriendo y así recuperar las raíces de su propio vivir. "Hay situaciones", nos explica,

> en que la vida ha llegado al extremo de confusión y de dispersión. Cosa que puede suceder por obra de circunstancias individuales, pero más to-

---

sobre *Ética griega* (Los orígenes de la ética), en cinco conferencias dictadas ante un selecto grupo de estudiosos e intelectuales, que acudieron a recibir las enseñanzas de la señora Zambrano, que mereció los mayores plácemes por este ciclo." Anónimo, "Noticias literarias. Los intelectuales españoles en América. María Zambrano en 'La Escuela Libre de La Habana'", *Nuestra España*, La Habana, núm. VII, abril de 1940, p. 84.

[14] Véase Zambrano, "Luis Cernuda", en Andrés Trapiello y Juan Manuel Bonet (eds.), *A una verdad. Luis Cernuda (1902-1963)*, Universidad Internacional Menéndez Pelayo, Sevilla, 1988, p. 91.

davía, históricas. Precisamente, cuando el hombre ha sido demasiado humillado, cuando se ha cerrado en el rencor, cuando sólo siente sobre sí 'el peso de la existencia', necesita que su propia vida se le revele.[15]

Y de ahí, según Zambrano, la importancia de la confesión: por medio de la misma el hombre puede recuperar el sentido profundo de su vida, la unidad perdida, descubriendo a la vez, gracias a una especie de revelación, el principio trascendente en que esta unidad se inserta y se sostiene. "La Confesión", concluye la filósofa, "parece ser así un método, para encontrar ese *quien*, sujeto a quien le pasan las cosas, y en tanto que sujeto, alguien que queda por encima, libre de lo que le pase. Nada de lo que le suceda puede anularle, aniquilarle, pues este género de realidad, una vez conseguida, parece invulnerable" (p. 62).

Al irse familiarizando con estas ideas de Zambrano, no es difícil imaginar lo atrayente que debían de haberle resultado a Altolaguirre, que, como otros muchos republicanos, había salido de España no sólo físicamente deshecho sino también moralmente destruido por la guerra. Centradas en sus experiencias en el manicomio al que fue internado al cruzar la frontera con Francia, sus "Confesiones" efectivamente desembocan en una revelación del tipo explicado por Zambrano en su ensayo, llevándole a una especie de reconciliación o superación de las contradicciones que hasta entonces había vivido. Por otra parte, en las notas algo lacónicas que encabezan las dos entregas de dichas "Confesiones", Altolaguirre caracteriza sus escritos en términos que concuerdan perfectamente con lo señalado sobre el género por su amiga. En la nota escrita para la primera entrega, insiste, por ejemplo, en el carácter estrictamente extraliterario de su texto: "Me propuse escribir un libro a viva voz, no literario."[16] Aseveración que parece ser un eco de la definición que ofrecía Zambrano de la confesión como "palabra a viva voz" (p. 11). Según ella: "Toda confesión es hablada, es una larga conversación y desplaza el mismo tiempo que el tiempo real. No nos lleva como una novela a un tiempo imaginario, a un tiempo creado por la imaginación" (pp. 11-12). Por otra parte, en la nota escrita para la se-

---

[15] Zambrano, *La confesión: género literario y método*, Ediciones Luminar, México, 1943, p. 15. En adelante identificaré la cita en el cuerpo del texto, señalando únicamente el número de la página.

[16] Altolaguirre, "Confesiones", *Atentamente*, La Habana, núm. 1, junio de 1940, p. 5; recogido en *Obras completas I*, ed. de James Valender, Istmo, Madrid, 1986, p. 25.

gunda entrega Altolaguirre intenta ubicar al lector con respecto a la perspectiva temporal desde donde el relato se narra: "Todo cuanto tengo presente en mi conciencia es lo que dejo ver en estas páginas. Nada de lo que refiero pertenece al pasado. No se puede decir de este conjunto de emociones que constituyen mi vida anterior. [Son, al contrario:] Vida interior, presente, dolorosa."[17] Aclaración que nuevamente concuerda con las teorizaciones de la filósofa, quien señala cómo el tiempo en una confesión no es el tiempo del arte: "Es el tiempo que no puede ser transcrito, es el tiempo que no puede ser expresado ni apresado, es la unidad de la vida que no necesita expresión" (p. 12). En fin, aun cuando es posible que Altolaguirre haya llegado a escribir sus "Confesiones" sin haber leído estas teorías, todo parece indicar que su amistad con Zambrano y el diálogo intelectual que ésta permite suponer, sí influyeron en la forma que dicho proyecto fue adquiriendo. No está de más señalar que, al retomar su proyecto años más tarde, Altolaguirre habría de darle otra orientación muy distinta a sus memorias. Sin embargo, no perdería su interés en el género mismo de la confesión; de hecho, uno de sus últimos proyectos sería un intento por llevar al cine la versión que realizara Fray Luis del Libro de Job, texto que constituía, según Zambrano, uno de los ejemplos más antiguos y más ilustres del género.

La vida de "La Verónica" fue corta, como también lo fue la convivencia de Zambrano con los dos poetas-editores. Siguiendo un camino inverso al que había tomado la filósofa, en marzo de 1943 los Altolaguirre decidieron dejar Cuba para irse a vivir a México. A pesar de las múltiples actividades realizadas en La Habana, su situación económica seguía siendo difícil y seguramente pensaron que en México las cosas tendrían que irles un poco mejor. Tras sí dejaron muchos amigos que los recordarían con gran afecto, entre ellos, y en primer lugar, María Zambrano. Como prueba de ello están las cuatro cartas suyas con cuya transcripción se cierra el presente trabajo. Escritas en fechas muy diversas, pero todas posteriores a la convivencia en La Habana, estas cartas (de las que por desgracia no se conservan sus contrapartes) sirven mejor que cualquier comentario para resaltar la gran amistad que los unía.

---

[17] Altolaguirre, "Confesiones", *Atentamente*, La Habana, núm. 2, julio de 1940, p. 11; recogido en *Obras completas I*, p. 26.

La primera carta fue escrita poco después del traslado de los Alto-laguirre a la capital mexicana. No lleva fecha, pero por lo visto fue redactada como respuesta al relato que los Altolaguirre le habrían enviado acerca de sus primeras andanzas en el nuevo país. Para la biografía de Zambrano son interesantes los recuerdos que esta crónica despierta en ella de su propia estancia en México en 1939; recuerdos de amigos y paisajes, que con cierta nostalgia va apuntando en su carta. Sin embargo, también llama mucho la atención el pequeño retrato que ella hace del matrimonio amigo, cuya compañía ya empieza a extrañar; un retrato hecho con mucha penetración psicológica, pero también con evidente cariño:

si te ataca el ángel —le escribe a Altolaguirre—, vienen los demonios; si te atacan los demonios, viene el ángel y te salva. Eso es. Y a Concha la salvará siempre su hondura 'celtibérica', su madrileño estar al mismo tiempo en la realidad y por encima de la realidad, que eso es Madrid. ¿Y contra eso, quién puede? Nada ni nadie.

La segunda carta fue escrita el 1º de julio de 1945; es decir, unos dos años más tarde. Durante este lapso la vida personal de los Alto-laguirre había cambiado dramáticamente. En marzo de 1944 el poeta malagueño dejó a su esposa para ir a vivir con María Luisa Gómez Mena, una gran mecenas de las artes plásticas a quien había conocido en La Habana y con quien terminaría casándose, unos años después, en México. La separación, desde luego, representó un golpe muy duro para Concha Méndez, quien reaccionó refugiándose en algo que siempre había dado sentido a su vida: la poesía. Así, antes de que terminara el año, publicó dos libros nuevos: *Poemas. Sombras y sueños* y una hermosa colección de *Villancicos* (los dos libros editados en México por la revista *Rueca*). En el primero de los dos volúmenes dejó ver algo del dolor que estaba sufriendo, así como su recia voluntad de asumir su nueva soledad:

Cuando ya no sepa de ti
¡qué bien estaré en la vida!,
cuando ya no sepa de ti.

Cuando no vuelvas a verme
y mis horas sean mías

y yo vuelva a ser quien era
lejos de tu compañía;
cuando no te vean mis ojos,
¡qué bien me sabrá la vida![18]

En su carta, dirigida exclusivamente a Concha Méndez, María Zambrano empieza por acusar recibo de los dos libros de su amiga. Conviene señalar que la filósofa había seguido con mucha atención la obra anterior de Concha Méndez. Incluso había escrito el prólogo para un poema dramático suyo titulado *Amor* (segunda parte de su trilogía *El solitario*), donde había recalcado "el tremendo sentido del tiempo" que caracterizaba la visión de su amiga: "Una mirada inocente y cargada de asombro que nos transmite sin paliativos, con inexorable honradez, como el más limpio cristal, lo que ve. Lo que ve: el hombre y el tiempo, su enemigo-amigo, su creador destructor."[19] Palabras que no dejan lugar a dudas en cuanto al interés que dicha obra le ha despertado. En su carta Zambrano deja ver que *Poemas. Sombras y sueños* también le ha gustado; aunque cabe destacar el consejo que le da a su autora: "Sólo me permito hacerte una indicación, que no mezcles demasiado lo inmediato, es decir, lo que te ocurre; déjalo, y métete en la poesía, que es tu gracia y tu don y el mejor refugio." Sin duda fueron los poemas (como aquel que se acaba de citar) inspirados directamente en su separación los que motivaron esta crítica. Como varios poetas de su generación, Zambrano parece haber sido partidaria de una poesía menos personalizada. Como dijo alguna vez: "El escribir pide la fidelidad antes que cosa alguna. Ser fiel a aquello que pide ser sacado del silencio. Una mala transcripción, una interferencia de las pasiones del hombre que es escritor destruirán la fidelidad debida."[20]

En cuanto al episodio mismo de la separación, se ve que el asunto era muy delicado para ser tratado en una carta. Sin embargo, Zambrano sí expresa su opinión al respecto, no sólo solidarizándose con la suerte de su amiga, sino también dándole nuevos consejos, esta vez de índole

---

[18] Méndez, *Poemas. Sombras y sueños*, Rueca, México, 1944, p. 78.

[19] Zambrano, *"El solitario*, de Concha Méndez"*, prólogo al libro de Concha Méndez, *El solitario*, La Verónica, La Habana, 1941, p. 12.

[20] Zambrano, "Por qué se escribe", *Hacia un saber sobre el alma*, Alianza Tres, Madrid, 1987, p. 35. El texto data de 1934 y se editó por primera vez en la *Revista de Occidente*, Madrid, vol. XLIV, núm. 132, junio de 1934, pp. 318-328.

moral: "Confía en que a pesar de todo, en este bajo mundo, hay una cierta justicia y que cada uno va buscando su propio nivel; busca tú el tuyo y no lo abandones por nada." Concha Méndez evidentemente tomó muy en cuenta este sabio consejo, porque poco después se retiraría de la vida pública, buscando en su poesía y en su familia esta fidelidad a sí misma que su amiga le había recomendado. Mientras tanto, Altolaguirre seguiría debatiéndose entre el ángel y los demonios.

La correspondencia, sin embargo, no termina aquí. Después de varios años de silencio, la comunicación se vuelve a establecer de repente, hacia finales de los años cincuenta; o, al menos, ésta es la evolución en la correspondencia que las cartas conservadas indican. Ya para entonces la vida de los tres protagonistas ha cambiado notablemente. María Zambrano, después de dos largas estancias en Cuba (1940-1946 y 1949-1953) y ya divorciada de su marido, se ha instalado en Roma, donde vive con su hermana Araceli. Ahí frecuenta la compañía de otros exiliados, como Ramón Gaya, Rafael Alberti y Diego de Mesa y ahí llega a conocer a algunos de los jóvenes poetas de la península, como Carlos Barral y Jaime Gil de Biedma, durante las visitas ocasionales que hacen a la capital italiana. Por su parte, Altolaguirre, con la ayuda de María Luisa Gómez Mena, se ha dedicado a la dirección y producción de películas, actividades que realiza tanto en la ciudad de México como en La Habana. Mientras que Concha Méndez, sin abandonar la poesía, se ha ido ocupando cada vez más de su familia que, tras el casamiento de su hija Paloma en 1952, ha ido creciendo. Como novedad en su vida, cabría destacar la repentina aparición en México de Luis Cernuda, quien, a partir de 1953, pasará a vivir como huésped permanente en su casa, entrando así a formar parte de su familia, tal y como ya había hecho en Madrid, en los años anteriores a la Guerra Civil.

Al retomar la correspondencia en mayo de 1959, Zambrano le escribe a Concha Méndez para informarle de sus esfuerzos, finalmente vanos, por conseguir que se incluyeran poemas suyos en una antología de poesía europea contemporánea que preparaba una amiga italiana suya, Elena Croce. También le habla de la posibilidad de colaborar en la revista italiana *Botegghe Oscure*. Es decir, nuevamente se muestra muy interesada en promover la obra de Concha. Sin embargo, lo que más llama la atención tal vez sean las alusiones algo crípticas a la precaria situación personal en que la propia Zambrano entonces se encontraba.

Así, por ejemplo, la nota angustiada con que la carta arranca: "Nunca te podrás imaginar lo que ha sido mi vivir desde hace no sé ya cuánto tiempo. Y ahora mismo, estoy en una encrucijada de la que todavía no sé cómo y cuándo saldré." Angustia que vuelve a aparecer cuando, más adelante, se refiere a las dificultades que encuentra para poder dedicarse a su trabajo: "No puedo escribir... acabar siquiera mi libro en marcha hace... 4 años!!! Concha, no me deja eso que llaman 'la vida'. No sé si te habrán contado, si es que alguien lo sabe y si contarse puede." Según parece, durante casi dos años Araceli Zambrano había estado gravemente enferma, requiriendo de la atención y del cuidado ininterrumpidos de su hermana. Por otra parte, durante todo este tiempo, la situación económica de las dos hermanas era precaria. Si en tiempos pasados habían logrado vivir modestamente de lo que María ganaba con sus publicaciones, ahora el cuidado de Araceli no le dejaba tiempo para escribir: sus ingresos, por ello mismo, escaseaban; por otra parte, el largo tratamiento médico exigido por la enfermedad de Araceli había implicado unos gastos adicionales muy fuertes. Así, la combinación de ambos factores había llevado a las dos hermanas al borde de la ruina, obligándoles a vivir de prestado. En tales circunstancias, la angustia que María Zambrano expresa en su carta resulta más que comprensible; de hecho, sorprenden la delicadeza y la generosidad con que la filósofa, a pesar de todo, busca esquivar el tema, anteponiendo la promoción de la obra de su amiga a sus preocupaciones personales.

La breve correspondencia cierra con la carta escrita con motivo de la muerte de Altolaguirre, ocurrida en España, como resultado de un accidente automovilístico el 26 de julio de 1959. Se ve que la noticia le ha afectado profundamente. Movida por la pena que siente, se pone a evocar los tiempos que pasaron juntos y, significativamente, al remontar la corriente de los recuerdos se detiene, no en España, en tiempos de la República, sino en los primeros años del exilio, cuando coincidieron en La Habana; años de penuria, pero también de mucha convivencia fraterna y que ahora recuerda con evidente añoranza:

La imagen de Manolo trae la tuya y la de Palomita. Y para mí, más que vuestra casa de Madrid, "La Verónica" de La Habana, cuando el destierro tenía aún una especie de fragancia, de inocencia; ahora ya no sabemos lo que es, quiero decirte, por qué andamos así, separados muriéndonos por aquí y por allá, muriéndonos por todas partes y siempre lejos. Lejos siempre, dondequiera que estemos, estamos lejos y solos.

Confesión que deja ver cómo, desde la perspectiva de 1959, los tiempos vividos con los Altolaguirre en La Habana asumen para Zambrano todo el triste atractivo de un paraíso perdido.[21]

LAS CARTAS

1

[Sin fecha: ¿mayo-junio? de 1943]

Concha y Manolo.

¡Qué cosa tan rara que seáis vosotros los que hayáis escrito y nosotros los morosos en contestar! Así es la vida. Os sabemos bien y no sólo por vuestras cartas. Nos dijo Maderito[22] y alguien más. Ya sabéis que la alegría es como propia, aunque lo creíamos firmemente. Además hay momentos en que es necesario irse a otra parte, porque viajar es renacer. Creo eso habrá sido para vosotros y para Paloma. Pero nos resulta muy extraño que no estéis aquí; en el fondo yo creía que os ibais a Méjico y que os quedabais aquí, al menos para nosotros, que siempre os podría ver y echar un párrafo más o menos disparatado y surrealista con vosotros. Y qué buena falta hace; disparatar ¡qué difícil encontrar con quién!

En realidad, Manolo, en esa carta que tú crees que nos cuentas tantas cosas de tu vida, no nos cuentas nada. Es decir, sí: tu estado de ánimo, que siempre es el mismo, que te mueres, pero que no, que contigo no pueden ¿no es eso? Si te ataca el ángel, vienen los demonios; si te

---

[21] Se reproducen a continuación las cuatro cartas. Las dos primeras fueron dadas a conocer en una nota publicada en la revista *Ínsula*, núm. 557, mayo de 1993; las otras dos son inéditas. Al transcribir las cartas, he hecho algunas pequeñas correcciones que afectan tanto a la ortografía como a la puntuación. Mis gracias a Paloma Altolaguirre por permitir la consulta de dichas cartas y a la Fundación María Zambrano por su generosidad en autorizar que se publiquen.

[22] Posiblemente se trata del periodista y escritor mexicano Luis Octavio Madero (1908-1964). En los años treinta había estado en España donde, en 1935, publicó *El octubre español*, una crónica de la crisis política por la que entonces pasaba el Gobierno Republicano. Durante los últimos meses de la Guerra Civil, fue cónsul general de su país en Barcelona. María Zambrano y su marido podrían haber coincidido con él, si no en Madrid o Barcelona, al menos en Michoacán, de donde Madero era originario.

atacan los demonios, viene el ángel y te salva. Eso es. Y a Concha la salvará siempre su hondura "celtibérica", su madrileño estar al mismo tiempo en la realidad y por encima de la realidad, que eso es Madrid. ¿Y contra eso, quién puede? Nada ni nadie. Pero contadme, contadme algo de la realidad real, circunstancial. He leído en un número de *Letras de Méjico* [sic] una nota sobre Manolo en que anuncias una Conferencia sobre Nietzsche y Méjico; será espléndida.[23] ¿Y Concha, qué haces?

¿Cómo está la gente? ¿Habéis visto a Octavio Paz? ¿Y a Bergamín tras de la muerte de Rosario?[24] ¿Y Reyes? Méjico estar[á] bellísimo ahora, mes de las flores, lo recuerdo en Morelia espléndido de árboles floridos y mariposas y pájaros. Ha nacido por allí cerca un volcán... ¡qué prodigio![25]

Aquí bien; acabo de dar en la Universidad un Curso de Conferencias y ya estoy contratada para el Curso de Verano; estoy contenta y estoy escribiendo mucho nuevamente. De salud ando muy bien; se me pasaron las decimillas. La semana que viene voy a Santiago a inaugurar un Instituto de Estudios Superiores con tres Conferencias sobre Séneca y otras más. El trabajo es siempre bueno. El gato Sofronisco os envía recuerdos. A Pascual [Méndez] le hemos visto, está muy bien. No perdáis el impulso admirable de escribir. A todo el mundo que nos pregunta decimos que estáis espléndidamente. Fifi y Nena, Titina y Lydia[26] os envía[n] saludo.

---

[23] Al llegar a México en marzo de 1943, Altolaguirre le había comentado a Rafael Heliodoro Valle que pensaba dar tres conferencias durante su visita, una sobre Federico Nietzsche y sus alusiones a México. "En su *Zaratustra* —explicó— [Nietzsche] insiste en hablar del águila y la serpiente, y luego, ya enfermo de tuberculosis, quería venir a Oaxaca a curarse." Cf. *Excélsior*, México, 18 de marzo de 1943, pp. 9-10. Este dato fue luego recogido por Antonio Acevedo Escobedo, "Anuncios y presencias", *Letras de México*, México, año VII, núm. 4, 15 de abril de 1943, p. 1. Que yo sepa, Altolaguirre no llegó a dictar ninguna conferencia sobre el tema.

[24] Rosario Arniches, la esposa de José Bergamín, murió en México el 22 de febrero de 1943.

[25] El volcán era El Paricutín, que acababa de nacer cerca de Uruapan, en el estado de Michoacán. El acontecimiento fue bastante comentado en el momento y, de hecho, Altolaguirre se inspiró, en parte, en él a la hora de escribir su obra de teatro *El argumentista*. (El manuscrito original de la pieza se conserva, incompleto, en el archivo de su hija Paloma, en la ciudad de México.)

[26] Se trata, sin duda, de Lydia Cabrera, la famosa investigadora del folklore cubano. De ella los Altolaguirre habían publicado una primera edición en español de sus *Cuentos cubanos*, La Verónica, La Habana, 1940. Por su parte, María Zambrano le habría de dedicar un hermoso ensayo, "Lydia Cabrera, poeta de la metamorfosis", *Orígenes*, La Habana, núm. 25, 1950, pp. 11-15.

Un abrazo de vuestra amiga eterna.

María

Un abrazo a Paloma.
¿Y Emilio Prados?

2

La Habana, 1º de julio de 1945

Mi querida Concha.

Has de perdonarme por no haberte escrito enseguida de recibir tu carta, como pensé. Pero los días se van enredando. Tu carta llegó con inmenso retraso; antes había llegado tu libro, es decir, tus libros. Así que de todas maneras yo había pensado escribirte para decirte lo mucho que me alegro de que escribas cada vez mejor. Tienes poemas muy hermosos y creo que significan una gran liberación en ti; sólo me permito hacerte una indicación, que no mezcles demasiado lo inmediato, es decir, lo que te ocurre; déjalo, y métete en la poesía que es tu gracia y tu don y el mejor refugio. De lenguaje tienes mucha riqueza y muchos aciertos. Los villancicos son encantadores.

Presté a Lydia tu libro y a Fifi, que ha estado aquí una temporada. A María le di tu libro, creo te escribirá. Lydia me encarga te dé muchos saludos afectuosos de su parte y de Titina; ellas viven ahora en Pogolotti, finca San José, y ya dejaron aquella casa de la calle diez y siete. Les leí tu carta a todas. ¿Qué decirte Concha? Aprovecha esa libertad en que te has quedado para tu bien, para dedicarte plenamente a tu obra y a tu hija, son dos grandes cosas que tienes en la vida; lo demás, olvídalo. Él mismo se condena y te exime de tomarte venganza. En ella no pienses siquiera, como si nunca la hubieses conocido. Confía que a pesar de todo, en este bajo mundo, hay una cierta justicia y que cada uno va buscando su propio nivel; busca tú el tuyo y no lo abandones por nada.

No recibí las fotos de Maruja Mallo que me anunciabas. ¿Está por ahí Concha Albornoz?[27] Si la ves, dile que la he escrito dos cartas y mandado mi libro y nada he sabido de ella. Este libro es el *Pensamiento vivo de Séneca* que se publicó, al fin.[28] A ti no te lo he mandado porque cuando lo tenía no sabía tu dirección, ni cómo estabas, pues por aquí llegaban rumores confusos de viajes. Uno de estos días llegará otro libro mío editado también en Buenos Aires y te lo mandaré enseguida, como recuerdo.[29]

A tu hermano Pascual le vi ayer precisamente, me lo encontré y quedamos en que nos llamaría para vernos. Me dijo te había escrito, pues Alfonso [Rodríguez Aldave] no más llegar tu carta le vio.

Saluda a Carmen Toscano; tengo que enviarle un original para *Rueca*.[30] Pero el calor me tiene muy oprimida y la preocupación por mi madre y hermana que están, como sabes, en París, ha sido terrible hasta que tuve carta de ella. Han debido de sufrir de un modo incalculable ¡qué vida nos ha tocado apurar!

Adiós Concha, sabes que te queremos de verdad y que deseamos tu bien; aprovecha tu soledad para hundirte en ti misma y recobrarte y tener paz, esa que sale de dentro y que nadie puede quitárnosla.

Un fuerte abrazo de tu amiga de siempre.

María

Ahora la mejor dirección nuestra es: Apartado 1092, La Habana.

---

[27] Concha de Albornoz era muy amiga de María Zambrano desde antes de la Guerra Civil. Aunque ahora vivía en Estados Unidos, hacía viajes muy frecuentes a México. Su figura humana es recreada por Juan Gil-Albert en el personaje de Magda, que protagoniza su relato *Tobeyo o del amor (Homenaje a México)* (1990). En cuanto a la pintora Maruja Mallo, se trataba de una de las grandes amistades de juventud de Concha Méndez, tal y como ésta señala en sus *Memorias habladas, memorias armadas*. En el archivo de Paloma Altolaguirre se conservan varias fotos de Maruja Mallo que parecen datar de esa época. También se conserva una tarjeta postal, fechada el 14 de abril de 1944, que Mallo le enviara a María Zambrano desde Argentina, donde vivía exiliada.

[28] Zambrano, *El pensamiento vivo de Séneca*, Losada, Buenos Aires, 1944.

[29] Zambrano, *La agonía de Europa*, Sudamericana, Buenos Aires, 1945.

[30] Carmen Toscano era una de las directoras de *Rueca* (1941-1952). María Zambrano había colaborado en la revista con un ensayo sobre "Mujeres de Galdós", *Rueca*, México, año I, núm. 4, otoño de 1942, pp. 7-17. Sería su única colaboración.

3

Roma 21 de mayo 1959
Piazza del Popolo 3.

Querida Concha.

Nunca te podrás imaginar lo que ha sido mi vivir desde hace no sé ya cuánto tiempo. Y ahora mismo, estoy en una encrucijada de la que todavía no sé cómo y cuándo saldré. Espero, eso sí, que todo vaya a mejor o a menos mal.

Di tus libros a la señora Croce que está preparando una Antología de la Poesía Europea Contemporánea.[31] Le gustaron enormemente tus poemas, es la verdad. No tengo por qué decírtelo, si así no fuese. Tanto que me dijo en un primer tiempo que incluiría algunos. Mas, después acuciada por la angostura del espacio, tuvo que renunciar a ello con pena. Yo también la tuve.

No es que yo haya estado encargada de la parte española, de cuya selección no tengo la responsabilidad. Pero ella me ha preguntado y yo le he hecho conocer poetas que ella no conocía y le he dado más exacta idea del valor de otros. Ya sabes que aun para una persona muy culta, esto es difícil. Y por último, acepté el hacer las Notas biográficas de cada uno, lo que ha sido una terrible preocupación que me ha alejado por dos semanas de lo que estaba haciendo ¡tan urgente para mí!: terminar el libro que voy a mandar a la Universidad de México.[32] ¡Con la falta que me hace enviarlo y que lo reciban y que me envíen el poco de dinero que dan! Pero lo he hecho con todo mi interés y mi amor por la poesía nuestra, que cada día despierta mayor interés en el mundo.

Concha, te recuerdo siempre y te quiero de verdad, ya lo sabes y me gusta cada día más tu poesía. Yo no puedo escribir a mis amigos sino muy rara vez. No puedo escribir... acabar siquiera mi libro en marcha hace... 4 años!!! Concha, no me deja eso que llaman "la vida". No sé si te habrán contado, si es que alguien lo sabe y si contarse puede.

---

[31] Véase Elena Croce (ed.), *Poeti del novecento italiani e stranieri*, Einaudi, Turín, 1960.

[32] Que yo sepa, ningún libro de María Zambrano fue publicado por la Universidad Nacional Autónoma de México. Tal vez se trataba de *El sueño creador*, que publicara la Universidad Veracruzana, en Xalapa, México, en 1965.

Saluda a María Dolores Arana muy cariñosamente y dile.[33] Escríbeme, me alegraría.

La señora Caetani, que va para los noventa años, me ha rogado que me siguiera ocupando de la parte española de su Revista *Botteghe Oscure* que quizás conozcas. Ha sido muy buena.[34] Yo le he dicho que NO, a causa de la informalidad en que ha incurrido sin duda por su edad y achaques. Me lo suplicó tanto, que quizás le dé el nombre y dirección de algunos poetas y escritores para que ella directamente escriba, ya que dice que quiere seguir publicando cosas en español. Si lo hago, le daré el tuyo. Y si te escribe, ya sabes: yo no respondo de nada, porque ya no estoy allí. He sufrido demasiado y no tengo confianza alguna.

Ya sabes que donde yo esté tienes a alguien que recuerda siempre tu poesía y a ti. Saludos de mi hermana que no te olvida. Un abrazo de

María

---

[33] Fiel amiga tanto de Concha Méndez como de Luis Cernuda, María Dolores Arana nació en San Sebastián en 1910. Colaboró asiduamente en *Las Españas* (1946-1956), la revista que su marido, José Ramón Arana, había fundado en México en colaboración con Manuel Andújar. En el número 8 de dicha revista (abril de 1948), Zambrano había publicado un ensayo sobre "El problema de la filosofía española". A juzgar por su reseña sobre *El hombre y lo divino* (*Las Españas*, núm. 26-28, julio de 1956, p. 22), María Dolores Arana tenía una admiración muy grande por la filósofa; y seguramente fue esta admiración la que la llevó a escribirle, invitándola a un diálogo que la otra, por lo visto, no se sentía en ese momento en condiciones de entablar.

[34] En una carta a Lezama Lima fechada el 5 de febrero de 1955, María Zambrano señaló lo siguiente acerca de *Botteghe Oscure*: "La Revista es muy importante y sobre todo de una estricta orientación. La hace la principesa Marguerita Caetani, mujer de edad ya avanzada, simple y encantadora, muy amiga de René Char. Es norteamericana de nacimiento y cumple su función con simplicidad grande y seriedad absoluta. Paga bastante bien y la Revista está difundida en los mejores medios de todos los Países." En *Fascinación de la memoria. Textos inéditos de José Lezama Lima*, selección y prólogo de Iván González Cruz, Editorial Letras Cubanas, La Habana/Madrid, 1993, p. 229. La propia Zambrano había publicado ahí su ensayo "La multiplicidad de los tiempos", *Botteghe Oscure*, Roma, núm. XVI, 1955, pp. 214-223.

4

Trelex-sur-Nyon, 7 de agosto de 1959
Chez N. Bory.

Querida Concha.

Cuando desplegué *Le Monde* a las doce de la noche, vi lo primero, como si alguien me hubiese hecho abrir el periódico por el lugar justo, la horrible noticia. Y pensé en ti enseguida. ¿Cómo separaros, Concha? Para mí, para tantas gentes erais inseparables. La imagen de Manolo trae la tuya y la de Palomita. Y para mí, más que vuestra casa de Madrid, "La Verónica" de La Habana, cuando el destierro tenía aún una especie de fragancia, de inocencia; ahora ya no sabemos lo que es, quiero decirte, por qué andamos así, separados muriéndonos por aquí y por allá, muriéndonos por todas partes y siempre lejos. Lejos siempre, dondequiera que estemos, estamos lejos y solos.

Tú sabes, Concha, que cuando alguien se va se lleva un trozo de la vida de uno mismo: cosas que ya no se oirán de nadie, ni se podrán decir a nadie. Me imagino tu pena pues que Manolo, a pesar de todo y todo, es tu vida en gran parte. "Parte"... ¿la vida acaso las tiene?

Con eso no te quiero decir que te hayas quedado sola, ni sin vida. Tienes a Paloma, tienes a Luis [Cernuda] —si vieras qué bien he encontrado, qué alegría me ha dado vuestra amistad, acrecida por el tiempo—, tienes tanta gente que te quiere. Tienes la poesía. Y esa esperanza arrolladora que llena y desborda de ti y que contagias.

Concha: no sabes las veces que he recordado y contado algo maravilloso que me dijiste a la puerta de "La Verónica"; se trataba de unos refugiados más pobres aún que nosotros y queríamos ayudarlos en algo —¿te acuerdas que yo me puse en pie al final de una conferencia y pedí dinero para ellos?—. Pues tú me dijiste: "María, tú ya sabes que yo no creo en Dios, no, yo no creo,... pero ¿cómo vamos a dejarlo solo?, tenemos que ayudarlo. Yo no creo que exista, pero hay que ayudarlo." Es lo más hermoso que he oído en mi vida. Y no lo olvidaré nunca.

Di a Luis que me perdone mi silencio, que ha sido el mejor modo de comunicación con él en estos momentos de los que un día espero poder decir que no quiero acordarme. Dile que le escribiré en cuanto... pueda. Que le agradezco que me enviase a ese amigo inglés que me gustó mucho. Se fue enseguida a España.[35] Que las correcciones que me envió para la Antología fueron hechas.

Concha, un abrazo fuerte.

María

Almorzamos con R[afael Martínez] Nadal, que pasó un tiempo en Genève, y Mendizábal.[36] Os recordamos todo el tiempo del almuerzo.

---

[35] Se trata de Sebastian Kerr, un joven inglés que trabajaba en París. Por lo visto, se había puesto en contacto con Cernuda (y con Prados) por medio de Bernabé Fernández-Canivell, a quien había conocido en Málaga durante un viaje de estudios. Para más detalles, véase la primera nota a la carta 15 de la correspondencia María Zambrano-Emilio Prados editada en este mismo volumen por Francisco Chica.

[36] Amigo íntimo de Lorca y de otros poetas de su generación, Martínez Nadal había coincidido con los Altolaguirre en Londres en los años 1933-1935. Véase al respecto su ensayo "Manolo Altolaguirre en Londres (Apuntes para unas viñetas)", *Ínsula*, Madrid, núm. 475, junio de 1986, p. 11. En cuanto a Alfredo Mendizábal, en otra ocasión Martínez Nadal recordó lo siguiente: "Alfredo Mendizábal, hasta 1936 catedrático en la Facultad de Derecho de la Universidad de Oviedo. Cofundador y director del *Comité Español por la Paz Civil*, establecido en París poco después de iniciada la Guerra Civil. En colaboración con el *Comité Français pour la paix civile et religieuse en Espagne* y el *British Committee for Civil and Religious Peace in Spain*, intentaron [sic] en vano encontrar una solución de concordia a la Guerra Civil. Bajo la dirección en París de Mendizábal, en estrecha colaboración con el conocido escritor y pensador católico Jacques Maritain y con Claude Bourdet, el Comité publicó en París un Boletín mensual titulado *La Paix Civile*." En Rafael Martínez Nadal, *Españoles en la Gran Bretaña. Luis Cernuda. El hombre y sus temas*, Hiperión, Madrid, 1983, p. 353. Es posible que Zambrano lo haya tratado antes de la guerra, tal vez en Madrid, en las oficinas de *Cruz y Raya*, revista de la que Mendizábal había sido uno de los principales promotores.

LUIS CERNUDA Y MARÍA ZAMBRANO: SIMPATÍAS Y DIFERENCIAS

JAMES VALENDER
El Colegio de México

Sería difícil fijar con precisión el momento del primer encuentro entre María Zambrano y Luis Cernuda. Gracias al testimonio de un amigo común, el pintor manchego Gregorio Prieto, sabemos que, allá por 1934-1935, los dos frecuentaban las reuniones que organizaba en su casa Concha de Albornoz, la hija del ministro republicano don Álvaro de Albornoz. Aunque Prieto recuerda que se trataba de unas tertulias escandalosas, "en consonancia con los principios surrealistas del momento", en la evocación que nos ofrece de ellas predomina más bien cierta nota de decoro y de buen gusto, como si de un salón literario francés del siglo XVIII se tratara:

> La primera vez que vi a Luis Cernuda fue en Madrid, en una de las reuniones dominicales en casa de Concha Albornoz. Se celebraban en un salón-biblioteca arreglado con un gusto que mezclaba lo intelectual-social con visos de popular artesanía. (Recuerdo ahora un encantador ramo de flores de papel encima de una mesa de Renacimiento italiano.) Era la primera vez que yo asistía a estas reuniones, e iba acompañado de María Zambrano, inteligente discípula de Ortega. Presidía esta reunión Rosa Chacel (según Julián Marías, la mejor novelista de este momento en España); Pérez Rubio, su marido, también estaba, así como el matrimonio hebreo Máximo José Kahn y seis o siete personas más que no recuerdo. Me parece estar viendo a Cernuda, su actitud era de observador. A veces, clavaba su mirada curiosa con gesto aburrido a la vez que interesado.[1]

---

[1] Gregorio Prieto, *Cernuda en línea*, Biblioteca Nueva, Madrid, 1981, p. 30. Al final de este capítulo de su libro, Prieto da a entender que la experiencia relatada coincidió con la estancia de Altolaguirre en Francia; es decir, que ocurrió entre diciembre de 1930 y septiembre de 1931. Más bien parece corresponder al último año de la estancia de Altolaguirre en Londres (1934-1935). Cabría agregar que en 1936 apareció una nota muy elogiosa de María Zambrano sobre "Los dibujos de Gregorio Prieto", *El Sol*, Madrid, 24 de junio de 1936, p. 2; recogida en Zambrano, *Algunos lugares de la pintura*, Espasa-Calpe, Madrid, 1989.

Cualquiera que haya sido en ese momento la relación personal de Zambrano con Cernuda (una relación, en todo caso, no tan cercana como la que tenían con él Concha de Albornoz y Rosa Chacel), el hecho es que ya para entonces la filósofa no sólo conocía muy bien la obra del poeta sevillano, que recordaría haber descubierto en 1928, a los 24 años,[2] sino que incluso formaba parte de un nuevo grupo de escritores que había intentado reivindicarla y difundirla: un grupo que se había dado a conocer, primero a través de la revista *Hoja Literaria* (1932-1933), y, más recientemente, por medio de *Tiempo Presente* (1935). Me refiero, sobre todo, a Enrique Azcoaga, Arturo Serrano Plaja y Antonio Sánchez Barbudo, que fundaron y dirigieron la primera de las dos revistas mencionadas y cuyos nombres volverían a aparecer tanto en *Tiempo Presente* como en otras revistas de esta nueva promoción. A Sánchez Barbudo y a Azcoaga debemos dos reseñas sumamente elogiosas (las únicas, de hecho, de las que se tiene noticia) de *La invitación a la poesía* (La Tentativa Literaria, Madrid, 1933), que fue el segundo librito de poemas de Cernuda en publicarse. Posteriormente, en 1935, Azcoaga reseñaría *Donde habite el olvido*, libro aparecido hacia finales de 1934; y en 1936 comentaría la traducción que hiciera el sevillano, en colaboración con Hans Gebser, de una selección de poemas de Hölderlin. Por su parte, Arturo Serrano Plaja, en el primer número de *Tiempo Presente*, publicó otra apasionada defensa de *Donde habite el olvido*, a la que seguiría una serie de "Notas a la poesía de Luis Cernuda", publicadas en *El Sol* con motivo de la aparición en abril de 1936 de la primera edición de *La realidad y el deseo*.[3] La relación de Zambrano con este grupo está todavía por investigarse; pero como indicarían sus colaboraciones en *Hoja Literaria*, dicha relación debe de haber sido, al menos en un principio, bastante estrecha. Cabe suponer, por lo tanto, que aun cuando no publicara nada en ese mo-

---

[2] Zambrano, "La poesía de Luis Cernuda", *La Caña Gris*, Valencia, núm. 6-8, otoño de 1962, p. 15.

[3] Véase Antonio Sánchez Barbudo, "Invitación a la poesía de Luis Cernuda", *Hoja Literaria*, Madrid, sin número, febrero [de 1933], p. 8. Enrique Azcoaga, "Poética indolencia", *Luz*, Madrid, 17 de junio de 1933, p. 10; "Sereno llanto", *Ardor*, Córdoba, núm. 1, primavera de 1936, s.p.; "Hölderlin, el joven puro", *El Sol*, Madrid, 15 de mayo de 36, p. 2. Arturo Serrano Plaja, "Luis Cernuda, *Donde habite el olvido*", *Tiempo Presente*, Madrid, núm. 1, marzo de 1935, pp. 15-16; "Notas a la poesía de Luis Cernuda", *El Sol*, Madrid, 17 de mayo de 1936, p. 5 y 4 de junio de 1936, p. 5. Cabría agregar que Cernuda publicó poemas en dos de las revistas de este grupo: "¿Adónde fueron despeñadas?", *Hoja Literaria*, Madrid, sin número, febrero [de 1933], p. 5; y "El viento de abril entre los chopos", *Tiempo Presente*, Madrid, núm. 1, marzo de 1935, p. 8.

mento sobre Cernuda, sí habría compartido la devoción muy especial por su obra expresada por sus jóvenes colegas.[4]

Para encontrar en los escritos de Zambrano una primera referencia concreta a la poesía de Cernuda, habrá que saltar a los tiempos de la Guerra Civil. Como se sabe, en los primeros meses del conflicto Zambrano acompañó a su marido Alfonso Rodríguez Aldave en misión diplomática a Santiago de Chile; Cernuda, por su parte, tras una breve estancia en París como ayudante del embajador republicano, don Álvaro de Albornoz, regresó a Madrid, donde pasó el primer invierno de la guerra. En el verano de 1937 Cernuda y Zambrano volvieron a verse en Valencia, donde se celebró el famoso Congreso Internacional de Escritores y Artistas Antifascistas. Habrían coincidido, si no en las sesiones del Congreso (ante el cual el sevillano parece haber tomado cierta distancia), al menos en las oficinas de *Hora de España*, la famosa revista republicana en la cual los dos llegaron a colaborar con cierta regularidad. En los ensayos escritos para esta revista, Zambrano se ocupaba, sobre todo, de aquellos escritores que ella consideraba especialmente relevantes en aquel momento decisivo de la historia nacional, sea Galdós y Machado, o Neruda y Serrano Plaja. Son textos que reflejan un fervor combativo que está notablemente ausente de los poemas que Cernuda escribe por las mismas fechas y que luego recogerá en *Las Nubes*.

La actitud de Zambrano, si bien explícita en sus ensayos, se resume con especial claridad en una extensa carta dirigida a Rosa Chacel en junio de 1938. Ahí la filósofa malagueña expresa su entrega incondicional a la causa republicana en términos que no dejan lugar a dudas. Como ella misma señala, le sería imposible abandonar el país, tal y como lo habían hecho Rosa Chacel y Concha de Albornoz en junio de 1937. Zambrano sabía que la diáspora ya había comenzado, pero, a pesar de todo, insistía en permanecer en su puesto:

---

[4] Las colaboraciones de Zambrano en *Hoja Literaria* fueron las siguientes: "De nuevo, el mundo", año I, núm. 1 [de 1932], p. 1; "*El otro*, de Unamuno", sin número, enero [de 1933], p. 7; y "Falla y su *Retablo*", sin número, marzo [de 1933], p. 8. La admiración que sentía entonces por Cernuda quedaría manifiesta, si no en sus escritos, al menos en su participación, en abril de 1936, en el homenaje que se le rindió en Madrid con motivo de la aparición de *La realidad y el deseo*. Para una lista de los asistentes, véase la nota anónima, "El homenaje a Luis Cernuda", *El Sol*, Madrid, 21 de abril de 1936, p. 2.

Ya sé q[ue] todo esto te ronda, te afecta, te toca. [...] Pero te repito la diferencia: yo estoy aquí ligada a esto, no a un partido político, pues estoy más sola aún q[ue] cuando me conociste, más aislada. Ligada a la lucha por la *independencia* de España, por la existencia misma de España contra Italia —caricatura del Imperio Romano contra la cual voy por caricatura y por Imperio—, contra los bastardos del Norte, contra la pérfida Albión, contra la degeneración y perversión [más] grande de lo español que han conocido los siglos, ...*y con*, con mi pueblo en el que creo al par que en Dios.[5]

En sus poemas Cernuda se mantiene muy alejado del tono beligerante que caracteriza estas afirmaciones de su amiga. Sobre todo, llega a discrepar abiertamente con la celebración del pueblo y de los valores populares en la que Zambrano, al igual que muchos otros escritores republicanos, incurre. Para Cernuda, tal y como afirmara en la elegía que escribió en la muerte de Lorca, "A un poeta muerto", el pueblo español era un pueblo "hosco y duro", lleno de violentas pasiones atávicas y destructivas: "El odio y destrucción perduran siempre / Sordamente en la entraña / Toda hiel sempiterna del español terrible."[6] Es decir, aun cuando hiciera recaer sobre los franquistas la culpa de haber desencadenado la Guerra Civil, Cernuda veía en uno y otro bando una misma proclividad hacia el recelo y el odio. Actitud que, como digo, lo aleja bastante de la postura "populista" de Zambrano... Pero, con todo, había en la poesía de Cernuda de esta época una intensa preocupación patriótica, una reflexión sobre los lazos estrechísimos que como poeta lo unían a su país; una reflexión que, a pesar de diferencias de otro orden,

---

[5] Carta de María Zambrano a Rosa Chacel del 26 de junio de 1938. Reproducida por Ana Rodríguez-Fischer en su edición de *Cartas a Rosa Chacel*, Cátedra, Madrid, 1992, p. 38. Este apasionante texto de Zambrano da a entender que en el primer año de la guerra habían surgido discrepancias muy fuertes entre ella y Chacel, tal vez con respecto al papel que cada una asignaba al intelectual en ese momento. La carta en sí no permite captar la naturaleza exacta de la discusión y, sin contar con más datos al respecto, sería arriesgado aventurar una hipótesis. De todos modos, resulta interesante cotejar los diversos trabajos escritos por Zambrano durante la guerra con el ensayo de Chacel sobre "Cultura y pueblo", *Hora de España*, Valencia, núm. 1, enero de 1937, pp. 13-22.

[6] Luis Cernuda, "A un poeta muerto (F.G.L.)", *Poesía completa. Obra completa I*, eds. Derek Harris y Luis Maristany, Siruela, Madrid, 1993, p. 254. Más adelante tendré ocasión de citar de los dos tomos de *Prosa*, Siruela, Madrid, 1994, que constituyen los volúmenes II y III de esta edición de la *Obra completa* de Cernuda. En todos los casos se identificarán las citas en el cuerpo del texto, dejando constancia únicamente del número del volumen, seguido por el número de la página.

despierta en la filósofa una admiración muy viva. Como ella explica en la misma carta a Rosa Chacel:

> No hay más en este momento que la Patria, que España exista, en nuestra sangre, en nuestros huesos, en nuestros pensamientos, en nuestras cenizas. Que exista. ¿Leíste la "Oda a la patria" de Cernuda? Es una maravilla y Luis también.[7]

No se conoce ninguna "Oda a la patria" de Cernuda, pero es probable que, con este título, Zambrano se esté refiriendo a la "Elegía española" que se publicó en *Hora de España*, en abril de 1937. Se trata de un bellísimo poema en que, colocándose por encima de las pugnas ideológicas que entonces dividen a los españoles, el poeta se dirige a la madre patria, a España, en busca de consuelo: "Háblame, madre; / Y al llamarte así, digo / Que ninguna mujer lo fue de nadie / Como tú lo eres mía..." Frente a tanta destrucción y muerte, el poeta necesita descubrir algún principio que trascienda, que dé sentido a todo cuanto está viviendo; un principio que cree encontrar en el pasado mismo de su país, pasado que es también, según él, una promesa de futuro:

> Tu pasado eres tú
> Y al mismo tiempo eres
> La aurora que aún no alumbra nuestros campos.
> Tú sola sobrevives
> Aunque venga la muerte;
> Sólo en ti está la fuerza
> De hacernos esperar a ciegas el futuro.
>
> Que por encima de estos y esos muertos
> Y encima de estos y esos vivos que combaten,
> Algo advierte que tú sufres con todos.
> Y su odio, su crueldad, su lucha,
> Ante ti vanos son, como sus vidas,
> Porque tú eres eterna
> Y sólo los creaste
> Para la paz y gloria de su estirpe. (I, 261)

---

[7] *Cartas a Rosa Chacel*, p. 38.

Si bien Zambrano era más entusiasta (y ortodoxa) en su republicanismo que Cernuda, resulta evidente que para ella el sevillano vivía y expresaba una devoción absoluta a la causa de España con la cual, a fin de cuentas, ella también se identificaba. Como insiste en su carta a Chacel, refiriéndose concretamente a España: "jamás [la] llamaré *mía* porque soy yo *de ella*, y ésta es la diferencia de amor".[8]

Tras la Guerra Civil vino el exilio. Zambrano se refugió primero en México y después en Cuba. Cernuda, por su parte, encontró asilo en las universidades de Gran Bretaña. Sobrevino un largo período de incomunicación, impuesta, sobre todo, por el conflicto mundial. Pero si bien es cierto que se interrumpió el diálogo entre los dos, no por ello dejaron de tenerse mutuamente presentes. De María Zambrano, al menos, sabemos que se esforzó porque la obra de Cernuda, junto con la de varios más de sus contemporáneos, fuera mejor conocida y apreciada por el público hispanoamericano. En Cuba, como se sabe, ella llegó a ejercer una influencia muy importante sobre los jóvenes poetas de la isla; aunque convendría recordar que entre ellos figuraba uno, el mayor y más talentoso, José Lezama Lima, quien ya era un lector devoto de la obra de Cernuda.[9]

Una prueba excepcional de la altísima estima en que, durante estos años, Zambrano seguía teniendo la obra de Cernuda, la ofrece una carta dirigida en noviembre de 1941 al joven poeta y narrador cubano Virgilio Piñera. (Se trata tan sólo de un momento en lo que debe de haber sido un intercambio epistolar de cierta duración; pero, por desgracia, no se cuenta con las demás cartas.) Todo parece indicar que la discusión se originó en un comentario que Zambrano habría hecho sobre la poesía de Piñera, al relacionarla con la obra de Cernuda. La comparación parece haber inquietado al poeta cubano, quien por lo visto decidió escribirle a la filósofa española con el fin de defender la originalidad de su obra. En su respuesta a la carta de Piñera, Zambrano intenta convencerle de que, al sugerir dicha comparación, no ha querido quitarle importancia a su obra, sino muy al contrario:

---

[8] *Ibid.,* p. 37.
[9] Véase José Lezama Lima, "Soledades habitadas por Luis Cernuda", *Grafos*, La Habana, agosto de 1936; recogido por Derek Harris en su edición de *Luis Cernuda*, Taurus, Madrid, 1977, pp. 49-52.

parece que le inquieta lo de Cernuda como inquieta siempre un poco lo que no se acaba de entender. No recuerdo lo que yo le decía exactamente; pero sí sé lo que le quería decir: no se trata de ninguna "influencia" que yo haya observado sobre su poesía, ni tampoco de semejanza o analogía, se trata más bien de algo así como un clima o una atmósfera y para mí la de la poesía de Cernuda es la más alta y pura de la poesía española actual.

Según explica, dicha atmósfera tiene que ver con "el silencio" en que la poesía de Cernuda se arraiga. No se trata de que el poeta lo proponga como tema, sino más bien (de acuerdo con ciertas teorías simbolistas sobre la expresión poética) de que el silencio mismo nutre su obra: el silencio concebido como una especie de numen, impreciso e informe, anterior a la palabra. La filosofía, en busca de la verdad, se acerca a esta realidad última de la vida; pero, al intentar racionalizarla, rompe el silencio. La poesía, en cambio, al asumir un discurso más sugerente que conceptual, sí logra rescatar algo de su forma informe, algo de su "silencio" original:

La poesía y la música llevan todavía adherido el silencio, no han salido de él, no se han desprendido de la matriz originaria, del mundo de sombra y sueño donde vivimos originariamente, lo llevan adherido, pegado, ¡hijos que no quieren ser separados de su origen, no lo lanzan detrás de sí!, palabra y ritmo que a pesar de su exigencia numérica no rompen con lo que no puede tener número ni forma. La poesía siempre ha de ser la forma de lo informe.[10]

La descripción me parece especialmente reveladora, y no sólo en cuanto testimonio de la admiración que Zambrano sentía por Cernuda. Resulta esclarecedora también en cuanto a las tensiones que, cada vez más, irán caracterizando dicha obra. Porque, con el tiempo, Cernuda se alejará progresivamente de la estética simbolista que está implícita en la descripción que la filósofa aquí nos ofrece de su obra. De hecho, en parte a raíz de sus lecturas de poesía inglesa, durante los largos años de exilio, Cernuda irá desarrollando un prosaísmo muy marcado, basado precisamente en la preocupación por ajustar el ritmo del verso al ritmo del pensamiento conceptual; estrategia que, si bien le permitirá in-

---

[10] Carta de María Zambrano a Virgilio Piñera, fechada en Río Piedras, Puerto Rico, el 5 de noviembre de 1941. En "Cartas virgilianas", *Biblioteca de México*, México, núm. 22, julio-agosto de 1994, p. 54.

yectar nuevo vigor y fuerza a su obra, en algún momento le hace correr el peligro de romper por completo con ese "silencio" que, efectivamente, constituye el misterioso atractivo de gran parte de su poesía. Pero, en fin, Zambrano sin duda tiene razón al presentar la obra en estos términos que le hubieran complacido bastante al propio Cernuda quien, en su ya citada elegía a Lorca, define al poeta (y no sólo a Lorca, sino a todo poeta auténtico) como "aquel que ilumina las palabras opacas / Por el oculto fuego originario" (I, 255).

Los dos exiliados no se volvieron a encontrar sino a finales de 1951. Ya para entonces, tras una breve estancia en París (1946-1948), Zambrano, ahora acompañada por su hermana Araceli, había vuelto a establecerse en La Habana. Cernuda, por su parte, había abandonado Inglaterra en septiembre de 1947 para ir a trabajar como profesor al Mount Holyoke College, una universidad para mujeres en Massachusetts, Estados Unidos. Su vida ahí, a pesar de la presencia de su gran amiga Concha de Albornoz, no tardó en deprimirlo; los largos inviernos, sobre todo, le resultaron insoportables. De modo que, tras realizar unos cortos viajes a México, que sólo agudizaron su rechazo al entorno climatológico (y humano) de Nueva Inglaterra, empezó a buscar la forma de trasladarse, ya de manera definitiva, a algún país hispanoamericano. Además del propio México, le atraía el Caribe (entre otras razones, porque su padre había nacido en Puerto Rico), y fue en parte con el propósito de hacer un sondeo en este sentido que, en noviembre de 1951, aprovechando unos meses de licencia, tomó un vuelo de México a La Habana.

Quien le organizó la visita fue el joven escritor cubano José Rodríguez Feo, quien, junto con Lezama Lima, dirigía la famosa revista *Orígenes*. Por ello mismo fue también Rodríguez Feo quien se ocupó ahora de presentar al poeta español a los otros intelectuales y artistas cubanos, entre los cuales Lezama parece haberle resultado por mucho el más interesante. "Un poeta difícil, hermético, pero intenso", fue la opinión que Cernuda formuló al poco tiempo de conocerlo.[11] Seguramente fue Rodríguez Feo también quien organizó las conferencias que

---

[11] De una carta de Cernuda a José Luis Cano, fechada el 11 de diciembre de 1951. En *Epistolario del 27. Cartas inéditas de Jorge Guillén, Luis Cernuda, Emilio Prados*, ed. José Luis Cano, Cátedra, Madrid, 1992, p. 97. Sobre la relación entre los dos poetas, véase James Valender, "Cernuda y Lezama Lima", *Vuelta*, México, núm. 144, noviembre de 1988, pp. 65-67.

dictó Cernuda durante su visita, que terminaría a principios de febrero de 1952. Según los datos que se tienen actualmente, fueron tres las conferencias impartidas: en la Universidad de La Habana, y probablemente el 12 de diciembre, habló sobre los "Orígenes de una generación poética: *Litoral*, 1927"; en el Lyceum Club de La Habana, el 4 de enero, expuso sus ideas sobre "La poesía de don Miguel de Unamuno"; y, finalmente, en el Ateneo, el 24 del mismo mes, dio una conferencia sobre "Gustavo Adolfo Bécquer".[12]

Evidentemente, no era una carga excesiva de trabajo la que tenía Cernuda, de modo que había tiempo de sobra para pasear y visitar a los amigos. Según Rodríguez Feo, Cernuda se sentía transformado por el nuevo mundo que tenía a su alrededor: locuaz y alegre, ya no era la persona retraída que el joven cubano había conocido en Mount Holyoke. "Cuba realmente lo deslumbró y siempre me decía que le recordaba a Cádiz. Cuando recorríamos las calles de La Habana Vieja, le parecía que estaba en Andalucía por la forma de caminar y hablar de los cubanos."[13] Era otra versión del reencuentro con el paraíso perdido que Cernuda creía haber vivido en México, experiencia que, por otra parte, también encontraría eco en las cartas que escribía por estas fechas. A su amigo madrileño José Luis Cano, por ejemplo, le hizo observaciones que confirman el testimonio de Rodríguez Feo:

Algunos me preguntan si no echo de menos mi tierra, después de una ausencia de más de doce o trece años. Esa gente no comprende todavía algo que yo comprendo ya: que España, México, Cuba, y probablemente cualquier país de lengua española, forman una unidad, y no me siento extraño, ni pierdo mi cariño a España, por vivir en otra tierra de mi lengua.

---

[12] Para un resumen de las dos últimas conferencias (que parecen haber coincidido *grosso modo* con los capítulos correspondientes de los *Estudios sobre poesía española contemporánea* [1957] de Cernuda), véase Rafael Marquina, "Unamuno según Cernuda", *Información*, La Habana, 8 de enero de 1952, p. 13; y Marquina, "Bécquer-Cernuda. Ida y vuelta", *Información*, La Habana, 26 de enero de 1952, p. 11. En la ocasión de esta última conferencia, la presentación del conferencista estuvo a cargo de J. M. Chacón y Calvo. Véase Chacón y Calvo, "Presencia de Luis Cernuda", *Diario de la Marina*, La Habana, 3 de febrero de 1952, p. 55. La bienvenida a la isla la había extendido Gastón Baquero, "Nota sobre Luis Cernuda", *Diario de la Marina*, La Habana, 25 de noviembre de 1951, p. 50.

[13] José Rodríguez Feo, "Cernuda en La Habana", *La Gaceta de Cuba*, La Habana, octubre de 1987, p. 20.

Antes bien, siento, veo mejor a España, así como yo, andaluz, comprendía mejor a Andalucía, sin nostalgia, desde Castilla.[14]

En esta misma carta a Cano, Cernuda reconoce haber visto a María Zambrano. "Ha sido muy simpática conmigo y me alegra encontrarla de nuevo", le confiesa. Según Zambrano, Cernuda la visitaba casi todos los días: "salvo las horas del sueño —recordaría— estaba en nuestra casa".[15] Habían pasado trece años desde que se vieron por última vez y tendrían mucho que contarse. Por otra parte, era una buena oportunidad, sin duda, para conocerse mejor. Hacía poco Zambrano había publicado su libro *Hacia un saber sobre el alma* (Losada, Buenos Aires, 1950), que ofrecía una excelente muestra de la evolución de su pensamiento desde sus comienzos hasta 1944; y ahora estaba embarcada en diversos proyectos que cuajarían, por lo pronto, en *El hombre y lo divino* (Fondo de Cultura Económica, México, 1955), que sería su primera gran obra de madurez. Cernuda también se encontraba en un momento especialmente productivo de su carrera: tras la publicación de *Como quien espera el alba* (Losada, Buenos Aires, 1947), de *Tres narraciones* (Imán, Buenos Aires, 1948), y de una segunda edición aumentada de su primer libro de poemas en prosa, *Ocnos* (Ínsula, Madrid, 1949), tenía listas para la imprenta tanto su traducción de *Troilo y Crésida*, de Shakespeare, como sus *Variaciones sobre tema mexicano*, una segunda colección de poemas en prosa, inspirada por sus recientes visitas a México.

Pero, además de hablarse de sus respectivos trabajos, Zambrano y Cernuda habrían conversado acerca de sus lecturas de los numerosos autores que les eran afines, desde Manrique, San Juan de la Cruz y Cervantes hasta Bécquer, Galdós y Unamuno. Uno de los temas recurrentes, según recordaría Zambrano, era el poeta a quien Cernuda dedicó la última de sus conferencias, Gustavo Adolfo Bécquer:

> me hablaste de la cadencia que se había perdido en España y me citaste a Bécquer, "cadencias que el aire dilata en las sombras", y nos hablaste de la prosa de Bécquer, de las cartas desde Veruela. Había cadencia también. Estoy segura que no lo dijiste en tu conferencia sobre Bécquer que esta-

---

[14] De una carta de Cernuda a José Luis Cano fechada el 11 de diciembre de 1951. En *Epistolario del 27*, pp. 97-98.

[15] De una carta de Zambrano a José Luis Cano escrita en mayo de 1977, y que se reproduce en Cano, "Luis Cernuda y María Zambrano", *Ínsula*, Madrid, núm. 534, junio de 1991, p. 31.

ban ansiosamente esperando oírte los mejores, los que merecieron oírte, pero tú no quisiste entonces. Tú eras el poeta, no el conferenciante, no el profesor. El poeta no tiene por qué dar su palabra secreta y tú no eras dando aquella conferencia un poeta, sino un profesor.[16]

Tenían, en efecto, muchas pasiones en común. Pero, más que las pasiones compartidas, tal vez convendría subrayar las discrepancias, algunas muy profundas, que habrían surgido al empezar a intercambiar sus experiencias como lectores. Una figura cuyo nombre los dos se habrían puesto de acuerdo en no mencionar, habrá sido el de Ortega y Gasset, el querido maestro de María Zambrano, por quien Cernuda parece haber sentido una antipatía muy especial. En sus *Estudios sobre poesía española contemporánea*, escritos entre 1953 y 1955, no sólo le echaría en cara a Ortega su "irresponsabilidad" en el terreno político, sino también "su rara ignorancia en cuestiones poéticas"; incluso llegaría a censurarle sus constantes atropellos de la lengua española, rehusando así a reconocerle cualquier mérito, ya no como filósofo, sino como simple escritor: "Es cosa sabida que Baroja escribe mal en su género (el positivista), aunque no peor que Ortega y Gasset en el suyo (el melodramático)" (II, 113-4, 175, 164, respectivamente). Es posible que la antigua alumna de Ortega guardara ciertas reservas sobre la reciente conducta política de su maestro; pero le hubiera resultado imposible, desde luego, hacer suyas las otras críticas formuladas por Cernuda.

Curiosamente, al recordar, años después, las largas conversaciones que sostuvo con Cernuda en La Habana, Zambrano no habría de referirse a Ortega, pero sí, en cambio, a Antonio Machado, un poeta cuya obra, por lo visto, se convirtió en otro tema prohibido para ellos:

Detestabas a Machado. Era imposible hablarte siquiera de él. Alguien, muchos años después, me ha reprochado el no haberte preguntado por qué, pero yo esa pregunta no la hago a los seres como tú. Pertenece a tu misterio y yo amo a Machado y creo en su misterio. Pero creo también en

---

[16] María Zambrano, "Luis Cernuda", en Andrés Trapiello y Juan Manuel Bonet (eds.), *A una verdad. Luis Cernuda*, Universidad Internacional Menéndez Pelayo, Sevilla, 1988, p. 91. En el capítulo de sus *Estudios* dedicado al autor de las *Rimas*, Cernuda afirmaría lo siguiente: "La prosa de Bécquer, como su verso, busca la cadencia, no la sonoridad; la sugerencia, no la elocuencia" (II, 96).

el tuyo, como creo también en el de Emilio Prados, con quien no querías que te emparejara.[17]

El dato no deja de sorprender. A fin de cuentas, en sus ensayos Cernuda se ocupó en por lo menos tres ocasiones de la obra de Machado, y en las tres ocasiones se expresó, si bien con algunas reservas, siempre con respeto y admiración hacia el poeta.[18] Los tres ensayos, escritos en un lapso que va desde 1940 hasta 1955, coinciden en celebrar, sobre todo, al poeta de *Soledades, galerías y otros poemas*, que a Cernuda le parece un libro "prodigioso de intuición y de instinto" (I, 131). En términos más generales, atribuyen a Machado un papel fundamental en combatir los efectos (según Cernuda, nocivos) del modernismo y después, en los años 20, de la deshumanización del arte, contribuyendo así, de manera importante, a mantener viva la gran tradición de la poesía espiritual española; una tradición iniciada por Jorge Manrique y San Juan de la Cruz, y retomada siglos después por Bécquer. La única reserva que expresa Cernuda con respecto a Machado, y la expresa con mucha fuerza en los tres ensayos, tiene que ver con las ideas del autor de *Juan de Mairena* sobre la poesía popular, tópico que, como ya hemos visto, se convierte para Cernuda en una verdadera *bête noire*, sobre todo a partir de la Guerra Civil. "Que Machado no mencione a Garcilaso y en cambio se extasíe ante cualquier coplilla andaluza —llega a afirmar en sus *Estudios*— es un ejemplo extremo de los disparates en que pueden incurrir hasta las gentes más razonables y sensatas" (I, 134). Son diferencias de gusto, desde luego, pero diferencias que Cernuda considera determinantes en el valor de una obra artística. Y de hecho, según él, habría sido esta "manía folklórica" (I, 137) de Machado lo que le habría impedido convertirse en el gran poeta "espiritual" que pudo haber sido; es decir, lejos de ser una de sus principales virtudes, habría constituido "un

---

[17] María Zambrano, "Luis Cernuda", p. 91.

[18] Véase, en primer lugar, su "Antonio Machado y la actual generación de poetas", *Bulletin of Hispanic Studies*, Liverpool, núm. 67, julio de 1940. Una extensa refundición del mismo texto fue publicada por Cernuda bajo el título de "Antonio Machado", *México en la Cultura*, suplemento de *Novedades*, México, núm. 244, 22 de noviembre de 1953. Finalmente, Cernuda publicó otro ensayo con el mismo título "Antonio Machado", *México en la Cultura*, suplemento de *Novedades*, México, núm. 409, 20 de febrero de 1955. Este útimo se recoge en sus *Estudios sobre poesía española contemporánea*.

obstáculo a su desenvolvimiento efectivo" como poeta (II, 214). Aseveración que alguien como Zambrano, que siempre celebraba la vertiente "popular" de la obra de Machado, no podría haber escuchado sin protesta.[19]

Pero la protesta, por lo visto, no fue necesaria. Las conversaciones tomaron otros rumbos, de tal manera que Zambrano recordaría estos días de convivencia en La Habana como días muy felices.

A principios de febrero, Cernuda dejó La Habana más o menos decidido ya a renunciar a su puesto en Mount Holyoke. Muy poco después entregó su renuncia formal y, con los 500 dólares que se había ahorrado pero sin ningún ofrecimiento de trabajo que diera estabilidad a su vida nueva, se instaló en la ciudad de México. María Zambrano, mientras tanto, permaneció un año más en Cuba, antes de irse a vivir, acompañada siempre por su hermana Araceli, a Italia. Los dos escritores nunca más se volverían a ver. Pero por medio de una correspondencia más o menos esporádica, sí intentarían mantener el diálogo establecido en La Habana. De dicha correspondencia sólo se conservan siete cartas, todas firmadas por Cernuda; por desgracia, no se conserva ni una de las que Zambrano debe de haberle escrito al poeta. Pero aun en su estado incompleto y unilateral, el epistolario tiene indudable interés al ofrecernos la posibilidad de adentrarnos un poco más en la compleja relación que existió entre ellos.

En la primera carta que se conserva, que data de principios de marzo de 1952, se percibe todavía la cercanía que la visita de Cernuda ha propiciado. Éste le pregunta a Zambrano por su trabajo, a la vez que le habla del suyo. Se queja del choque que le ha producido su regreso a tierras sajonas ("este limbo flácido, esta tripa hueca que son los Estados Unidos"). También alude a las dificultades que ha encontrado para conseguir que le inviten a volver a Cuba a impartir un curso de verano,

---

[19] "La entereza con que el ánimo del poeta afronta la muerte —escribió Zambrano, por ejemplo, en diciembre de 1937, al reseñar *La Guerra* de Machado—, le permite afrontar *cara a cara* a su pueblo, cosa que sólo un hombre en su entereza puede hacer. Porque es la verdad la que le une a su pueblo, la verdad de esta hombría profunda que es la razón última de nuestra lucha. Y en ella, pueblo y poeta son íntimamente hermanos." Zambrano, "*La guerra*, de Antonio Machado", *Hora de España*, Valencia, núm. XII, diciembre de 1937; recogido en Zambrano, *Senderos*, Anthropos, Barcelona, 1986, p. 69. Desde entonces, claro está, Zambrano había centrado su atención en aspectos más estrictamente filosóficos de la obra de Machado; sin embargo, no hay nada que indique que hubiera llegado a arrepentirse tampoco de esta valoración inicial.

proyecto al cual se verá obligado a renunciar por completo poco tiempo después. Sin embargo, el tema más relevante de la carta es, sin duda, el de la próxima publicación en España, en la revista *Ínsula*, de un texto de María Zambrano, publicación promovida por el propio Cernuda un par de meses antes. El 11 de enero, en carta escrita desde La Habana, Cernuda le había enviado las siguientes líneas al entonces secretario de *Ínsula*, José Luis Cano:

> No sé si tú conociste, antes del diluvio, a María Zambrano. [...] Me ha dejado algunos trabajos inéditos recientes (que tal vez le publique, traducidos, Gallimard) y tiene unas páginas, "Algo divino en el hombre: el amor", que me parecen magníficas. ¿Tú crees que *Ínsula* querría publicar ese pequeño ensayo en uno de sus números? María, que sabe que yo hago esta petición, no quiere enviar sus cuartillas sin una petición vuestra. Si en principio te interesa mi propuesta, escríbeme a mí, que yo daría tu carta a María. Pero ya sabes que, si os interesa, en principio, publicar ese ensayo, debe salir, en atención a la importancia que creo que tiene, en la primera página.[20]

Ante la respuesta favorable de Cano, a finales de enero Cernuda había mandado el ensayo a Madrid. Y ahora, en su carta de principios de marzo, le comunica a la autora la noticia de que efectivamente aparecerá en un próximo número de *Ínsula*. (Cernuda sugiere que tal vez tardará algo en aparecer, pero en realidad la demora fue mínima: el texto, bajo el título de "Dos fragmentos sobre el amor", salió publicado en el número correspondiente a ese mismo mes de marzo.)[21] Se trataba de un acontecimiento de cierta importancia en la carrera de Zambrano, puesto que era el primer texto suyo que apareciera publicado en España después de la guerra. Por otra parte, el episodio interesa también por la importancia excepcional (y finalmente algo inesperada) que Cernuda atribuía a este ensayo de Zambrano; él, siempre tan renuente a formular elogios, aun cuando se tratara de obras escritas por personas muy cercanas a él.

Como indica el título primitivo del texto, el ensayo constituye una apasionada reivindicación del amor *divino* en un mundo, como el ac-

---

[20] De una carta de Cernuda a Cano fechada el 11 de enero de 1952. En *Epistolario del 27*, pp. 98-99. Para los recuerdos de la propia Zambrano sobre este episodio, véase el ya citado artículo de Cano, "Luis Cernuda y María Zambrano", pp. 31-32.

[21] María Zambrano, "Dos fragmentos sobre el amor", *Ínsula*, Madrid, núm. 75, marzo de 1952, pp. 1, 4. Dada la brevedad del texto, no creo necesario identificar las citas que en adelante se harán de él.

tual, en que dicho amor parece haber quedado marginado, sustituido, según la autora, por un concepto totalmente ilusorio de la libertad humana. Para ella, la libertad sin el amor es una libertad negativa:

> De nuevo el hombre se ha encadenado a la necesidad, más ahora por decisión propia y en nombre de la libertad. Ha renunciado al amor en provecho del ejercicio de una función orgánica, ha cambiado sus pasiones por complejos. Porque no quiere aceptar la herencia divina creyendo librarse por ello del sufrimiento, de la pasión que todo lo divino sufre entre nosotros y en nosotros.

El amor, desde luego, también ocupa un lugar central en la obra de Cernuda; aunque, como han señalado los críticos, el tratamiento de dicho tema sufre una evolución importante con el paso del tiempo. Si bien en libros tempranos como *Los placeres prohibidos* (1931) la pasión celebrada por el poeta había sido de signo plenamente humano, y hasta "maldito", en poemas escritos en su exilio inglés Cernuda se había acercado, al contrario, a una visión trascendente del amor, similar en apariencia a la que defiende Zambrano en sus "fragmentos". En el primero de los "Cuatro poemas a una sombra", serie tal vez inspirada, en parte, en los *Cuatro cuartetos* de T. S. Eliot, encontramos, por ejemplo, versos de este tenor:

> El amor nace en los ojos,
> Adonde tú, perdidamente,
> Tiemblas de hallarle aún desconocido,
> Sonriente, exigiendo;
> La mirada es quien crea,
> Por el amor, el mundo,
> Y el amor quien percibe,
> Dentro del hombre oscuro, el ser divino,
> Criatura de luz entonces viva
> En los ojos que ven y que comprenden.

O también estos otros, con los que el mismo poema termina:

> Como la copa llena,
> Cuando sin apurarla es derramada
> Con un gesto seguro de la mano,
> Tu fe despierta y tu fervor despierto,

Enamorado irías a la muerte,
Cayendo así, ¿ello es muerte o caída?,
Mientras contemplas, ya a la aurora,
El azul puro y hondo de esos ojos,
Porque siempre la noche
Con tu amor se ilumine. (I, 384-6)

Después de leer estos versos (y los ejemplos podrían multiplicarse), resulta entendible la admiración que Cernuda expresa por el texto de su amiga. Para el poeta también, "el amor trasciende siempre, es el agente de toda trascendencia". Y, sin embargo, la emoción que estos fragmentos le producen no deja de extrañar. En primer lugar, aunque Cernuda celebra el "ser divino" que el amor le permite descubrir y contemplar, el hecho es que en su poesía el objeto de la contemplación, por muy "divinizado" que se presente, no deja de ser una criatura de este mundo: es decir, Cernuda utiliza un lenguaje religioso (y a veces místico) para expresar una experiencia que, a pesar de su carácter idealizado, a fin de cuentas no pretende ser más que humana. Zambrano, al contrario, si celebra lo que en el amor humano puede haber de divino, no es porque le atraiga especialmente la hermosura humana, sino, al contrario, porque le interesa ir en busca de esa "otra vida que se nos aparece como la vida de verdad".[22]

En consonancia con esta diferencia en el sentido último de sus respectivas aspiraciones espirituales, hay que señalar también que el papel que Cernuda se atribuye en cuanto poeta y amante es mucho más activo, más voluntarioso, que el que Zambrano le atribuye al amante en

---

[22] Si bien durante sus años de residencia en países sajones, y seguramente bajo la influencia de T.S. Eliot, Cernuda había hecho esfuerzos esporádicos por reconciliar "la divinidad hebraico-cristiana con la hermosura greco-pagana" (I, 610), su vuelta al mundo hispánico tuvo entre otras repercusiones la de una reafirmación de su "helenismo". Así, a partir de los años cincuenta, para encontrar un modelo para la concepción que Cernuda tenía del papel creativo del amor, no habría que acudir a ningún mártir de la fe consumado por las llamas del sacrificio, sino, al contrario, a alguien de trayectoria tan armoniosa y serena como Goethe, un poeta, en efecto, muy admirado por Cernuda, pero, como se sabe, vapuleado por Zambrano precisamente por el delito de no haber "pagado prenda". Para sus opuestos puntos de vista sobre el romántico alemán, véanse, de Zambrano, su "Carta abierta a Alfonso Reyes", *El Nacional*, Caracas, 23 de septiembre de 1954; y, de Cernuda, su ensayo de 1960 sobre "Goethe y Mr Eliot" (II, 759-767). Para consultar el texto de la carta, véase el trabajo de Anthony Stanton sobre la correspondencia entre María Zambrano y Alfonso Reyes en este mismo volumen.

sus fragmentos. Como se puede apreciar al leer los versos que acabamos de citar, para Cernuda es la mirada del poeta, convertido éste en un pequeño dios, quien, por el amor, crea el mundo; es decir, lejos de sacrificar su individualidad en aras del principio trascendente, como quiere Zambrano, Cernuda finalmente integra lo divino a su propia condición. Apoyado en sus propios recursos intelectuales, es el poeta quien crea, y no Dios ni ninguna fuerza exterior o superior a él.[23] La diferencia entre una poética y otra es muy grande, tan grande que hace que las dos posturas sean, en realidad, enemigas entre sí. Porque, como afirma Zambrano en su ensayo: "Absorber totalmente a lo divino es una forma de querer librarse de ello."

Finalmente, y como correlato de estos dos puntos anteriores, habría que reconocer que, a pesar de todo, Cernuda estaba muy lejos de tener una fe en lo divino tan estable y tan firme como la tenía Zambrano. En el segundo de sus dos fragmentos la filósofa se ocupa de la experiencia de desengaño que ella considera como parte indispensable del proceso amoroso: "todo el que lleva en sí una brizna de este amor —señala— descubre algún día el vacío de las cosas y en ellas, porque tal cosa y todo ser que conocemos aspira a más de lo que realmente es". Idea ésta con la cual Cernuda, el poeta del desengaño amoroso por antonomasia, habría estado plenamente de acuerdo. Donde Cernuda discrepa, desde luego, es en su reacción ante la presencia de este vacío. Apoyándose en el carácter divino del amor mismo, así como en la esperanza que éste le depara, Zambrano asevera que el engaño, en realidad, no existe como tal: "pues aquello que se ha amado, lo que en verdad se amaba, cuando se amaba, es verdad. Es la verdad, aunque no esté enteramente realizada y a salvo; la verdad que espera en el futuro". La reacción de Cernuda, en cambio, es mucho más vacilante. Si bien en sus "Cuatro poemas a una sombra", por ejemplo, escribe para dar no sólo futuro, sino perennidad a su percepción de esta verdad trascendente, lo más característico en él es, al contrario, su lamento ante la imposibilidad de fijar esta percepción en el mundo material.

---

[23] Ésta sería la razón de fondo de muchas de sus divergencias con Zambrano, entre ellas, sus ya mencionadas discrepancias acerca de la poesía popular. Porque, como Cernuda habría de escribir en 1960: "No es en el remedo de una poesía supuestamente 'popular' donde el poeta puede hallar la norma para su propia poesía, sino en el conocimiento cabal que obtenga de sí, de sus medios, recursos y posibilidades; es decir, no yendo a lo externo, sino a lo más profundo de sí mismo" (II, 771).

"La realidad es un espejismo —resume de manera tajante en sus conocidas 'Palabras antes de una lectura'— y lo único cierto mi propio deseo de poseerla" (II, 602). En este texto teórico Cernuda cita a Fichte y, en efecto, su concepto del amor finalmente lo encierra, como al sujeto del conocimiento fichteano, en un solipsismo total, carente de esa fe que da permanencia y fijeza a la visión de Zambrano. Víctima de un espejismo constante, el único camino que le queda al poeta, como él mismo señala, consiste en asumir el fracaso con orgullo, reconociéndolo como parte indisoluble de la vida: "Esa raíz estética es la que le permite, aun en las peores horas, cuando todo parece confabularse contra él, que siempre le quede, cuando menos, la embriaguez dramática de la derrota" (II, 603).

Atracción y rechazo: éstos son los términos de la vacilante relación del poeta no sólo con el mundo fenomenológico, sino también con los principios trascendentales que rigen la vida del espíritu. El poeta se siente atraído por toda realidad en la que se perciba algún eco, por muy lejano que sea, de lo divino; pero puesto que las criaturas en que lo divino parece encarnarse son seres temporales, toda aparición resulta efímera: y una vez desaparecido el ser que provocó el deseo, lo divino también se pierde... Creo que es sólo teniendo presente la existencia de esta radical ambigüedad ante el problema de la trascendencia estética como se pueden entender las paradojas que caracterizan la relación de Cernuda con Zambrano. Entender, por ejemplo, el que, a pesar de sentirse maravillado ante las "magníficas" páginas que la filósofa ha escrito sobre el amor, Cernuda, en su carta de marzo de 1952, haya rechazado el consuelo espiritual que Zambrano, seguramente repitiendo conceptos parecidos a aquéllos expresados en su ensayo, ha querido extenderle al enterarse del estado de depresión en que el poeta se encuentra tras su regreso a Nueva Inglaterra:

No, María, no trates de consolarme con reflexiones como aquella que citas. Por bien o por mal, me he vuelto (como diría el cafre de don Marcelino M[enéndez] y P[elayo]) de "un grosero materialismo". Para mí no hay más que este mundo, y si aquí van mal las cosas, no hay nada que decir. Estoy aburrido de haber hecho el "clown" asceta.

La fe en ese "algo divino" que tanto le había llamado la atención al leer los fragmentos de su amiga, carece de repente de todo sentido para él ante la dura realidad de Mount Holyoke.

La segunda carta que se conserva data del 16 de noviembre de 1952 y fue escrita apenas unos días después de la llegada de Cernuda a la ciudad de México. Parece que la comunicación entre los dos se había interrumpido desde el mes de marzo, debido a la crisis que vivía entonces Cernuda, precisamente a raíz de su regreso a Estados Unidos. Apenado por su largo silencio, pero orgulloso de haber tomado la decisión valiente de renunciar a la vida fría y enajenante de Mount Holyoke, Cernuda les escribe a las dos hermanas para retomar el diálogo. Es una carta cálida y (para lo que Cernuda acostumbraba) hasta efusiva: "No me guardéis animosidad por mi silencio. Escribidme pronto. Soy en extremo dichoso en estos días. Unas palabras vuestras ahora recibirían el mejor fondo, el más predispuesto a la resonancia afectuosa." El poeta no lo confiesa, pero la dicha que vive en esos momentos se debe no sólo al cambio de aires, sino también, y sobre todo, a su reencuentro con Salvador, el joven culturista de quien se había enamorado en su viaje a México del año anterior.

En esta segunda carta Cernuda se muestra muy interesado en mantener la comunicación; sin embargo, la correspondencia de repente se interrumpe. Es posible que se hayan perdido cartas que daten de esta misma época. Pero también es posible que a Cernuda el ritmo de su nueva vida le haya quitado tiempo y ánimos para seguir manteniendo una correspondencia más nutrida. La marcha de las Zambrano a Roma tampoco habría hecho mucho por promover el diálogo. Sea como sea, de los diez años que van de 1952 a 1962 se conservan tan sólo dos cartas. La primera, fechada en mayo de 1955, es apenas una breve nota en la que Cernuda le pide a Zambrano que actúe de mensajero entre la pareja formada por el pintor mexicano Juan Soriano y el escritor español Diego de Mesa, figuras ambas que Cernuda, por lo visto, ha tratado en México y quienes habrán de convertirse igualmente en amigos muy cercanos de la filósofa durante su estancia en Roma.[24] La otra carta de este periodo data de octubre de 1959 y versa primordialmente sobre los disgustos que le está trayendo a Cernuda su decisión de emprender la edi-

---

[24] Zambrano evocaría la figura de Diego de Mesa en un ensayo escrito con motivo de la muerte de Jaime Gil de Biedma, "Jaime en Roma", *Culturas*, suplemento de *Diario 16*, Madrid, núm. 253, 21 de abril de 1990; recogido por Mercedes Gómez Blesa en su edición de Zambrano, *Las palabras del regreso (Artículos periodísticos, 1985-1990)*, Amarú, Salamanca, 1995, pp. 197-199.

ción de las *Poesías completas* de su gran amigo Manuel Altolaguirre, recién fallecido en España, en un accidente automovilístico.

Las otras tres cartas que conforman este breve epistolario datan de la estancia de Cernuda como profesor visitante en la Universidad de California en Los Ángeles (1962-1963). Esta visita, al igual que otra estancia el año anterior como profesor en el State College de San Francisco (1961-1962), así como un brevísimo viaje inicial a Los Ángeles realizado en el verano de 1960, fueron propiciados por Carlos Otero, un joven profesor de la Universidad de California que había escrito su tesis de doctorado sobre la poesía de Cernuda. Si bien los primeros viajes le habían sentado bien al poeta (en San Francisco escribió los últimos poemas de su última colección, *Desolación de la Quimera*), esta tercera estancia no tardó en fastidiarlo, tal y como dejan en evidencia estas cartas finales a su amiga Zambrano. Su pequeño departamento, situado a un paso del Pacífico, debió animarlo mucho. Y, sin embargo, la comodidad material poco pudo, por lo visto, frente a los numerosos conflictos que fueron surgiendo. Por un lado, se desesperaba de la informalidad de los editores de sus libros, como se ve al leer, por ejemplo, sus constantes quejas acerca de la imposibilidad de conseguir un ejemplar de una antología de su poesía, en versión italiana, recién aparecida en Milán. Por otro (y éste fue sin duda el agravante mayor), Cernuda parece haber sufrido grandes y frecuentes disgustos en su trabajo universitario. "Para no hablar mucho sobre estos puntos —le escribe a Zambrano—, te diré que muy recientemente he sentido adensarse en torno mío la mala fe, la antipatía y el odio de no pocos... No te extrañará si concluyo diciendo que en junio vuelvo a México y no regreso aquí." Esta carta fue escrita en febrero de 1963; en junio Cernuda, en efecto, volvió a México, donde murió poco después, de un infarto.

La impresión que deja la lectura no sólo de las cartas finales, sino del conjunto de este breve epistolario es, en fin, la de un progresivo hundimiento espiritual. Hay momentos en que el poeta hace un esfuerzo por sobreponerse a su estado de depresión, pero parece que cada vez le cuesta más trabajo hacerlo. De las cartas que se conservan se deduce que a lo largo de la correspondencia María Zambrano ha intentado consolarlo con palabras reconfortantes que el poeta una y otra vez rechaza. Así, lo que había dicho en marzo de 1952, en la primera carta que se conserva: "No, María, no trates de consolarme con reflexiones como aquella que citas...", se repite, con unas ligeras variaciones, en la carta que le escribe unos once años más tarde, en febrero de 1963: "Recibí tu carta del 16 pasado, que te agradezco y me hace bien. Pero creo que no merezco lo que piensas de mí. No soy persona tan buena y amada por los demás como tú crees." Lejos de permitir que nadie le ayude a sobreponerse, se deja llevar por un sentimiento de fatalidad, por un extraño desfallecimiento de la voluntad propia que, en otra carta (del 23 de septiembre de 1962), él mismo llama "esa sensación de que las cosas nuestras no nos dependen, sino que flotan en manos de, quien sea, destino o Dios, idea consoladora y desoladora a un tiempo. Uno no reina ni siquiera gobierna en su vida". Actitud fatalista que no sólo va en contra de los principios que rigen la vida espiritual de María Zambrano, sino que además vuelven inútil cualquier intento por parte de ella por establecer un diálogo basado en dichos principios. "Te quise convencer de que eras amado, entendido —recordaría la filósofa años después—, pero tú no querías serlo. Querías como Lucrecio que te dejaran beber la amarga medicina, sabiendo que era amarga, apurando la copa de la amargura."[25]

Para terminar, debo referirme al texto que escribió María Zambrano para encabezar la selección de poemas de Cernuda que se publicó, en italiano, en la antología que preparó Elena Croce de *Poeti del novecenti italiani e stranieri* (Einaudi, Turín, 1960); texto breve que fue reproducido, dos años más tarde, en el importante homenaje que se le rindió a Cernuda en la revista valenciana *La Caña Gris*. Cernuda no alude a este texto en ninguna de las cartas a Zambrano que se conservan, pero el interés del mismo resulta evidente, en cuanto constituye el último testimonio en vida del poeta de la gran admiración que ella sentía por su obra. Según esta valoración, la poesía de Cernuda le parecía una poesía romántica protagonizada por el deseo ("lo más ilimitado de lo humano, lo más devorador"); pero también una poesía en que, gracias a la transparencia y la firmeza del lenguaje, se creaba una sola línea clara y nítida, de la mejor tradición clásica:

Y así, la poesía se hace ella misma, ella a solas. Aparece inconmovible y temblando, según número y medida. Cadencia que el aire arranca de la

---

[25] Zambrano, "Luis Cernuda", p. 91.

realidad inalcanzable. Gemido y llanto que se resuelven al fin en palabra. Canto del deseo; el canto más antiguo, enigmático, de la vida en su permanente alborear.[26]

Había otros poetas, también contemporáneos suyos, como Emilio Prados y José Bergamín, a quienes Zambrano sentía espiritualmente más afines. Poetas cuya obra se sostenía no sólo en el "permanente alborear" del deseo, sino también, y sobre todo, en una sumisión más completa a un orden espiritual exterior o superior a él. Sin embargo, como dejó ver en estas líneas, su admiración por la obra de Cernuda fue inmensa. A pesar de las muchas divergencias ideológicas y estéticas que la separaban del poeta sevillano, Zambrano nunca pudo resistirse a la cadencia tan contundente y tan seductora que caracteriza su verso; una cadencia arrancada, en efecto, de una realidad, para él si bien no tanto para ella, "inalcanzable".[27]

SIETE CARTAS DE LUIS CERNUDA

1. A María y Araceli Zambrano

Mount Holyoke College,
South Hadley, Mass.

Marzo 12, 195[2]

Mis queridas María y Araceli,
Al no corresponder a mi envío de una foto mía con otra vuestra, me habéis dejado bastante mal.
Supongo, María, que tendrás a esta fecha carta de José Luis Cano, acerca del ensayo. En la última carta que tengo de él, me dice "Hoy es-

[26] María Zambrano, "La poesía de Luis Cernuda", pp. 15-16.
[27] A continuación se reproducen las siete cartas de Cernuda a Zambrano con las que se cuenta en la actualidad. Los manuscritos originales se conservan en Vélez-Málaga, en el archivo de la Fundación María Zambrano. Mi agradecimiento a Ángel Yanguas Cernuda por su generosidad al autorizar la publicación de estos textos, así como al Consejo Directivo de la Fundación María Zambrano por su gentileza en facilitarme fotocopias de los mismos. Por su ayuda imprescindible en la preparación de este trabajo, mi más sincero reconocimiento a Joel Caraso.

cribo a María Zambrano, comunicándole la publicación de su ensayo, que me ha gustado mucho. Irá en primera página y probablemente en el número de marzo".

Ahora bien, los "posiblemente" de *Ínsula* dejan tanto que desear como el de Leibniz acerca de este mundo, y a mí me publicaron un trabajo con seis meses de retraso, encima de dos de posibilidad.

Cómo debe estar nuestra cara (¡carísima!) tierra, lo deduzco por *Ínsula*. Según dicen, es la única publicación de independencia intelectual que allá se publica. Pues bien, me acaban de escribir que si quiero que me publiquen una colección de estudios literarios, que me pidieron ellos mismos, debo suprimir dos trabajos; uno porque puede molestar a Dámaso Alonso, y otro porque puede molestar a un tal A. del Río. ¿Qué os parece de la libertad intelectual de *Ínsula*?[28]

No, María, no trates de consolarme con reflexiones como aquella que citas. Por bien o por mal, me he vuelto (como diría el cafre de don Marcelino M[enéndez] y P[elayo]) de "un grosero materialismo". Para mí no hay más que este mundo, y si aquí van mal las cosas, no hay nada que decir. Estoy aburrido de haber hecho el "clown" asceta.

Me alegro del éxito de tu nuevo curso, y de tu ánimo para el trabajo. ¿Cómo va lo de Don Felipe? No te leí el otro poema sobre Don Felipe, "Águila y Rosa", que tengo inédito; Don Felipe, rey consorte de Inglaterra, tema que fue mi obsesión desde hace bastantes años. ¿Conoces el poemillo "Ay, Dios de mi tierra, / Sácame de aquí, / Que la Inglaterra, / Ya no es para mí"?[29]

De mi curso de verano en Cuba, nada. Me escribieron que ya era tarde. Así que, si no hay remedio, aunque me vaya a México en junio, tendré que volver aquí en septiembre. Toda la hiel del mundo no es tan amarga como esa necesidad mía de volver aquí. El horror que me ins-

---

[28] Por lo visto, Cernuda había enviado a los directores de *Ínsula* una primera versión de su libro *Poesía y literatura*, que entonces incluía los dos textos polémicos a los que alude aquí: una "Carta abierta a Dámaso Alonso" en la que responde a un artículo del propio Alonso sobre "Una generación poética", y un "diálogo ejemplar" titulado "El crítico, el poeta y el amigo", en que defiende su primer libro de poemas, *Perfil del aire*, de ciertos lugares comunes de la crítica literaria. Al publicar el volumen en 1960 (Barcelona, Seix Barral), dejará fuera el primero de los dos textos.

[29] Su "obsesión" por el tema lo llevó a escribir una trilogía de poemas relacionados directa o indirectamente con la figura del rey Felipe II: "Ruiseñor sobre la piedra", "Silla del rey", y "Águila y rosa", poemas recogidos en *Las Nubes, Como quien espera el alba* y *Vivir sin estar viviendo*, respectivamente.

pira todo esto es indecible.

Mi estancia en México y en Cuba se va convirtiendo en irrealidad, y este limbo flácido, esta tripa hueca que son los Estados Unidos, tapa y borra el mundo maravilloso de por ahí fuera.

Un abrazo de

Luis

Sara [Hernández Catá] no ha respondido una palabra a dos cartas que le envié.[30]

2. A María y Araceli Zambrano

[*Membrete*:]
Hotel Genève
7ª de Londres 130
Mexico City
Mexico

16 noviembre [1952]

Mis queridas María y Araceli:

Más de una vez en todos estos meses os he escrito una carta que luego rompí sin enviarla: Que os he recordado constantemente no necesito decíroslo. Pero mis planes inciertos, la perspectiva de los Estados Unidos, me ensombrecían de tal modo que mis cartas resultaban indecorosas. Hay que mostrar a los amigos un lado menos deprimente de nuestra vida. De ahí mi silencio.

Me he ido de Estados Unidos, para no volver. El jueves 13 volví a México con unos pocos dólares que pueden durar cinco meses quizá. ¿Luego? No sé. Con todos mis defectos, inconvenientes y fallas, tengo

---

[30] Sara Hernández Catá era una amiga cubana de María Zambrano que parece haber tratado también a Cernuda durante la visita que éste hiciera a La Habana. En las primeras cartas que envía a Cano desde La Habana, Cernuda pone como señas el domicilio de Sara Hernández Catá; a partir del 25 enero de 1952, las de María Zambrano.

la excelente cualidad, adquirida y madurada en años tardíos, de poder vivir el momento presente de dicha plena y enteramente, sin pensar en lo que luego venga.

Mi libro de México se imprime ya, y dicen que estará acabado el mes próximo. La traducción de Shakespeare va a publicarse en Madrid con dinero británico; los editores nuestros compatriotas no quisieron arriesgar su dinero en la empresa.[31]

María querida de mi alma, cómo os recuerdo y con cuánto afecto. ¿Por qué los pocos amigos verdaderos que yo tengo tienen que estar dispersos?

María, no sé si Concha Albornoz te ha escrito. Ella quería decirte si te interesaría ocupar el puesto que yo tenía en Mount Holyoke; claro que ni ella ni yo creemos, caso que te decidieras a la empresa, que quisieras estar allí más de un año. Ello sería para el año próximo. El sueldo son unos 4000 dólares. En tus circunstancias, sin aludir a tus probables antipatías hacia el país y el ambiente, no me figuro que te convenga dejar lo que ahora tienes ahí, por muy desagradable que esa situación sea.

No me guardéis animosidad por mi silencio. Escribidme pronto. Soy en extremo dichoso en estos días. Unas palabras vuestras ahora recibirían el mejor fondo, el más predispuesto a la resonancia afectuosa. (En cuanto uno quiere decir sinceramente algo íntimo de nuestros sentimientos lo dice mal. Perdonadme.) Un abrazo

Luis

---

[31] Los dos libros son *Variaciones sobre tema mexicano*, Porrúa y Obregón, México, 1952, Colección "México y lo Mexicano", y *Troilo y Crésida*, de William Shakespeare, Ínsula, Madrid, 1953.

3. A María Zambrano

Tres Cruces 11,
Coyoacán,
México, D.F.

Mayo 15, 1955

Querida María:

Hace unos días me pidió Soriano que enviase a Diego de Mesa esa nota biográfica que aquí te adjunto, ya que no conozco la dirección de Diego de Mesa ni he podido comunicarme con Soriano. Te ruego des la nota esa a Diego de Mesa y le enteres de mi dirección. Gracias.

Cuando Diego se marchaba a Roma pensé darle unas líneas para ti, pero a última hora no le vi. Me dijo que pensabas con gusto en la posibilidad de venirte aquí, lo cual me sorprendió un poco, porque recuerdo tus historias sobre Morelia. De todos modos me gustaría mucho si te decides y vienes por México.[32]

¿Cómo te va? ¿Escribes mucho? Me dicen que la Fonda de Incultura Expensiva (Fondo de Cultura Económica, por mal nombre; lo de la Fonda se debe a un norteamericano que conozco, que equivoca indefectiblemente los géneros, el resto es mío) se decide a publicar algo tuyo. Es un *tour de force*, porque no editan sino traducciones.[33]

Escríbeme alguna vez. Perdona si no te hablo de más cosas. Se me olvidaba: doy un curso sobre Literatura Francesa en la Universidad; aunque sea en sustitución de un mequetrefe que anda por esos mundos; y cuando digo mequetrefe me quedo bien corto.

Tuve ayer noticias de Concha Albornoz, quien me entera de que le has escrito.

Muchos recuerdos a Araceli.

Un abrazo

Luis

---

[32] Para más datos sobre la difícil estancia de Zambrano en Morelia, véase, en este mismo volumen, el trabajo de Anthony Stanton en donde se recoge la correspondencia de la filósofa con Alfonso Reyes.

[33] Alusión, sin duda, a su libro *El hombre y lo divino*, Fondo de Cultura Económica, México, 1955.

4. A María Zambrano

Tres Cruces 11,
Coyoacán,
México, D.F.

Octubre 11, 1959

Querida María:

Esa carta a que te refieres, escrita después de regresar a Roma, no la recibí; tu carta última, anterior a ésta del 6 de noviembre, era una inmediata a tu viaje a Ginebra, a la cual te respondí en seguida.

Me alegra que te fuera simpático Sebastian Kerr. Como sabes, no lo conozco personalmente, sino por correspondencia. Me parece también simpático y de trato agradable, a juzgar por sus cartas. Ahora vive en París, trabajando en las Otas [sic] (sea lo que sea eso); a juzgar por su carta más reciente, no halla en París, que por lo demás ya conocía, lo que esperaba. Le di el nombre y la dirección de Octavio Paz, pero hasta ahora no creo que lo haya visitado. Me escribió que, en uno de sus viajes anteriores, le telefoneó y que Paz conoce a sus padres; creo que el padre de Kerr ha muerto y sólo vive su madre.[34]

Ordené y preparé la edición de Poesías Completas de Manolo Altolaguirre para el Fondo, y que éste había aceptado hace dos años. Por una de esas manías que le poseían, no quiso ocuparse de la publicación de sus versos, que ya estaban aceptados por el Fondo; así que yo (que siempre creía que él me sobreviviría) le he hecho el servicio que esperaba que él tendría que hacerme alguna vez. Dado el desorden y lo incompleto de sus papeles, el servicio no ha sido nada fácil; nadie pensó en hacérselo hasta que yo lo comencé, y no tienes idea de la cantidad de chismes y de necedad que me han salido al paso, por parte de Prados y de otros como él, que están en España. Y eso que es cosa anónima, donde nada redunda en mi provecho ni beneficio, como es natural.[35]

---

[34] Se trata de Sebastian Kerr, un joven de ascendencia escocesa por el lado de su padre y ucraniana por el lado de su madre, que trabajaba entonces como intérprete de la OTAN. Para más datos sobre esta figura, véase la primera nota de la carta 15 de la correspondencia de Zambrano con Prados, editada en este mismo volumen por Francisco Chica.

[35] Algunos de los muchos problemas textuales que enfrentó Cernuda a la hora de preparar su edición de las *Poesías completas* de Altolaguirre encuentran eco en su correspondencia con

Por lo que entreveo en tu carta, tu situación sigue siendo la misma. Lo siento como ya puedes suponer, y con la experiencia que poseo de mi situación personal, lo comprendo, y comparto tu cansancio y fastidio.

Me alegra mucho la noticia de ese trabajo sobre *Misericordia*, y como recuerdo aquel otro que ya publicaste sobre el mismo libro hace años, espero a leerlo con tanto interés como impaciencia.[36]

Ya creo que te dije en mi carta anterior que Seix y Barral tiene un libro mío para publicar; lo malo es que la censura no acaba de enviar su "dictamen" sobre el mismo, y el libro, compuesto y paginado, sólo se demora por eso.[37] A pesar de la censura, y de que nuestros paisanos son bastante obtusos, como ya sabes, me parece preferible publicarlo allí que aquí, donde la gente prefiere callar a decir nada sobre mis libros. Es verdad que Paz escribió algo que me parece, aparte de halagador, en extremo, inteligente, de una inteligencia rara.[38]

Un abrazo

Luis

Afectos a Araceli.
Concha Méndez sí recibió tu carta. La recuerdo que responda a ella, no sé con cuánta posibilidad de éxito.

Bernabé Fernández-Canivell. Dichas cartas se recogen en el *Epistolario inédito* de Cernuda, Diputación Provincial de Sevilla, Sevilla, 1981, pp. 25-63. Para un resumen de las decisiones tomadas por Cernuda con el fin de resolver dichos problemas, véase el prólogo a mi edición de la *Poesía* de Altolaguirre, incluido en el tercer tomo de sus *Obras completas*, Istmo, Madrid, 1992, pp. 9-40.

[36] Zambrano había escrito por primera vez sobre esta novela de Galdós en su ensayo "Misericordia", *Hora de España*, Barcelona, núm. XXI, septiembre de 1938, pp. 29-52. Vuelve a ocuparse de ella tanto en *La España de Galdós*, Taurus, Madrid, 1960, como en *España, sueño y verdad*, Edhasa, Barcelona, 1965.

[37] Se trata del volumen ya mencionado, *Poesía y literatura*, que finalmente saldría publicado por Seix Barral, en versión algo censurada, en 1960.

[38] Octavio Paz, "Andando el tiempo", *Claridades Literarias*, México, núm. 2, 7 de mayo de 1959, p. 22. Se trata de un breve pero lúcido comentario sobre la tercera edición de *La realidad y el deseo*, que acababa de aparecer en México, publicada por el Fondo de Cultura Económica. La nota fue recogida por Paz bajo el título de "Apuntes sobre *La realidad y el deseo*", *Corriente alterna*, Siglo XXI, México, 1967, pp. 11-16.

5. *A María Zambrano*

Spanish Department
UCLA
Los Angeles 24, Calif.

Septiembre 23, 1962

Querida María:

Perdona mi detonación contra Prados de mi última carta. Siento la pena que te he causado.

Ya envié a Lerici la foto y el autógrafo y a estas fechas debe tener ambas cosas en su poder. Advertí a Tentori, al mismo tiempo, del envío. Así que debe suponerse todo marcha como sobre ruedas. Entonces, ¿aparecerá el libro en octubre? El libro de México debe aparecer para octubre.[39]

Me alegrará que así sea, ya que me conviene, parece, en esta universidad, publicar cosas. No me desentiendo de tal prejuicio, porque hasta ahora estoy muy satisfecho de estar aquí. El lugar es atractivo, el apartamento que hallé, da sobre el mar (no hay sino cruzar la avenida y baja uno a la playa), se ven innumerables palmeras desde mi ventana y el sol luce con frecuencia. Pienso, terminada mi carta, ir a la playa.

En una palabra: muchas cosas que deseé de joven parezco alcanzarlas de viejo (el 21 cumplí, horror, los sesenta). Lo que recelo es que todo se desvanezca pronto. En fin, confiemos.

Del señor cuyo nombre me indicas en tus dos cartas últimas subraya un buen amigo español cuyo nombre no sé si conoces, Carlos Otero, profesor en este departamento (vivimos en esa misma avenida que menciono arriba, a bien poca distancia), que sí es persona importante. Gracias por mencionarle mi persona y mi trabajo.

De todo corazón te agradezco las buenas cosas que dices de mí. De lo de nuestra tierra, no sé qué pasará; en todo caso, no pienso en volver ya allá. Me he vuelto (no sé si decir: me volvieron nuestros paisanos) un extraño. En los versos de la colección a publicarse hallarás referen-

---

[39] Alusión a *Poesia*, traduzione, introduzione biobibliografica a cura di Franceso Tentori Montalto, Lerici, Milán, 1962, y *Desolación de la Quimera*, Joaquín Mortiz, México, 1962, respectivamente.

cias y juicios que te aclararán las palabras cortas y confusas que ahora digo.[40]

Me siento a estas alturas aún más, como inerme, en manos del destino, por no decir en manos de Dios. Como el momento actual parece para mí, aparte la convicción entera de que ya y sin paliativa me llegó la vejez (convicción amarga entre todas), es muy amable, esa sensación de que las cosas nuestras no nos dependen, sino que flotan en manos de, quien sea, destino o Dios, idea consoladora y desoladora a un tiempo. Uno no reina ni siquiera gobierna en su vida.

Hasta cuando quieras, María. Un abrazo

Luis

Afectos a Araceli.

6. A María Zambrano

Spanish Department
UCLA
Los Angeles 24, Calif.

Febrero 13, 1963

Querida María:

Como el señor Lerici, editor de la traducción de mis versos hecha ahí, no responde a ninguna de mis cartas ni me envía el libro, pedí al traductor, señor Tentori, me dijera el precio en liras del ejemplar, más el del envío certificado ordinario del mismo, para enviarle yo equivalente en dólares, y comprar el libro y enviármelo él. Todo lo que responde es darme la dirección de Jorge Guillén (!), con quien no tengo,

---

[40] Es posible que Cernuda tenga en mente poemas como "Díptico español", "Peregrino" y "A sus paisanos", todos recogidos en su última colección, *Desolación de la Quimera*. La idea de regresar a España se había convertido en tema candente, para Zambrano si no para Cernuda, a raíz de la vuelta a España de José Bergamín. De hecho, es uno de los temas centrales de la correspondencia entre Bergamín y Zambrano que Nigel Dennis recoge en otro capítulo de este libro.

ni deseo tener, relación.[41] Y eso que Tentori me pidió "prestados" cuantos libros míos se le antojó demandar "prestados".

Por eso te envío cheque adjunto de 10 dólares, confiando que el total baste para que me compres ejemplar del dichoso librito y me lo envíes certificado ordinario. Siento en extremo molestarte, pero ya ves que no hay manera de que vea mi libro. Sé muy bien tus dificultades económicas; así que si el precio de mi encargo no quedara cubierto con el cheque, dime sinceramente lo que falta del todo, que te lo enviaría seguidamente. Muchas disculpas por mi atrevimiento y muchas gracias.

Recibí tu carta del 16 pasado, que te agradezco y me hace bien. Pero creo que no merezco lo que piensas de mí. No soy persona tan buena y amada por los demás como tú crees. Para no hablar mucho sobre estos puntos, te diré que muy recientemente he sentido adensarse en torno mío la mala fe, la antipatía y el odio de no pocos. No sigo, sino me limito a indicarte que aquí donde trabajo estoy o he estado bajo acusación anónima de persona "grosera e intratable, insultador de los estudiantes". No te extrañará si concluyo diciendo que en junio vuelvo a México y no regreso aquí. He ahorrado algún dinero que me permitirá vivir sin clases algún tiempo.

Perdona si no te escribo más. Los ánimos no andan muy bien.

Te repito que me perdones el ruego cargante y molesto. Pero ya ves, que no veo otro camino de obtener al fin el librito endemoniado.

Espero tus noticias. Supongo estás mejor de salud y te deseo, si no te sientes aún restablecida, pronto restablecimiento. Recuerdos a Araceli. Te abraza

Luis

[41] Sobre la larga y difícil relación de Cernuda con Jorge Guillén, véanse los trabajos de Derek Harris, "Cartas de Luis Cernuda a Jorge Guillén", *Ínsula*, Madrid, núm. 324, diciembre de 1973; y "Cernuda y Guillén: fin de una correspondencia", Suplemento de *Ínsula*, Madrid, núm. 338, enero de 1975.

7. A María Zambrano

Spanish Department
UCLA
Los Angeles 24, Calif.

Marzo 27, 1963

Querida María:

Perdona que haya tardado tanto en agradecerte el envío del libro. Todo llegó al mismo tiempo, el tuyo, otro ejemplar enviado aéreo por el editor, carta suya explicando que los 10 ejemplares de autor estaban en camino, y éstos después. El libro está precioso y ya escribí a Tentori para darle las gracias por su traducción. De modo que el ruego que te hice fue como el sésamo para recepción del libro.

¿Qué acogida tiene ahí? Claro que no te pido me des noticias del tema, que ya te molesté bastante, y más estando enferma. ¿Cómo sigues? Te deseo pronto restablecimiento, si aún no estuvieras restablecida.

El otro día recibí carta de editor alemán, de Hamburgo, diciendo que proyecta traducir una selección de poemas míos. Veremos en lo que queda la cosa.[42]

Por si no tengo ocasión de escribirte pronto, y llega el comienzo de junio sin comunicarnos otra vez, ten en cuenta que para entonces volveré a México, donde estaré indefinidamente. Mi dirección mexicana ya la conoces, Tres Cruces 11, Coyoacán. Si hay ocasión de alguna otra publicación de libro mío, no dejaré de enviártelo.

No te pregunto si trabajas, porque sé que para ti (como para mí) el trabajo literario es razón y apoyo del existir. Pero quisiera que, cuando tengas ocasión de escribirme unas líneas, no dejes de decirme algo sobre tu trabajo.

¿Cómo os va, a ti y a Araceli? Supongo que con dificultades económicas, con las que no podemos dejar de contar. Te deseo te veas libre de ellas, si la cosa es posible para plumíferos del país nuestro.

---

[42] Este proyecto no parece haberse realizado. La primera antología de poesía suya traducida al alemán no saldría publicada sino muchos años después. Véase Cernuda, *Das wirkliche und das verlangen Gedichte*, Verlag Philipp Teclam Jun, Leipzig, 1978.

Perdona que no me extienda más, porque quisiera dejar esta carta en el buzón afuera de mi casa, al salir ahora.

Recuerdos a Araceli. Te abraza

Luis

UN CIELO SIN REPOSO.
EMILIO PRADOS Y MARÍA ZAMBRANO: CORRESPONDENCIA(S)

Francisco Chica
Málaga, España

Y estarán frente a frente poeta y filósofo —nunca hostiles— y trabajando cada uno en lo que el otro deja.

Machado, *Juan de Mairena*

Las páginas que siguen están articuladas en dos partes. En la primera se procede a la edición de las cartas que cruzaron Emilio Prados y María Zambrano, correspondientes todas ellas a la fase vital del exilio. Ofrezco en la segunda un análisis de su contenido y, en general, una reflexión sobre el espacio común de pensamiento en que vienen a parar sus obras respectivas.

Dado que la datación de las cartas (con la única excepción de las primeras) se sucede con regularidad, me ha parecido oportuno darlas en alternancia en lugar de ordenarlas por separado. Puede seguirse así el diálogo ininterrumpido que mantuvieron ambos escritores a lo largo de un periodo suficientemente significativo. Sin embargo, existen saltos evidentes que hacen suponer que sólo estamos ante una parte de lo que debió ser un conjunto más amplio. La correspondencia se inicia en los primeros años de su llegada a México (1939-1940), para reanudarse, tras un largo paréntesis y de forma continuada, en 1958. ¿Qué sucede en ese intermedio de casi dieciocho años? ¿Existen cartas posteriores a la última que figura aquí (18 de mayo de 1960), teniendo en cuenta que Prados muere en abril de 1962? Por el momento es todo lo que conocemos, aunque posiblemente la revisión del archivo de ambos escritores pueda reservar nuevos hallazgos.

En cuanto a los criterios que he seguido en la presente edición, conviene aclarar lo siguiente. Para facilitar la consulta, las veinte cartas aparecen numeradas. En los casos que considero precisos añado algunas notas aclaratorias a pie de texto. Al frente de cada una se hace una breve referencia a su extensión y a la forma (máquina y estilográfica en alternancia, a excepción de la núm. 14 que se redacta con urgencia a lápiz) en que han sido escritas. Frente a la preferencia de Emilio Prados por el texto manuscrito, María Zambrano usa con más frecuencia la máquina para hacer después correcciones (mayormente de acentos) a mano. En los casos más justificados establezco los puntos y aparte que la apretada escritura de Prados parece sugerir con barra o con un pequeño descenso en el renglón.

He corregido algunos errores de ortografía y de acentuación en las cartas de ambos autores. Las aclaraciones al texto van siempre en cursiva y entre corchetes, que utilizo también para las palabras dudosas o ilegibles, así como para alguna aclaración precisa. Para una mejor lectura se adopta la cursiva para los títulos de los libros, que en el original nunca aparecen subrayados y sólo en algunas ocasiones llevan comillas.

Una última precisión, en cuanto a la procedencia de las cartas. Las de Emilio Prados se guardan en la Fundación María Zambrano de Vélez-Málaga. Las de la escritora provienen del archivo familiar del poeta. Mi agradecimiento pues al Patronato de la citada Fundación, a su director don Juan Fernando Ortega, y a don José Antonio Franco, así como a doña Paloma Araoz Prados, por haberme permitido la consulta y la reproducción del epistolario. Debo también aclaraciones precisas a don Francisco Giner de los Ríos, a don Vicente Núñez y en especial a Joel Caraso, así como a este último la localización de una de las cartas.

La postal de María Zambrano (c. 9) procede del archivo de Emilio Prados conservado por los herederos de Francisco Sala (México D.F.). A ellos igualmente nuestro reconocimiento.

I

1. [*Un folio y medio a máquina*]

Morelia, 10 de julio de 1939

Querido Emilio:

No debes enfadarte por que no te hayamos escrito. Esperaba noticias de Europa para comunicártelas con gran rapidez y si bien no te he enviado noticias nuestras, te he tenido constantemente presente. Verás por qué.

Al llegar de regreso de México encontré en ésta una carta de mi amigo Antonio García de la Higuera, un diplomático español con quien hice el viaje de Francia a Norte América, donde actualmente se encuentra, y con quien en principio llegué a un acuerdo sobre la constitución de una Editorial en Santiago de Chile. En la carta me comunicaba que tanto él como Ventosa continuaban con su oferta de poner el capital para ese negocio. Le he contestado, precisamente esta mañana, diciéndole cuáles son mis proyectos. O sea que quisiera salir de México a Chile pasando por La Habana, y que una vez en Chile quiero tener una imprenta y una editorial y que cuento con ellos como capitalistas. También les he hablado de otros posibles negocios en aquel bello país y espero sus noticias. Tengo esperanzas fundadas de llegar a una conclusión con ellos.

De Chile todavía no hemos tenido noticias. Hoy ha recibido María unos libros que le ha mandado la Universidad. Esperamos carta de Pablo [Neruda] a quien hemos escrito pidiéndole una contestación categórica. Tan pronto nos conteste te escribiré, y entonces tomaremos nuestras providencias. Si nos contesta enviando el dinero escribiremos a nuestros amigos de Chile anunciando nuestro viaje, incluyéndote, claro está, caso negativo escribiremos a los mismos pidiendo ayuda. Mentiría si no te dijera que estoy, mejor dicho estamos, muy optimistas y esperanzados. Lo malo que hasta recibir carta de Pablo no podemos iniciar gestión alguna. Yo espero que para fines de esta semana o principios de la entrante recibiremos las tan esperadas noticias de Pablo.

Desde aquí y hace bastante escribimos a Soriano,[1] pero sin pedirle nada y hablándole muy vagamente sobre nuestros deseos de ir para

---

[1] Rodrigo Soriano era embajador de España en Chile por estas fechas. A él hace referencia María Zambrano en la Introducción a la edición facsimilar de su libro *Federico García Lorca. Antología*, Fundación María Zambrano, Vélez-Málaga, 1989.

allá. Si contesta le escribiremos diciéndoles la verdad de nuestra situación; si no contesta a raíz de la carta de Neruda le escribiremos o bien
notificándole nuestra marcha o pidiéndole ayuda. No creo que falle,
pues es buen amigo.

No sé cómo andas de dinero ni qué posibilidades económicas tienes. Por si te interesa te diré que el viaje más barato es por el Pacífico,
o sea embarcando en Acapulco, pero este viaje sólo lo hacen vapores
japoneses. Yo he viajado con camareros japoneses y son muy amables.
De querer ir por La Habana es más caro. Te costará yendo de aquí a
Cuba en primera, la segunda o tercera como quieras llamarle de esos
barcos es malísima, 50 dólares, y de Cuba a Valparaíso en turismo 197
dólares. Si llevas un carnet de periodista tal vez te hagan un 25% de
descuento. En la Av. Madero, en la Agencia Cook pueden darte toda
clase de detalles incluso fechas. Este viaje hay que hacerlo de La Habana a Valparaíso en vapor inglés y no todos los barcos tienen turismo.
En tercera no me he enterado de lo que cuesta. Acaso contando con tus
amigos cubanos pudieras dar unos recitales en dicho país. Allá están
Manolito y Concha[2] y Concha Albornoz que ha escrito el otro día a
María. Claro que creo que para ti el mejor viaje, el más rápido y menos
molesto es embarcando en los japoneses. Los chilenos desde hace algún tiempo no hacen más viaje que Chile-Ecuador.

Todas estas cosas te comunico porque sé que eres una pequeña
calamidad para estas actividades. Así que te anoto hasta dónde te infor-
marán. Y por si tus caudales no te permiten el viaje en turismo in-
fórmate lo que cuesta en tercera que creo será en total unos 150 dólares, tal vez menos.

Ya ves que te cuento todos mis planes. Conforme vayan resultando
te iré comunicando, entre tanto un fuerte abrazo de

Alfonso[3]

---

[2] Manuel Altolaguirre y Concha Méndez residirían en La Habana hasta 1943.

[3] Alfonso Rodríguez Aldave, esposo de María Zambrano. A él se alude en varias ocasiones
en la correspondencia. Había colaborado como crítico literario en diversas publicaciones españolas y dirigido, con su hermano Francisco, la revista *Atalaya* (Navarra, 1934-1935).

P.D. Muchos saludos a Helena y Octavio[4] y que hemos recibido su carta con las señas de Waldo.[5] Dales las gracias.

2. [*Como complemento a la anterior carta de Rodríguez Aldave, va esta otra en cuartilla escrita a mano por M. Zambrano:*]

Querido Emilio: Llevo una temporada fatal, angustiadísima pues aun La C[*asa*] de Es[*paña*][6] no me ha arreglado el [*mandar*] dinero a mi nombre. Hasta que no me escriban de ahí diciéndome que lo han girado no [*palabra ilegible*]. De salud ando muy mal. Quiero irme, lo necesito. He pensado mucho en escribirte, pero la angustia no me dejaba. Mañana lo haré despacio. Hoy solamente un gran abrazo de hermana

María

Quiero irme donde no haya tanto "sabio" y sus mujeres que le roan a uno los huesos...

Cuando necesites el dinero que me prestaste, dímelo con entera confianza. Si no te devolveré dentro de poco, tan pronto podamos.

3. [*Cuartilla manuscrita por ambas caras*]

[*México D.F., s. f., pero de octubre-noviembre 1939*]

Dirección: Editorial Séneca - Gómez Farías 7 - Departamento 4 - (Emilio Prados)

Mis queridos María y Alfonso: No pensaréis en mí; lo sé. Y ¿quién sabe si os creeréis que aun tendréis razón para ello? Allá vuestras con-

---

[4] Elena Garro y Octavio Paz, en cuyo domicilio vivió Prados a su llegada a México.

[5] Posiblemente Waldo Frank, a quien habían conocido en la guerra de España. En la biblioteca mexicana de Prados figura el libro de Waldo Frank, *Rahab* (Santiago de Chile, 1937), con la siguiente dedicatoria: "A mi querido Emilio Prados con mensaje que no se dice fácilmente en palabras, su W.F."

[6] La Casa de España en México, organismo que la había invitado a ejercer como profesora en la Universidad de Morelia por sugerencia de León Felipe.

ciencias, como allá la mía, en esta selva endemoniada que somos hoy los españoles en México... Si algo puedo hacer porque este silencio que hay entre nosotros no sea duro sino simplemente de verdad doloroso, os quiero decir, que ni a mi madre, ni a mi hermano, les escribo. He recibido cartas suyas en donde me han devuelto a la memoria mi callada de 4 meses... Ni me lo imaginaba.

Tan abandonado vivo ya de mí y del mundo, que sólo mi pensamiento, que sólo mis sentimientos piso ya como sueño en fantasma. No hay brazo que coger, rama que lo cobije a uno, piedra que lo defienda... ¿Qué pasa, no lo sé? Mira uno a Europa y se horroriza del caos en que se está por la ausencia de Dios. ¿Dónde está Dios si mira?

Y vuelve uno los ojos con las palmas de sus manos hasta tocar la tierra de este continente y la ve igual en su feroz vida individual de pueblo primitivo... Aquí no ha llegado Dios todavía: ¿veremos su llegada?... Y en este inmenso vacío cada día más redondo, como un altamar del vacío, vivo o me sostengo como un barco o una pluma en acecho constante. Tengo fe. Me costó muy cara pero la adquirí para siempre... Pero esta misma fe me saca de mí... y más cuando veo lo que veo.

Por el mundillo nuestro, más valiera andar ciego... Yo casi así lo estoy. La falta de caridad me duele más que la miseria misma y hoy no falta entre nosotros los refugiados ninguna de las dos. Hay quien se sienta en un sillón de plata, pero... allá con su conciencia, ya se juzgará él mismo. Y hay quien tiene ya la piel podrida por la humedad del suelo, pero muchos de éstos no cambiarán su piel por tan poco dinero... En fin, ya os supongo prontos para llegar y hablaremos largo de todo como siempre. Yo sigo pensando también como siempre. Aún no veo la posibilidad de salir, pero desde luego la he de lograr tarde o temprano como pueda.

Los amigos, nuestros amigos, muy mal. Da espanto el verlos hoy y pensar en su futuro. Hay días en que no tenemos ni para comer y con un café o la caridad lo echamos fuera. Yo me vine de casa de Octavio. He andado de casa en casa y hoy tengo una pequeñísima guardillita que estreno con vuestra carta y en la que no sé si aún andaré el mes que viene.[7]

---

[7] No parece probable que se refiera al departamento que alquiló un poco más tarde en la Calle Ignacio Mariscal, 136, donde vivió hasta que en 1942 se instala definitivamente en Lerma 265-267. Debe tratarse de un alquiler anterior de poca duración.

Escribidme, pero no a mi casa porque nunca estoy en ella ni tengo seguridad de vivir muchos días en este sitio. Hacedlo a la dirección de la Editorial Séneca donde voy con frecuencia. Os abraza fuerte

Emilio

[*En margen superior de esta cara se lee:*]
No recibí el libro de María ¡parece mentira![8]
[*Igualmente, en el encabezamiento de la carta añade:*]
Tratad de mandarme algún dinerillo que estoy pésimamente.

4. [*En el archivo de Emilio Prados, junto al original de esta carta, en dos folios manuscritos y sin fecha, se conserva copia mecanografiada en cuya cabecera se lee: "1940. Dirigida a María Zambrano y a su marido Alfonso Aldaba (sic), La Habana"*]

[*México D.F., s. f.*]

Mis queridísimos monstruillos: Recibí vuestra carta tan pesimista y tan injusta para conmigo. Claro está que en el natural de María la cosa tenía que ser de este modo y ahora más... Pero, de todas maneras empieza por llamarme malo y mal amigo. Lo primero... ¿quién sabe cómo seré? ¿Acaso le va quedando a uno ya conciencia ni conocimiento? Lo segundo es un sentir y de eso aún sé responder. Aún puedo responderos y ya para siempre, porque los que se salvan en uno, de estas borrascas de fondo, permanecerán constantes. La prueba ha sido y es, en nosotros, muy dura y ya no nos queda más que el puro ser y sentir y los huesos que nos sostienen. En fin, la verdad o la mentira, ya hecha carne de tiempo, que es la que alimentamos, todavía, egoístamente, debajo de nuestra piel. En ella, en su recuerdo presente, estáis también, cada uno en su puesto, en aquellos tiempos de Barcelona,[9] en que,

---

[8] Posiblemente alude a *Filosofía y poesía*, publicado en 1939 por la Universidad Michoacana con motivo de su IV centenario.

[9] Prados había conocido a María Zambrano en los últimos meses de 1936, cuando ambos entran en contacto en Madrid con la Alianza de Intelectuales Antifascistas. Volverán a coincidir después en Valencia y Barcelona.

como tú dices, María, vivíamos "en las nubes" en aquella isla de los hermanos Becker, en el saloncito, receptor, de tu casa, junto al café recién salvado y aquel cielo maravilloso de nuestra España lejana, que, como una inmensa valva cotidianamente abierta con los ojos, comenzaba en el cristal, al borde mismo de nuestra palabra y terminaba, también casi diariamente, en el dolor más terrible, en el terror que nunca imaginamos, en aquel derrumbamiento de entrañas del espíritu, que en cada bombardeo sentíamos en nuestro origen. ¿Te acuerdas, María? Yo a ese tiempo le debo todo lo nuevo que me hace sufrir y a la vez me da la mayor felicidad que he conocido. Este amor verdadero lleno de temblores, de desfallecimientos, de entrega total de esperanza. Tú no sabes —nadie me ve y nada digo aquí tampoco— tú no sabes, María, la guerra interior que llevo. La verdadera guerra de lo humano. En aquellos días de Barcelona me daba horror ser hombre. Cualquiera ser vivo, cualquiera cosa existente, tenía, tenía más dignidad que nosotros... ¿Recuerdas cómo miraba el perrito vuestro, cuando sonaban las sirenas? Parecían sus ojos un reproche y sin embargo buscaba refugio entre nosotros mismos, a los que reprochaba aquella locura que espantaba hasta a las flores. Yo pensaba, pensaba y creía comprenderlo todo. Hoy ya sé que no es ése mi camino. Me limito a sentir y a sentir sin saber por qué. Me dejo llevar por este río que siempre es fuente nueva en mí y me salva. Ni quiero pensar en su mar posible. Pensar en la paz ya me la quita.

Allí en Barcelona cuando estaba en las nubes comencé a sentirlo todo y vi y te lo dije, María —¿recuerdas?—, que toda la lucha actual del hombre es por querer ser *fin* él mismo. (Así un bando y otro.) Nadie, nada puede ser *fin* sin conocer su origen o si se niega a su conocimiento y... aún más si niega su sentir. La dignidad humana está en contentarse en ser camino; en *abrirse el pecho*, para que se siga caminando ¿hacia dónde? ¿hasta cuándo?: Dios dirá...Y todo esto te lo debo a ti, María... A nuestros paseos al atardecer. Ahora recuerdo aquellos paseos como si los hubiésemos dado entonces por dentro de nosotros mismos solamente y por temor, acaso, de perdernos en nuestro laberinto interior. Sin embargo, nos perdíamos ¿verdad? De la Naturaleza entonces, sólo recuerdo una sensación suave de atardecer... Puedo precisarla más, en una vez que nos sentamos un momento, terriblemente cansados, como si hubiéramos andado una gran distancia... Hablábamos allá en tu casa y seguíamos hablando sin descansar fuera de ella... Era aquella conversación interminable y hoy pienso, María, que sigue siéndolo... Pero hoy tengo ya formado mi cauce que como lecho caminante me lleva y me hace descansar a la vez en mi corriente.

Alfonso, monstruoso, (¡ya estás enojado!) ¡*Inconsciente*! ¿Es que tú crees que en todo este pensamiento de mi memoria no andas tú mezclado? ¿Es que no existía acaso también en aquellos días un ángel de la guarda o comisario o qué sé yo, que no teniendo alas iba y venía en automóvil, haciéndonos posible la ausencia y la existencia misma del espíritu en la tierra? No llamarme mal amigo o mal hermano. Quererme y nada más.

No os enoje lo del libro. Le dediqué a María la última parte y ya en la imprenta lo quité pues estos poemas y otros irán en otro libro que aún está sin terminar y que le dedicaré a ella entero...[10] Hoy mismo os lo mandaré. Me dieron sólo 10 ejemplares y los demás tengo que comprarlos a precio de librería. Y... estoy todo lo mal que se puede estar con 100 pesos al mes. Me gustaría conocer la conferencia de María. ¡Mandármela y también el librito que hiciste en Morelia! Me lo quitaron y quiero tenerlo dedicado por ti, María.[11] Mi hermano también lo quería ¿por qué no se lo mandas? Su dirección es: Prince Arthur 495 —Ap.8— Montreal.

Adiós. María, no pienses siempre lo peor. Ya verás cómo lo de tu madre y todo se arregla. No creo que os debáis ir a la Argentina. Ya hablaremos en otra carta inmediata. Os abraza fuerte

Emilio

5. [*Un folio a máquina*]

Roma, 20 de octubre de 1958
Piazza del Popolo 3

Querido Emilio, hijo mío... cuánto tiempo y cuánta alegría me dio el recibir tus dos hermosos libros, tarde porque mi hermana[12] ha estado

---

[10] El primer libro a que hace referencia es *Memoria del olvido,* que acababa de publicarse en Séneca. La única dedicatoria del poeta a María Zambrano es la que aparece en el Libro I de *Signos del ser* (1962).

[11] Alude de nuevo a *Filosofía y poesía.*

[12] Tras separarse en 1948 de su marido, María Zambrano vivirá con su hermana Araceli hasta la muerte de ésta en 1972.

enferma desde finales del año pasado en la cama. No te quiero decir lo que ha sido esto, de angustia, temores y preocupaciones de todos órdenes y yo de enfermera día y noche. Ya está casi bien del todo. Ha sido un túnel negro y largo que parecía no iba a acabarse nunca.

Quiero absolutamente escribir un comentario a *Circuncisión del Sueño*, donde tan hondamente te encuentro y me encuentro. Lo he empezado ya. Se llama, por ahora, "Vida y Existencia en la poesía de Emilio Prados". Quizá luego se llame de otro modo. Lo mandaré a *Ínsula* de Madrid y después se puede publicar ahí, en México y en algún otro lugar.

El Poema de la Cruz es... ni sé cómo decírtelo;[13] *ES*. Y todo el libro está sembrado de cosas extraordinarias, estremecedoras de poesía y verdad, de metafísica y de todo. "Y la unidad que justifica el tiempo". Y... y... y. La otra tarde que vino a verme Enrique[14] me pasé todo el tiempo que estuvo aquí leyéndole tu libro. Y no es que el otro no me guste. Es que en *Circuncisión del Sueño* te encuentro y me encuentro yo plenamente. Verás, tú lo sabes, pero además te diré que desde hace años ya desemboqué al fin en algo que es todo. No llegué yo, llegó a mí. No puedo hablar apenas de ello. El punto de partida es, será *Los Sueños y el Tiempo* de lo que se ha publicado un esquema en *Diógenes*. Si la encuentras es el número de otoño de 1957.[15] Pero me lo redujeron por falta de espacio y era ya un esquema. Estoy en ello, pero es mucho más. Y luego más, pues creo que este invierno y primavera en el dolor y en la angustia y sin tiempo y doliéndome la mano de trabajar en cosas de enfermera, empecé a escribir a ratos perdidos en un Café, lo que creo es el centro de la naranja. Y de ello no puedo ni decirte nada. No puedo. Dios me ayude, Emilio, ¡Dios nos ayude a los dos!

---

[13] No existe en *Circuncisión del sueño* ningún poema con este título. Se refiere a la Canción VII ("En lo interior —en lo infinito—") de la Parte I; a él pertenece el verso que cita entre comillas. El otro libro que dice haber recibido es posiblemente *Río natural*; ambos volúmenes habían sido publicados en 1957, el primero en la colección "Tezontle" del Fondo de Cultura Económica y el segundo en Losada de Buenos Aires.

[14] El poeta Enrique de Rivas, cuyo nombre aparece citado frecuentemente en esta correspondencia, compartió la amistad de ambos escritores. Había conocido a Prados (ver su escrito "La alegría de Emilio Prados", *Litoral*, núm. 100-101-102, 1981) en los años en que éste fue tutor en el Instituto Luis Vives.

[15] El esquema, que serviría de base a *El sueño creador*, Xalapa, Universidad Veracruzana, 1965, se publicó en la revista *Diógenes*, Buenos Aires, vol. 5, núm. 19, septiembre de 1957, pp. 43-58.

Así que yo ahora no escribo sobre nadie ni sobre nada: ni siquiera artículos para que me los paguen. Nada. Sólo escribiré sobre tu poema del sueño, del hombre, de Dios, del Dios escondido y ausente y presente, del Dios viviente.

Hijo, Emilio ¡qué decirte, sino que te quiero como siempre y que sería hermoso que pudiéramos sentarnos el uno junto al otro en un atardecer o en una mañana clara, mirando el Sol y la yerba, callados, sin más. Pero sé que esto no será más que en España: que allí nos encontraremos de nuevo. ¿Cuándo? No lo sé.

Dime Emilio, ¿tú *sabes* si vas a volver? No digo que si estás decidido. Pues tú como yo no eres de "decisiones", ni de "elegir". Tú y yo no hemos elegido nunca. Somos de la Paloma que encuentra la libertad obedeciendo. Por eso te pregunto "si lo sabes".

Un abrazo con el cariño de verdad

de María

6. [*Un folio manuscrito*]

México, 31 de octubre 1958

Mi querida María: No sabes la alegría que me ha dado leer tu carta. Únicamente me entristece lo de tu hermana, pero ya me dices que está mejor... ¡Ya verás cómo se repone pronto! Yo te escribo desde mi camita. Casi siempre estoy en ella. Mis pulmones me dan mucho que hacer, después de tantos años. A veces, me desespero enormemente... ¡En fin! El que estés escribiendo sobre mi poesía, me da el ánimo que me falta. Puse mucho en ese libro. Ahora creo que no debiera haberlo publicado, pues hay en él algo incompleto que podía haber terminado. No sé si aún lo haré. El que tú, en él, hayas visto lo que no te atreves a decirme de ti misma, me consuela. Y el que lo unas a ti, más.

Yo he sufrido bastante, con la publicación de C[*ircuncisión*] *del sueño*. Aquí, salvo un grupo, muy pequeño, de gente joven, nadie lo ha recibido bien. Creo que tengo yo la culpa. Debiera haberle dado una forma, quizás de unidad más clara, que no desviara la atención, por su forma en "transparencias" "canciones" hacia otros extremos. Pero... ¡así la vi! ¡Qué le puedo yo hacer! Y quise que fuera así, no para desviar, al contrario, para que pudiera sentirse en lo diverso la unidad total, centro de esa naranja de que me hablas en tu carta.

María: nos tenemos que ver y estar juntos antes de que yo me levante de mí. No sé dónde. Como tú dices, "nosotros no elegimos" y si me hablas de "saber"... yo no sé nada, pero presiento que "donde sea" vamos a estar juntos, sobre la tierra, alguna vez. Debes de escribir y sé que lo harás o que ya lo estás haciendo. Leo, lo que puedo, tuyo... y lo lee mucha gente que te necesita, más a ti que a mí. ¿Te acuerdas de Barcelona, allá en tu casa? ¡Estamos en el mismo camino! Y tenemos que seguir comunicándonos: nuestra comunión está hecha ya. Adiós. Volveré a escribirte cuando esté mejor. Te abraza y espera tus palabras, como siempre

Emilio.

7. [*Dos folios a máquina, numerados*]

Roma, 15 de noviembre de 1958
Piazza del Popolo 3

Mi muy querido Emilio

Qué imposible me resulta decirte lo que me hizo sentir tu carta, tus palabras de las que hace tanto tiempo tenía yo necesidad. Quizás me resulta imposible porque no hace falta. En silencio y en la distancia nuestra comunión, como tú dices, se ha logrado. Tú sabes, Emilio, que cuando leía tu carta me parecía tener a mi madre a mi lado. ¡Cómo ella te cuidaría con sus manos como alas de paloma! Cómo mi hermana y yo te tendríamos junto a nosotras, como a un hermano, el que no hemos tenido y tendríamos en ti. Y estas tierras y estos mares y estos tiempos como océanos. Sí; el alma puede más que ellos. Lo sé. Pero, Emilio, tú sabes más que nadie del padecer del alma en un cuerpo. Estamos bajo el misterio de la encarnación, que es gloria y tormento.

Y así necesitamos de que el amigo, el ser querido esté en un cuerpo y verle y sentirle y tener su silencio vivo y su palabra: que todo no sea ausencia. Por eso cada día más, me veo en España, allí reunidos, bajo aquel sol que de verdad nos calentaría. Yo llevo un frío dentro de mí, no sé; en las entrañas o en la sangre, que ningún sol desvanece... Ya ves ahora, tengo aquí un tiesto chiquitico[16] con un granadito enano que me han traído de España. Lo cuido; miro la tierra anaranjada, y me parece la tierra, el barro primordial, la tierra-tierra con sol. Y cuando lo colmé de agua el otro día y el cielo se reflejaba y la sombra del tronco, encontré cielo, y agua y sombra de allí... te lo mandaría, si fuera posible.

Yo sólo quiero decirte que te tengo, siento muy cerca. Y que tu poesía es algo único para mí; que creo lo es objetivamente en España y que fuera de ella es impar, siempre. Espero mandarte muy pronto lo que estoy escribiendo. ¿Me creerás si te digo que tengo miedo, temblor, que estoy segura de que no lo haré bien?... pero humildemente lo haré. Claro que nada de lo que he hecho está bien, ni lo estará nunca: que todo se me aparece como aquellas planas que de niños hacíamos en la Escuela. Sólo que no hay maestro que la corrija. Todo borrador, "ensayo", y en el mejor de los casos, fragmento.

Creo que aparte de que en mi caso sea verdad, a uno le pasa eso a causa de hacer las cosas por amor y en el amor. Pues siempre que se ama, se siente que no se logra ni expresarlo ni realizarlo. Pero lo importante, Emilio, es no traicionarlo ni mancharlo. Es lo único que nos podemos exigir. Y eso ni tú ni yo lo hemos hecho nunca: no hemos dejado que nuestro amor se manche, ni lo hemos traicionado, ni dejado abandonado "por ahí". En nuestro corazón lo hemos llevado sin enterrarlo en él, sin darle sepultura. Y así pedimos que nos consuma y que se consume en el tiempo que Dios mande.

Pero, ya ves que al mismo tiempo, al mismo, que nos consume y se consuma, lo vamos dando en algo que querríamos fuese cristal o por mejor decir: agua. Fuego y agua... En un monumento muy misterioso que hay aquí, una puerta que ha quedado de un palacio, hay unas inscripciones intactas. Una dice algo así: "Quien logre que el fuego se disuelva y que el agua arda, será llamado sabio." Y otra: "Si logras hacer de la tierra cielo y del cielo la tierra preciosa, serás llamado sabio." Y otra: "Si logras que en tu jardín los negros cuervos engendren palomas blancas, serás llamado sabio."

¿Tú no crees que lo has venido haciendo así? Yo sí lo creo de ti.

---

[16] En varias ocasiones la escritora utiliza este tipo de diminutivos afectivos en -ico, cuyo uso se extiende de la provincia de Granada hasta Vélez-Málaga, su pueblo natal.

Así que no te preocupes porque tu libro haya salido como ha salido: "Quien tenga oído, oiga..."[17] Yo lo entendí enseguida, sentí la unidad circulando... Pero ahora se aman mucho los esquemas, los proyectos y construcciones. Ya sabes Emilio: todo tiene que ser construido. Y da hasta risa; ríete como nos reíamos allá en Barcelona. Porque lo mejor es lo nacido, lo nacido y no lo edificado. Pues todo aquello que el hombre sólo edifica acaba por ser prisión o infierno. La unidad vivien[te] es otra cosa. Es el jardín donde van los cuervos y se hacen palomas, es el fuego-agua. No te dejes llenar de sombra; no lo dejes bajo esa sombra ni por un instante.

Escribirás, seguirás escribiendo, mas no para arreglar nada, sino porque seguirán naciendo, porque seguirás, Emilio hijo mío, naciendo tú, naciendo.[18] Esto no es un privilegio: todos estamos llamados a seguir naciendo, pero los más se oponen: quieren hacerse ellos, edificarse, construirse y aun reconstruirse. Nada podemos hacer, si no ir dando entre la angustia del amor que no cesa, el testimonio, sea pequeño y humilde, de nuestro estar naciendo.

Bueno Emilio, acabo pero no termino. Hasta otro día.

Un abrazo con el cariño de

María

Mi hermana Araceli te quiere mucho.

8. [*Dos folios manuscritos*]

México, 11 de diciembre 1958

Mi queridísima María: Recibí tu carta estando enfermo. Ya casi es ése mi estado normal. Por eso, aquí en este cuartito, solo, pude leer y releer tus palabras, muchas de ellas, como allí en Barcelona, anticipándose a las mías.

---

[17] Frase evangélica que aparece frecuentemente en boca de Jesús tras pronunciar alguna parábola. Véase Mateo 13:9, "Parábola del sembrador".

[18] Las referencias a *Río natural* son ahora evidentes. El poema "Abril de Dios" se cierra con estos versos que María Zambrano hace aquí suyos, y que adquieren una especial resonancia en toda su obra: "¡Y Dios / siempre naciendo!"

Y tan junto me veo que aun estando viejo, enfermo y fracasado (porque yo también siento como tú que sólo dejo fragmentos, trozos al aire de mi pensamiento errático), estando triste y todo, me dan ganas de reír y saltar, como tú recuerdas de allí en España. Entonces comprendo que *ya estamos presentes.* ¿No me sientes ahí? Yo toco el aire y te llego a tocar a ti. Abro los ojos y tengo tu palabra, la de tu carta y la de tus libros. Y me contento así. Hay veces que siento también esa forma de nostalgia que me inquieta la sangre y me hace salir, para volver al mismo sitio. Como hace un ratito. Pensé que algo ocurría y me necesitaba; que yo necesitaba también de aquello y... salí de mi casa, para volver a ella, como deshecho ¿qué era? Yo creo que el aire. En él latía la carne de Dios, como en ti, en tu cruz chiquita, la que te equilibra conmigo y con Él. Por eso nos parece que algo debemos y nos sentimos con la responsabilidad total de la vida que llevamos dentro y fuera —detrás y delante— de nosotros. Ese momento que es amor, nunca lo comprendemos, hasta que pasa. Y muchas veces ni entonces. Pero cuando, como hoy yo, se entiende ¡qué alegría! Mira, no es un golpe de flecha, es lo contrario: el vacío que la flecha deja (y no deja). Entonces vas a buscarla como si huyeras —¡siempre el cuerpo perseguido!— y en la calle, en el jardín, en el "camión" sucio que tomas para alejarte, vas encontrando poco a poco lleno el "huequito". Te haces cruz interior y te dan ganas de llorar en medio de ti mismo, al centro. Todo es alma. Carne de alma, María. ¡Y te da miedo de lo que a toda ella pueda ocurrirle!

Así salí esta mañana. Y a la vuelta ¿qué tenía? Creí que iba a escribir. No; mi palabra no era eso. Anduve con unos libros y... los dejé. Me senté aquí en donde estoy y al lado vi un montoncito de cartas. Escogí la tuya y la volví a leer... ¡Era eso, María! Y ahora que te estoy escribiendo lo comprendo y te lo digo. Creo que nadie me entendería; pero tú sí ¿verdad? Tiró el mundo de mí para entregárseme más en esta mañana, fría y hermosísima. Me inundó con su todo y con todos en una sola carne. Y me fui sintiendo yo mismo en ella también. Era el momento cruz. Volví fecundo, encarnado en la encarnación de que hablas. Y despues fui como sonámbulo viniendo a este rinconcito. Vi tu carta y pensé: María me entiende. Estaba en lo que he visto, en lo que me faltaba y en lo que no había llegado aún a mi conciencia.

Por eso te escribo y te escribiré mucho más. Estamos, lo adivino, en un punto mismo que hay que salvar. ¿Con poesía? ¿Con filosofía?

¡No sé! ¿Tú lo sabes? Tal vez con la fusión total irremediable de las dos, humildemente. Es el momento de "tirar la casa por la ventana". Fuera está Dios que es nuestra única casa. Él es nuestra carne y... que él me perdone si digo lo que creo.

En fin María. Cuídate hija. Un día nos veremos pero hoy ya nos tenemos. Tu granadito también nos tiene, cuídalo y cuídame en él: ¡háblale! Y yo sentiré su agradecimiento como hoy. ¡Adiós! Un abrazo para Araceli. Y para ti el corazón de

Emilio

9. [*La respuesta manuscrita de María Zambrano aparece al dorso de una postal en la que se reproduce en blanco y negro "El sueño de Jacob", óleo sobre lienzo de Ribera guardado en el Prado. La postal está impresa en Italia*]

Roma, 25 de diciembre 1958

Emilio: Te mando esta imagen para que te acompañe. Mira todo lo que hay en ella y aún tú descubrirás más; un hombre en su misterio entre nacimiento y muerte; un árbol derribado y que retoña en dos ramas; la sombra; la columna de luz entre cielo y tierra, luz viviente donde los ángeles subían y bajaban; esa luz que sólo se ve en sueños; la de algunos de tus poemas. La luz que siempre ha rondado, circuncida[*ndo*] tu sueño de niño, de hombre...

No digas, no vuelvas a decirte eso de "fracasado"... ¿qué quieres decir? Los "fragmentos" anuncian un todo y *son* ya un todo, como cada instante es *Todo* el tiempo y la eternidad... Y tú, lo sabes. Tenemos que trabajar todavía mucho, eso es verdad. Pero cada vez con menos angustia, como llevados de la mano. Déjate llevar que aún tienes que dar lo mejor. Y eso es lo *contrario* del [*pavor*].

No te angusties ya más. Éntrate en tu sueño. Yo te recuerdo siempre y te quiero como siempre

María

[*En recuadro en margen superior derecho, en tres líneas casi borradas, parece darle noticia del título del trabajo que va a dedicar*

a su obra. Sólo puede leerse lo siguiente:] [...] se llamará [...]cia y
Sueño en la Poesía de Emilio Prados".

10. [*Dos folios manuscritos*]

México, 26 de febrero 1959

Mi queridísima María. ¿Qué te pasa? Te he esperado todos estos
días, con necesidad y angustia. Deseaba tu carta como esa "mano blanca", "como esa paloma" que tú dices que era tu madre. ¡Y tú también!
¿Verdad? ¡Es tu herencia!
   María he estado muy malito. Casi desde Navidades y... antes también. Son mis pulmones. ¡Los pobres! ¡Tan viejecitos ya! No pueden
trabajar bien y me ahogan. Así me he pasado días y días de soledad,
casi completa. Pues una visitita no es nada. Ya tenía ganas de volar,
volar, como otra palomita y... como "por todas partes se va a Roma"
llegar a verte yo y que me sintieras en la encarnación del aire en que te
mueves. Desde la cama miraba y miraba a "Jacob" soñando y ¡veía
tantas cosas! Ya el límite de mi cuerpo no me dolía. Ya no me duele,
pienso yo, hace tiempo. Pero el límite del cuerpo o de los cuerpos
prójimos, me duele más por eso.
   A ese Jacob de tierra que tanto bien me ha traído, no sé por qué le
veía yo, en su cara, el mismo dolor. Sombra y luz de nosotros ¡qué más
da! porque luz de los otros es lo que queremos que germine de nuestro
morir o vivir diario en tierra. Y a eso que ayudamos a dar, incorpo-
rarnos después y ser un solo cuerpo con todos hacia la vida continua.
¡Todo se andará! Entonces no existirán estos silencios, ni esta ceguera
en que estamos aún —¡casi ya para romper su cascarón!—. Yo, así lo
siento... Dentro de unos días cumpliré mis 60 años (con 40 de regalo,
pues a los 20 me dieron seis meses de vida, al ir a Suiza). Y me siento
—después de tanto vivido— como con remordimientos. Remordimientos por vivir *yo, precisamente yo* y remordimientos por no haber cumplido en mi vida, lo que se me encomendó en misterio.
   Esa vida de uno que es el "nombre que nadie conoce sino el que lo
recibe". ¿Te acuerdas? (¡En la piedrecita blanca del Ap.!) Por eso mi libro, el que estoy haciendo, voy a llamarle *La piedra escrita*. De él tengo ya un grupo de poemas recientemente terminados que, si no me

"entra la desesperación", te los mandaré. Este grupo se llama —no sé si le dejaré este título— "Hora de nacer". Y... ahora me parece que ya te lo dije en una carta que seguramente se cruzó con tu Jacob... ¡Cosas de viejito!... Quiero hablarte otro día de este libro. Lo hago temblando y sé que es lo último que voy a escribir. Por eso también le doy ese nombre. No olvido que soy andaluz!!! ¡Cómo lo puedo olvidar!

Por aquí me dijeron que vas a publicar en la Universidad un libro en el que irá mi trabajo.[19] Mándamelo, María: sé —lo siento— que ese trabajo me va a ayudar mucho para lo que hago y para mi vida. Lo espero con enormes deseos. Y escríbeme. No me dejes. Sé que te acuerdas de mí, lo siento; pero necesito tu palabra tierna. ¡Soy egoísta! Si no me escribes me volveré a poner malo y dejaré de escribir, por sentir más la soledad que tengo. No esperes mis cartas para escribirme. ¿Y Araceli? ¿Cómo está? La saludas con cariño, de mi parte y tú recibe un abrazo fuerte fuerte de

Emilio

11. [*Un folio a máquina*]

Roma, 2 de marzo de 1959
Piazza del Popolo 3

Querido Emilio:
Hace dos horas que he recibido tu carta y no más ha quedado la casa en silencio y yo sola, te escribo; te escribo, aunque no pueda escribirte, que pesan sobre mí muchos agobios.

Emilio, Emilico, no te sientas viejo, que tú eres poeta y criatura de Dios y eso es cada día más nuevo. Jóvenes es cierto que no somos, pero nuevos, sí. Y es mejor.

---

[19] No sabemos qué libro es éste, al que la autora se refiere en repetidas ocasiones en las cartas y en el que pensaba incluir su aplazado ensayo sobre Prados. Que sepamos, en México no llegó a salir el libro que dice haber entregado a la Universidad. Sólo cinco años después aparecería *España, sueño y verdad*, Edhasa, Barcelona, 1965, en el que se incluía el escrito "El poeta y la muerte. Emilio Prados", publicado anteriormente bajo el título "Emilio Prados" en *Cuadernos Americanos*, México, vol. 126, núm. 1, enero-febrero de 1963, pp. 162-167.

No te he escrito esperando carta tuya, que según veo por la de hoy me has debido de escribir y no me llegó. Pero a decir verdad, no fue por eso. No te he escrito porque no podía. Tu enfermedad que dices y que tan bien me conozco, tan amiga mía que era, me da nostalgia. Yo no estoy teniendo tiempo, ni para sentirme; tengo que aguardar a la noche, y ya acostada hundirme en mi sueño. Pero aun en mi sueño la térrea, sólida preocupación se me aparece separándome de mí misma. Querría, necesito llorar mucho, pero se necesita a alguien al lado para eso. Tú no sabes Emilio, y mejor es que no lo sepas, lo pesado de mi fardo. Me parezco a mí misma como una niña hechizada por una madrastra mala, a la que no dejan jugar, ni sola. Mi hermana también está así. No quiero seguir Emilio, pues no te escribía por no hacerlo desde esta situación. Esperemos que pase o se alivie un poco.

Yo te recuerdo siempre y no solamente a solas. Hablo de ti a todo el que creo que puede entender tu poesía o sentir algo de ella o de ti poeta más que poeta. Si yo pienso en el poeta, es Emilio el que se me aparece. Y eso tú lo sabes de siempre. No podía escribir lo tuyo, no puedo escribir nada, apenas ir copiando los ensayos ya publicados, para ese libro que quiero mandar enseguida [a] la Universidad. He prestado tus dos libros a la hija de Croce[20] que quiere hacer una Antología de Poesía Española. Pero ella me los va a devolver esta semana y a ver si cierro los ojos y me pongo, y como en un aliento, en un instante único lo escribo. Desde lo más remoto y próximo de mí misma, desde lo más cercano al centro. Y es que tengo miedo Emilio de escribir sobre ti, miedo de que no salga lo que debería. Pero con miedo, lo haré. Y si sale regularcillo, ¿qué le vamos a hacer? Lo daré ahora así, pues el libro no puede ir sin lo tuyo. Y más adelante lo haré mejor.

No quiero que estés malo otra vez. Tú no estás sólo, eres como una paloma en el hueco de las manos del Señor. Yo estoy castigada, como una niña que hubiera dejado sus deberes sin hacer. Pero yo los he ido haciendo y mientras los hago se me multiplican y siempre estoy atrasada.

---

[20] Es conocida la amistad y cooperación de Elena Croce con María Zambrano. De ello habla Jorge Guillén en "Recuerdos de Roma en el homenaje a María Zambrano", *Litoral*, Málaga, núms. 124-126, 1979, pp. 103-104.

Mándame tus poemas. Los tendré como cosa sagrada y si no quieres que nadie los vea, nadie los verá. Otro día te escribiré en cuanto pueda.

Un abrazo de

María

[*Posdata en ángulo superior derecho:*] Pepe Bergamín me escribe desde Madrid que es muy feliz allí; que ha recobrado la realidad. Está con su hija y con su hijo.[21]

12. [*Un folio mecanografiado*]

Roma, 9 de junio de 1959
Mi nueva direccion: Chez M. Bory
          Trelex-sur-Nyon.
          Vaud.
          Suisse.

Querido Emilio:
Hace muchísimo tiempo que te escribí una larga carta y no me has contestado. Después, con Enrique [de] Rivas te envié una bola de cera azul que se ilumina por dentro y con la cual esperé el Año Nuevo y tampoco me has dicho nada.
Lo que ha sido mi vida todo este tiempo nunca lo sabrás del todo. Mi hermana enferma todavía y mis recursos economicos cortados, y yo escribiendo cartas y más cartas para encontrar trabajo de qué vivir, pidiendo becas... ¡qué sé yo qué! Y nada. Todo que No. Hasta que la Providencia nos mandó una solución que no lo es del todo económica-

---

[21] En efecto, Bergamín, con quien María Zambrano y Prados mantuvieron una estrecha relación, había vuelto a España en 1958 pero es expatriado de nuevo en 1963, fijando su residencia en París. Regresa definitivamente a Madrid en 1970. María Zambrano, cuyos primeros artículos aparecieron en *Cruz y Raya*, se ocupará de él en dos ocasiones: "El escritor José Bergamín", *El Nacional*, Caracas, 9 de mayo de 1962, p. 2 (reedición en *Revista de Occidente*, núm. 166, 1995), y años más tarde en "Bergamín, crucificado", en *Culturas*, Suplemento de *Diario 16*, Madrid, 26 de mayo de 1985, núm. 6, p. I. Las cartas de Bergamín a la escritora pueden verse en este mismo volumen, en edición preparada por Nigel Dennis.

mente y que no sé cuánto durará. Nos vamos a Ginebra, es decir: a vivir en una casa aislada en el campo a treinta kilómetros, con una tía nuestra muy querida y con su hijo, un muchachito que dibuja [*sic*] allí en nuestra casa de Barcelona pues vivía con nosotros y con nosotros pasó la frontera —y un hermano suyo mayor—. Y él se ha colocado por unos meses en la ONU. Y eso es. Es muy hermoso ir a vivir con ellos pero todo está en el aire. ¡Dios nos asista y no nos deje de su mano![22]

El viaje lo hemos tenido que aplazar dos veces porque Ara está muy débil aún. Y yo, quebrantadilla por tanto sufrimiento, trabajo y preocupación.

He podido dar algún consejo para la parte española de una Antología muy importante que saldrá en italiano de la Poesía Europea Contemporánea. Y me rogaron que hiciese yo una especie de retratos de cada uno de los poetas españoles incluidos. Y una nota biográfica.[23] De ti he hecho yo también la selección de los poemas: dos de *Río natural* y uno de *Circuncisión del Sueño* —no había espacio para más. Te envío la cuartilla que hice sobre ti. Pero como yo no conozco lo que sobre ti se ha escrito, si hay algo que estimes deba de ser conocido envíame la referencia a mi nueva dirección para que yo la mande. Aún es tiempo. Los datos de la biografía los he tomado del Diccionario de Literatura de la Revista de Occidente. Si algo hay equivocado, dímelo. Claro que lo que yo sabía por mí, lo he puesto. Todo muy breve pues es así para todos. Los poetas españoles incluidos son: Unamuno, J.R.J., Machado, Guillén, Diego, Salinas, Lorca, Aleixandre, Alberti, Cernuda y Miguel Hernández, además de ti.

He puesto mi trabajo sobre ti en la bibliografía, aunque no está terminado, pero lo voy a terminar ahora allí.

No puedo escribirte más. Estoy con un pie en el estribo y espero que esta vez podamos irnos, pues que si no es la catástrofe.

Agradeceré que me escribas.

Un abrazo

María

---

[22] El proyecto de quedarse a vivir en Ginebra se verá aplazado por ahora. Tras pasar dos meses y medio en Suiza, María Zambrano y su hermana regresan de nuevo a Roma donde cambian de domicilio. Sólo en 1964 instalan su residencia en La Pièce, cerca de Ginebra.

[23] Vuelve a referirse a la antología citada en la carta anterior. Dirigida por Elena Croce, la antología aparecería con el título de *Poeti del Novecento italiani e stranieri*, Einaudi, Turín, 1960.

[*En folio a máquina aparte le adjunta la nota biográfica a la que ha hecho referencia:*]

EMILIO PRADOS

Nació en 1899 en Málaga, donde ha vivido hasta 1936; breves temporadas en Madrid y un viaje a Alemania. En 1937, Valencia y después Barcelona. Desde 1939 reside en México. Fundó y dirigió en Málaga la Revista y las Ediciones "Litoral", centro no sólo de la joven poesía, sino de renovación de la tipografía. En México colaboró en la obra de la Editorial "Séneca" dirigida por José Bergamín. Y allí prosigue su poética creación.

Tiempo es el título del primer libro de Emilio Prados. *Circuncisión del Sueño* el del más reciente. De uno a otro se tiende más que un camino, una serie de círculos cada vez más amplios y concéntricos. Poesía que es anticipación y memoria, desbordamiento de un recóndito centro para abarcar, ordenar vivificando, un pasado remoto, antes del nacimiento y hacerlo nacer, y el futuro inalcanzable. "En lo infinito, —el tiempo vive su paloma abierta, —el corazón sin nombre de su olvido."[24]

Poesía que más que expresión es la acción misma de existir. Si en la obra de Prados aparecen poemas de una prodigiosa belleza y logro, lo decisivo es el poetizar, el ir por la poesía a ganar los planos temporales diversos de la vida humana y las realidades que a ellos corresponden. Un camino posible sería el de la destrucción ascética, "la noche oscura", que precede a la plenitud de vida y ser, de tiempo y unidad. No lo sigue. Pasa por todas las cosas, las sostiene y aun las exalta, desviviéndose por nacer con ellas y aun dentro de ellas, por llevarlas consigo al centro del nacer incesante, en un ímpetu de existir más allá del amor conocido.

M. Z.

---

[24] Cita de los versos que cierran la serie "Transparencias" de la parte I de *Circuncisión del sueño*. En el libro aparecen bajo signos admirativos. Zambrano volverá a hacer uso de estos versos en *El sueño creador* para apoyar los conceptos de tiempo y memoria que advierte en el *Quijote* y en la obra de Proust.

13. [*Dos folios a máquina*]

México, 14 de junio, 1959.

Mi queridísima María: Llevas razón en reprocharme mi silencio. Tú no has podido saber lo que yo he sentido, por ti, durante él. A él se debe toda la causa de que no hayas recibido carta mía. Te lo voy a explicar. Tu carta última era muy desalentadora y te sentía deprimida y desesperada, en sus palabras. Y aunque no me decías nada de lo que te producía esa angustia, yo me pensé que, aparte de la enfermedad de Araceli, había otras cosas que, como no me equivoqué, eran las preocupaciones de tipo económico. Entonces me sentí triste y un poquito culpable de ello. Quise arreglarte algo, antes de escribirte, y hablé con Diego,[25] el que me afirmó lo que te pasaba. Con él y con León Felipe y otras personas, hablé de ello y todos me ofrecieron hacer lo que pudieran. Creo que León (que ahora está el pobre muy mal, muy mal)[26] habló a Alfonso[27] y teníamos acordado arreglarte algo aquí en la Universidad. Pero, claro está, antes teníamos que saber lo que ello te parecía a ti. Yo volví a ver a Diego y le dije que te escribiera sobre todo esto y que tú, seguramente, le hablarías con más claridad a él. Ya que a mí no me hacías más que hablar en tu carta del fardo que te habías echado encima. Como yo soy tan calamidad para los asuntos *prácticos* de la vida, me dio tristeza el no poder ayudarte como debiera y quiero. Pero no sé si sabes que también tengo que vivir con una cantidad pequeña (bastante para mí) que mi hermano me envía mensualmente. Cantidad que recibo por ahora no sé hasta cuándo, un año, dos o tres lo más... ¡En fin! ¡Un desastre! Ya sabes lo que esto significa para poder trabajar bien.

---

[25] El abogado y escritor Diego de Mesa, citado varias veces en la correspondencia, había conocido a Prados y a Zambrano en Barcelona en 1938. Amigo de Francisco Giner, ambos frecuentaron a los dos escritores en ese momento.

[26] León Felipe, por quien María Zambrano se interesa a menudo en sus cartas, pasa en estos años por una profunda crisis personal agravada por la muerte en 1957 de su esposa, Berta Gamboa. Véase el análisis que hace de este periodo de su obra José Ángel Ascunce en *La poesía profética de León Felipe*, Universidad de Deusto, San Sebastián, 1987, pp. 55-62.

[27] Posible referencia a Alfonso Rodríguez Aldave. Aunque podría tratarse también de Alfonso Reyes, que moriría pocos meses después, cuando aún era presidente de El Colegio de México.

Con todo esto y con gran cansancio por haber comenzado febrilmente otro libro, poema al que por ahora llamo *La piedra escrita* (por referencia a San Juan). Recibí tu envío precioso, que enciendo para verte y sentirte conmigo. Aquí solito, en la noche, tu esfera celeste se agranda y me envuelve en su claridad suave y acariciadora. Y veo tus manos "como palomas" y tu alma transparente de manzana purísima martirizada y presa allí, con su llamita de espíritu en la frente. ¡Gracias, María! Tenía miedo de escribirte. Le hablé otra vez [a] Enriquito y me dijo que Diego le había dicho que te marchabas enseguida a Ginebra. Y entonces esperé tu carta que al fin me llega, con sus *esperados* reproches. ¡Gracias por ellos! Ahora, no sé por qué me parece que vamos a escribirnos más. Tú sabes que Suiza es para mí mi segunda patria, ya que a ella le debo el nacer de nuevo a la tierra, después de mi enfermedad. Fue ahí cuando comencé a escribir poesía. Después de [la] experiencia terrible del sanatorio en Davos Platz. Por eso creo que no estaría mal en la nota biográfica decirlo.[28] En realidad la nota no es muy cierta. Lo que tú dices de mi poesía es maravilloso y me anima y conmueve. Lo referente a mi vida, si tú crees que vale la pena arreglarlo, allá va la verdad:

Nací en Málaga el año 1899. Allí permanecí hasta los 14 años en que me fui a la Residencia de Estudiantes de Madrid en la que estuve estudiando bachillerato, preparatorio de Ciencias y después Filosofía. Estuve en Davos (Suiza) cerca de 2 años curándome una afección pulmonar. Allí comencé a escribir mis versos. Curado ya marché a Freiburg (Alemania) a la Facultad de Filosofía y a mi regreso de Alemania, fue cuando fundé en el año 1927 la revista *LITORAL*.[29] Entre estos años pasé largas temporadas en París...

Te aclaro esto porque para el que quiera estudiar la historia de mis versos, creo que es muy necesario, por la influencia que tuve de estos distintos medios.

Para la bibliografía podrías citar "Ingreso a una transfiguración" de Juan Larrea, "La aventura poética de Emilio Prados" de C. Blanco Aguinaga (que obtuvo una beca en USA para hacer este libro): él es

---

[28] Bastantes años después, María Zambrano recordará estas palabras en su prólogo a la reedición de *Circuncisión del sueño*, Pre-Textos, Valencia, 1981, p. 9.

[29] El primer número de *Litoral* salió en noviembre de 1926. Como sucede en las cartas de estos años, el poeta olvida a veces los datos exactos.

profesor en la Universidad de Ohio y "Temas y formas en la poesía de Emilio Prados" por José Sanchis-Banús (París). Éste es trabajo de Tesis doctoral. (Si te parece bien citarlo, tú tienes la palabra, el trabajo es serio, en lo que yo conozco de él.) Después de éste hay un pequeño trabajo de José Luis Cano, publicado en un libro sobre la poesía española contemporánea y otro sobre igual tema de Ricardo Gullón. (No sé si se ha publicado ya y se llama creo "La generación poética de 1927".) [*En margen izquierdo de la página Prados completa la información con nota redactada a mano:* También para la bibliografía está la conferencia dada aquí en la Universidad y que se publicará al frente de una Antología, "Emilio Prados y los límites del yo", de José Miguel G[arcía] Ascot].[30] Con estos datos y si te da tiempo, tú haces lo que quieras. A mí con lo tuyo me basta, María, tú lo sabes bien.

Ahora yo quiero que me escribas mucho y que trates de dominarte y, con tranquilidad, ponerte a trabajar en lo que tanto necesitamos de ti los demás. Tú bien sabes cuánto te debo y te tengo que deber. Por aquí se aprecia mucho lo tuyo así es que la responsabilidad que tienes es grande. ¡Vamos a ver! Y ya no te regaño más...

Mira ahí —bueno, no tan cerca— en Ginebra, en la calle Henri Spiess, 9 vive mi sobrina María Rosario Prados, casada con Manolo Araoz. Es la hija pequeña de mi hermano. ¿Te acuerdas? Es muy cariñosa y tiene unos peques formidables: principalmente mi ahijado Diego. Me gustaría que la vieras. Ella creo que en el mes de julio viene a ver a sus padres a Canadá, pero ahí reside. Mi sobrino, su marido, trabaja en la Oficina del Trabajo, en la que también está Petere.[31] No

---

[30] El ensayo de Carlos Blanco Aguinaga, "La aventura poética de Emilio Prados", se había publicado en 1956 en la *Revista Mexicana de Literatura*, México, núm. 8, noviembre-diciembre, pp. 71-101. Con este título el poeta está refiriéndose al libro que debía estar ya en imprenta, *Emilio Prados. Vida y obra-Bibliografía-Antología*, Hispanic Institute, Nueva York, 1960. El trabajo de Sanchis-Banús fue presentado en 1959 en La Sorbona como Diploma de Estudios Superiores. El artículo de Cano, "La poesía de Emilio Prados", se incluyó en *De Machado a Bousoño; notas sobre poesía española contemporánea*, 1955, y después en *Poesía española del siglo XX*, Guadarrama, Madrid, 1960. No sabemos a qué trabajo de Ricardo Gullón se refiere; el crítico evocará los últimos años del poeta en "Septiembre en Chapultepec", *Ínsula*, Madrid. núm. 187, junio de 1962, pp. 1 y 10. El escrito de Jomí García Ascot se publicaría en la *Revista Mexicana de Literatura*, México, nueva época, núm. 11-12, noviembre-diciembre de 1962.

[31] El poeta José Herrera Petere, amigo de ambos escritores, que en 1947 había dejado el exilio de México para emigrar a Suiza. A su muerte María Zambrano le dedicaría el texto "Adiós a José Herrera Petere", en *Programa del acto en recuerdo a José Herrera Petere* celebrado en el Club del Libro en Español, Naciones Unidas, Ginebra, 4 de abril de 1979. Véase también "En la distancia", *Escandalar*, Nueva York, núm. 4, 1980.

dejes de ver a mi sobrina que os alegraréis las dos. Además es posible que también ellos, allí puedan resolverte algo. ¡No dejes de verlo[s]! ¿De verdad?...

Aquí en la Universidad esperan tu librito. Y yo también. Pero por mí no te fuerces en nada. Y en Fondo de Cultura ¿no puedes dar alguna cosa?

Oye, no pude conseguir el número de *Diógenes* —no me hacen caso y no me lo piden—. Ese trabajo de que me hablaste me inter[e]sa muchísimo ¿cómo puedo conseguirlo? Hay otras cosas tuyas que no conozco ni sé dónde se publicaron, como por ejemplo "La agonía de Europa", "La confesión, género literario y método" y "Nostalgia y esperanza de un mundo mejor".[32] Si me escribes pronto y te lo pido, no dejes de decirme dónde puedo adquirirlo. ¿Tú tienes mi *Antología poética* (Ed. Losada)? Si no, dímelo y te la mando enseguida.

Bueno, María, te voy a dejar por hoy. No puedo seguir escribiéndote de esta forma. Me gusta hacerlo sobre otras cosas y despacio y con mi letrilla y a ti también me gusta verte con tu letrilla.

Dime qué tal te va por ahí. Eso será precioso, como lo es toda Suiza. No conozco Vaud pero si está tan cerca ese pueblecito de Ginebra debe ser hermoso. ¡Quién sabe si ahí nos reuniremos alguna vez!

Adiós, hija, saluda a tu Araceli y tenme, ya sé que me tienes como ese hermano *que siempre has tenido*.

Te abraza con todo el corazón

Emilio

14. [*Un folio redactado a lápiz*]

[*México*] 1 de agosto [*de 1959*]

Mi queridísima María: ¡Ya ves las cosas que han pasado! La muerte de Manolito[33] me ha deshecho. ¡No quiero hablar de ello, por ahora!

---

[32] Estos ensayos fueron saliendo a lo largo de los años 40 en las revistas *Sur* (Buenos Aires) y *Luminar* (México). Alguno de ellos se publicaría en forma de libro con otros trabajos breves: *La agonía de Europa*, Sudamericana, Buenos Aires, 1945.

[33] Manuel Altolaguirre había fallecido el 26 de julio anterior en accidente de tráfico cuando viajaba por España.

León está muy mal; tan mal que no han podido ni operarlo, pues el corazón no le sirve. Le llevé el mismo día tu carta. ¡Y fue a ver a Alfonso! Alfonso[34] dice que no puede *ahora* enviarte lo que pides. ¡Yo no lo he visto, ni quiero verlo! ¡No sé lo que le haría! Pero te escribo cuando me he enterado de todo y cuando me ha sido posible porque estuve mal y no podía comunicarme ni por teléfono con León.

Ahora voy a esperar a mi hermano que viene a verme.[35] ¡Hace 20 años que no nos vemos! Nadie sabe lo que estamos pasando. ¡Y lo que nos queda!

Adiós María. Te escribiré otro día con más calma. Te abraza con el corazón

Emilio

15. [*Un folio mecanografiado*]

Trelex-sur-Nyon, 9 de agosto de 1959
Chez M. Bory.

Querido Emilio:

Gracias por tu carta. Tú no sabes cómo me alegra que vaya tu hermano a verte. No creía que hiciese tanto tiempo que ustedes estuvieran sin verse. Parece increíble. Una de tantas cosas increíbles.

Aquí me vino a ver un muchacho inglés llamado Kerr de parte de Luis Cernuda, y me dijo que conoce a Bernabé, pues va a España de vez en cuando y la ama mucho —ahora está allí— y me dijo lo mucho que te recuerdan en Málaga, de la que él está enamorado.[36] Y que

---

[34] Posiblemente el ya citado Alfonso Rodríguez Aldave, con quien María Zambrano había estado casada hasta su separación en 1948. Aunque no vivía ya en México, Rodríguez Aldave, que trabajaba en empresas bancarias europeas, volvía con frecuencia al país.

[35] Miguel Prados, que tan importante papel tuvo en su vida. Éste sería también su último encuentro.

[36] La persona a la que hace referencia es Sebastian Kerr (1931-1994), quien había llegado a Málaga en 1955 para realizar un curso de español para extranjeros. Llevaba una carta de presentación de Herrera Petere para Bernabé Fernández-Canivell, citado también en estas líneas. Fue este último quien lo puso en contacto con Cernuda y otros poetas de su círculo. De refinada formación intelectual, Kerr se había interesado por la poesía en la Universidad de Oxford donde cursó estudios de filosofía. Trabajó después como intérprete de la OTAN en el "Defense College" y publicó en revista algunos poemas y dibujos, dejando inédita una obra de teatro. Frecuentó los

Bernabé te mandó una llave de su casa de plata para que tú fueras a ella para siempre, si quieres. Me pareció hermosísimo.[37]

Figúrate que al decirle que soy de Málaga —creo que me preguntó de dónde soy— me dijo algo así que todo lo que vale de España es de allí. Yo le dije, bueno, no tanto, también hay de otros lugares, pero Málaga sí es verdad que ha dado gentes muy especiales, muy únicas.

No te quiero hablar de lo de Manolito. Me enteré de ello brutalmente: abriendo *Le Monde* a las doce y media de la noche (aquí en casa, pues como estamos en un campo sólo cuando él viene tenemos periódico). Y abrí el periódico justo por ahí. No, no lo quiero comentar, pues me da pena de todos nosotros, que vamos así desapareciendo y los que quedan se enteran así... Bueno Emilio, hay que seguir. No hay que compadecerse de nosotros, tenernos Piedad sí, pero compasión no. Pues que tenemos lo mejor o lo mejor pasa por nosotros, se abre camino por nosotros... ¿Qué más se puede pedir a la vida?

A finales de mes nos volvemos a Roma mi hermana y yo. Te mando la dirección. Y si no me escribes enseguidita, hazlo ya a esa dirección, pues estaré allí hacia el 30 de agosto.

Tengo esperanza, Emilio, tengo esperanza por ti, por mí, por León, por todos nosotros. Lo importante es no haberse cansado de amar. Llegar al fin sin haberse cansado, sin haber dimitido de eso, de ese amor mas allá del amor, que tú conoces.

María

Mi dirección:
Lungotevere Flaminio 46.
Palazzina 4, Scala B. Roma.

---

ambientes artísticos de París y Ginebra, ciudad en la que vivía su madre, Lidia Rabinovitch, poetisa en varios idiomas y traductora de Herrera Petere al alemán y de Paul Celan al francés. Fruto de su paso por Málaga fue su amistad con el poeta Vicente Núñez, a quien debo algunos de estos datos.

[37] La anécdota es cierta, aunque el envío que le había hecho Fernández-Canivell era el de la llave de la habitación que le tenía reservada en su casa. En el archivo de Prados se conserva carta de aquél (17 de junio de 1954) en la que se lee: "No pierdas la llave de tu cuarto. Aunque no te valdrá perderla porque mandaré hacer otra, y ésta no será de plata sino de oro."

16. [*Dos folios manuscritos*]

19 de noviembre 1959, México

Mi querida María: Te debo carta, lo sé. Pero ¿por qué no me escribes? He pasado unos meses muy malos. ¡También tú! Pero, vuelvo a decírtelo ¿por qué no me dices ni una palabra? La muerte de Manolito ha marcado en mí una época, que no me esperaba. Después Domenchina murió también. León está muy mal (pero no lo digas). Luis, no tiene trato conmigo y cada vez está más extraño.[38] Y aquí me tienes a mí, el que todos esperaban ver muerto a los 18 años, camino de los 61, desterrado de amigos, si no de pensamientos.

Mi hermano vino a verme, a los 20 años de estar separados, precisamente en los días de lo de Manolo... Ya se fue y me quedé aún peor... ¡En fin! Ahora he vuelto a coger el ritmo de mi trabajo y a él me tiro de cabeza para salvarme. Y creo que, a veces, me salva. Pero estoy demasiado solo y, ya sin remedio, aquí anclado.

Ayer vino a verme Enriquito,[39] que está desconcertado, y yo le aconsejé que se fuera otra vez por ahí. ¿Qué puede hacer el muchacho acá? ¡Yo no lo sé! ¡Escríbele tú! Y escríbeme. ¡Hoy mismo, María! ¿Lo vas a hacer? ¿Sí? ¡Anda, por favor! Soy egoísta, pero... Dime, cómo van tus cosas. No te dejes dominar por la desesperanza, María. ¡Ése es tu defecto! ¡Sí! ¡De verdad! Y con la desesperanza... nos dejas a los demás esperando tus trabajos que tanto necesitamos. Hace unos días, vino a verme Manolo Durán, no sé si lo recuerdas. Un poetilla (de los que llegaron chiquillos acá).[40] Me habló de ti, con admiración. Él está en no sé qué universidad de U.S.A. y no conocía tu libro *El hombre y lo divino*. Estaba entusiasmado y me pidió tu dirección, para escribirte sobre esto. Creo que quiere hacer un artículo hablando de ti.

---

[38] Luis Cernuda. La relación amistosa que habían mantenido ambos poetas en España, marcada ya por momentos de susceptibilidad, se deteriora en estos años. Para las complejas causas de este distanciamiento puede verse mi tesis doctoral (citada más adelante, nota 58, pp. 239-244).

[39] Enrique de Rivas. Es frecuente en Prados el apelativo cariñoso para referirse a los amigos.

[40] Manuel Durán pertenecía a la joven generación de escritores españoles en el exilio a la que Prados había alentado desde muy pronto. Véase el retrato que hace del poeta en "La Calzada de los Poetas: un paseo lírico por la Ciudad de México", en J. M. Naharro-Calderón (coord.), *El exilio de las Españas de 1939 en las Américas: "¿Adónde fue la canción?"*, Anthropos, Barcelona, 1991.

¡Ya ves! Es la gente joven que es la que nos importa. Ayer me decía Enrique eso. Cuando me lamentaba del silencio y la incomprensión de los de mi edad, me decía. "Pero Ud no puede decir eso de nosotros y Ud vive y escribe para nosotros y para los más jóvenes que nosotros... Los viejos ¿qué saben?" Son palabras cariñosas y tal vez verdaderas. Y el comentario se extendió a ti. Igual me dijo —de ti, de tu libro— Durán.

Así es que coge tu plumita o esa porquería de máquina de escribir que tienes (que es peor que la mía) y ¡a escribir se dice! Pero antes escríbeme a mí y cuéntame todo lo que hagas, lo que vas a hacer, lo que no vas a hacer... En fin que yo te sienta vivir como siempre eres. ¿Y Araceli? ¿Está mejor? Adiós, hermana, acuérdate de mí, quiéreme y escríbeme pronto. Te abraza con el corazón

Emilio

17. [*Dos folios manuscritos*]

25 de marzo 1960
Ap. 20356 - México 5 D.F., México

¿Qué te pasa, María? He esperado tiempo y tiempo, y con deseos, tu carta. Te la pedía casi angustiadamente en la mía última, ya tan lejana. Después pensé que no vivirías en el mismo lugar, y llamé a Enrique y a Diego. ¡Me dio tristeza el saber de ti indirectamente! ¿Por qué? Diego me dijo: "seguramente le escribiste algo que no le agradó". ¡Imposible! María, hermanita ¿cómo voy yo a decirte nada malo? Te pedía ayuda. Me encontraba "caído". Eso era todo. Y pensé que nadie como tú me conoce hondo, para decir lo necesario. Pero eso no ocurrió... ¡Bueno!

Sé que vas a publicar un libro en la Universidad y que tal vez te den una beca en ella. Pero no me hagas mucho caso, pues yo ando siempre despistado en estas cosas.

No sé si te dije que terminé mi libro *La piedra escrita*, creo que sí.[41] Y es posible que ello sea la causa de todo lo que me ocurre. Me siento adolorido, inútil y sin peso, ni hueco en donde estar vivo. Huyo entonces para afuera y todavía tira de mí la letra y la responsabilidad de darla. Además ¿interesa? ¡No sé! Necesitaría un diálogo que no tengo y que tú no quieres darme.

Me encuentro solo; pero solo de verdad. Todos me quieren, o lo dicen, pero ¿qué? No es eso. Tengo necesidad de acción inmediata y común. El mundo nos necesita hoy más que nunca, aunque hoy más que nunca sea hermoso y deslumbrante. Es la gota última, oscura, ignorada y desatendida de su busca, la que nos está llamando a gritos. Sal a la calle. Mira al primer niño que pase a tu lado. Míralo bien a los ojos. Y verás, María. Cada niño se asoma a cada niño para pedirnos amor. Si miramos el centro de su mirada, vemos la "cruz abierta en la unidad que cruza ya sin tiempo" y ese "ya sin tiempo" cómo nos llama en su "todo" caliente.

No, María, me da horror de mí mismo, cuando pienso en todo lo que debo, en todo lo que esperan el niño, el pájaro, la flor, la piedra, el agua. "Un cielo sin reposo"[42] que es Dios: Dios no quiso morada y nosotros, como tú dices: edifica que te edifica... Y Dios, sin reposo. No buscamos reposo para Dios y nunca lo tendremos... En la guerra, me acuerdo, unos campesinos prendieron fuego a una iglesita en lo alto de un monte. Cuando bajaban, lo hacían como iluminados y decían: "¡Hemos libertado a Dios!" ¿No es hermoso eso? ¿Qué más podemos añadirle? Y sin embargo, no puedo ver a un niño que me mire.

¿Qué nos pasa? ¿Qué me pasa, María?: Escríbeme, hija; y ayúdame a salvarme y tú ten mientras el corazón de tu hermanillo Emilio.

Adiós

---

[41] Es éste uno de los libros más laboriosos e intensos de Prados. Por las cartas se deduce que está trabajando ya en él al menos desde enero-febrero de 1959, dándolo por terminado en marzo de 1960. Sanchis-Banús ofrece toda suerte de detalles sobre la elaboración del mismo en la rigurosa edición que le dedica (Clásicos Castalia, Madrid, 1979). Según advierte, en la primera página del manuscrito aparece esta datación: agosto de 1958-enero de 1960.

[42] Título con que encabeza una de las partes de *Signos del ser*.

18. [*Tres folios manuscritos, numerados*]

Roma, 29 de marzo 1960

Emilio: acabo de recibir tu carta maravillosa, como todas las tuyas. He tenido que salir a... una de esas latas inaplazables, y me he metido aquí en el Correo a escribirte un poco. Pero no me he traído el número de tu Apartado y así que no podré echar la carta ahora mismo, como quería. Hoy saldrá de todas maneras.

Sí, Emilio, soy tu invariable amiga-hermana. Sé muy bien que hay que dar señales de ello. Pero tú debes de saber que si no lo hago es por algo, por algo... de lo que no quiero darte idea siquiera. Tú no sabes, nadie sabrá nunca lo que estoy pasando. Infiernos los había pasado; pero como éste creo que ninguno.

Creo que ninguno, Emilio y también mi hermana... Pero, además quiero hacerte una confesión: quería mandarte lo que desde hace tanto tiempo *quiero* escribir sobre tu poesía o en ella. Lo he empezado ¿cuántas veces? La última lo he dejado dentro de un sobre de papel translúcido; ahora, *si no me lo impiden*, lo haré; lo tengo que hacer. Es necesidad mía, Emilio; soy yo quien necesito hacerlo.

Y se me interrumpe, como se me interrumpe todo lo que quiero hacer —y necesito— de años; hasta aquello que debo de hacer para ganar unos chavitos, todo.

Y quería escribirte, decirte... Tú sabes que yo también saco mi palabra, la palabra de ese oscuro, palpitante fondo. Vamos los dos al mismo pozo, buscando la fuente, al mismo pozo oscuro de agua que cuando sale es transparente, clara, el cuerpo mismo de la claridad. Quisiera, quiero decirlo así; hacerlo ver así de tu Poesía. ¿Padre, Señor Dios mío?

Pues, Emilio, además de esas infandas interrupciones, tengo miedo de escribir sobre tu Poesía. Tengo miedo. Sí. Lo tengo. Temo no poder, como nunca he temido. Ya ves... Y yo quería, quiero que llegue a tiempo de que salga en ese libro de la Universidad y en alguna Revista.

Pero si no llega a tiempo, lo incluiré en otro libro de cosas españolas que salga en España misma. Lo haré, Emilio, lo haré, si Dios me ayuda, pues que las cosas sólo con su especial ayuda se pueden llevar a cabo.

Tu carta me ha ayudado. Escríbeme y si quieres, mándame enseguida algún poema de *Piedra Escrita* [sic].

No dudes pues, de mí; no te duelas de desatención mía. No te explico lo que estoy pasando porque tampoco quiero que te duelas de mí, por mí —¡Ay!

¿Y León Felipe? Un abrazo Emilio, querido amigo-hermano

María

[*P.D. que se continúa en ambos márgenes de la página:*]

Nunca sabrán los amigos buenos que trabajan tanto por [*mí, tachado encima*] esa Beca de la Universidad, lo que me arreglaría si viniera, si viniera, sí. Que Dios se lo pague. Sé, ¿cómo no voy a saberlo? que tú harías todo. Pero sé que tú no puedes. Escribí a A. Conesa para que vaya a pedir a Alfonso. ¡Cómo me duele esto!

[*En margen superior derecho de pág. 1 añade:*]

Me escribió Durán. Le contesté unas líneas.

Ahora saldrá, espero, en Madrid un librito mío que te enviaré cuando lo tenga.[43]

[*En folio aparte s.n. añade esta nota:*]

Piedra Escrita... En la piedra escribe el agua, la luz, el Tiempo. La piedra herida

El templo de la Poesía, indestructible[44]

19. [*Dos folios manuscritos*]

Roma, 7 de mayo 1960

Querido Emilio:

Quiero decirte que en medio de mi "neura", tan motivada, me voy sintiendo no mejor, que eso no, pero parece que las circunstancias, a lo

---

[43] Alude a *La España de Galdós* (Cuadernos Taurus, Madrid, 1960), como aclara en la carta siguiente. El prólogo a los dos ensayos que recoge en el libro está fechado en Roma (25 de enero de 1960).

[44] Entre los cuadernos de trabajo de María Zambrano que se conservan en la Fundación de su nombre (Vélez-Málaga), localizamos uno en el que aparecen notas de lectura referidas a varios libros de Prados. Son apuntes rápidos (como este que le manda) destinados probablemente al ensayo que pensaba dedicarle.

menos físicas, me aprietan menos. Y así, al poder de nuevo pasar algunas horas a solas conmigo, en mi cuarto, oyendo música —[*disco*] tras [*disco*]— me he echado o soltado a escribir sobre tu poesía o sobre la poesía en ti. Y esto me tiene feliz allá por dentro. Quiera Dios que nada venga a interrumpirme, a cortarme esas horicas de salud y [*reposo*]. Lo que más me gusta es que creo que saldrá solo.

Si no llega, como creo que no llegará a tiempo de ir en el libro que tiene la Universidad de México, no importa o mejor. Pues tengo otra idea que se me figura mejor: escribir después otra cosa sobre el "Abel Martín" de Machado y que salgan las dos en España, en Madrid, en un librico; primero, un trozo puede aparecer en una Revista. No sé si estaré para hacer alguna otra cosa sobre otro poeta español.

Pero, Emilio, te ruego, suplico que no *digas nada a nadie*, pues me trae invariablemente mala suerte el decir lo que estoy haciendo o pienso hacer. Mira, que es una superstición muy fuerte. Hazme caso.

Y escríbeme, Emilio.

Te recuerdo mucho, te quiero mucho. Creo, siento que pronto iremos a España.

Un abrazo

María

[*P.D.*] Si quieres mandarme algo de tu *Piedra escrita...* hazlo enseguida.

Ha salido ya en Madrid mi *España de Galdós*. He dado orden de que te lo envíen. Yo todavía no lo he visto.

[*Añadido en margen superior de pág.1:*]
Dime cómo está León y si le ves dale un abrazo mío.
Ten alma [¿*calma?*], más que nunca. Volvemos, volvemos prontico.

20. [*Dos folios manuscritos*]

[*México*] 18 de mayo [*de 1960*]

Mi queridísima María: Desde que recibí tu última carta estoy fuera de mí, cerca de ti, y no quiero mover esto que ha quedado, como ausencia palpitante y culpable —dulcemente culpable— de mi palabra, ya lejana. Queridísima María ¡qué comunión nos damos! De ninguno de los dos y de los dos es lo que tienes y se mueve entre tus deditos temblorosos. Tu palabra brota para darme. La mía igual. Tú la recoges —mi palabra— y te arrojas al fondo de ella —de mí— para salir purísima. Quiera Dios que vuelvas, como paloma blanca —Istar de lo profundo oscuro— y entregues húmeda del agua de la vida, como en lágrimas, la luz que quise dar casi muriéndome. Baja María, baja sin miedo, espiral sin fin (?) [sic] a volver frente a ti como si en lugar de mirar hacia adentro hubieras volado frente a un espejo imposible, de fondos invertidos. La [g]ota o cruz abierta o tiempo ya continuo es así. ¿Por qué buscarle relación de lugar? No hagas caso de mí. Mírame en la palabra solamente. En ella, que de mi tierra ha salido pasmada de ella misma y el mundo al que se da que es del que viene.

Me gusta mucho lo que me dices de *Abel Martín*. Es un buen compañero. Inestimable para mí.

En *La piedra escrita* (que no sé si te pueda llegar algo de ella a tiempo) tengo un "Canto de frontera" (¿recuerdas?) que te copio:

> ¿Olvido? ¿silencio? ¿muerte?...
> Costal de la vida adentro
> lleva la vida que vuelve.
> ¿Jardín de en medio? ¿Jardines
> del otro, del tuyo, el mío?...
> Jardín del jardín que vive.
> Muerte, silencio y olvido...
> ¡qué tres presencias ausentes
> mantienen al jardín vivo!

Este canto es de una parte que llamo "Jardín en medio" que dedico, como respuesta, a J. Guillén.[45] El resto del libro es de tono diferente a

---

[45] El poema aparece en *La piedra escrita* dividido en tres estrofas de tres versos cada una, la última de las cuales va entre paréntesis. Me he referido en otra parte (*vid.* tesis cit. más adelante, nota 58, pp. 430-431) a las implicaciones que tiene esta "respuesta" en relación con la poética que Jorge Guillén expone en *Cántico*. Recordemos aquí que en estos años Guillén comienza a interesarse seriamente por la obra que Prados escribe en el exilio, visitándolo en más de una ocasión y manteniendo con él un diálogo del que debe quedar constancia en la correspondencia que muy probablemente intercambiaron.

234 HOMENAJE A MARIA ZAMBRANO

esto. A ver si te copio algo y te lo envío. Si lo quieres para lo que haces dímelo enseguida. Siempre será para darte la razón a lo que estás diciendo.

María, si te llega el silencio de golpe, no sigas. No te esfuerces por mí que sólo quiero tu brote natural, tu luz constante. Y escríbeme. Yo estoy calladito esperando. Nada digo, ni diré hasta que me lo mandes tú. ¡No puedo romper el misterio! ¡Espero, como en un nido!

Adiós, hermana, hija María. Escríbeme pronto. Saluda a Araceli. León está bien. Y [*yo*] y todos. Siempre te quiere muchísimo

Emilio

II

Un ciego me preguntó
que cómo era la luz del día;
yo le contesté llorando:
envidia te tengo yo,
yo no quisiera ver tanto.

(Letra de Fandangos)

Lezama Lima captaba certeramente cuál era el espíritu que animaba la obra de María Zambrano cuando en 1970 le escribía: "¿Qué fatalidad ha hecho que usted tan meridional, tan hecha para la más fina conversación y para la amistad que sabe eternizar lo cotidiano [...], haya tenido que vivir en un rincón frío y como solitaria? [...] María, su soledad merece el respeto y admiración de todos. Una soledad que forma parte de su misterio y del misterio del ángel que la cuida. Usted ha sabido asumir la suprema dignidad, allí donde no hay preguntas ni respuestas. La soledad y el misterio de la soledad, asumidos como un sacramento, como la comunión y la poesía total de la resurrección."[46]

---

[46] José Lezama Lima, "Cartas a María Zambrano", *Creación,* Madrid, núm. 8, mayo de 1993, p. 71.

Son palabras que muy bien podríamos hacer extensibles al conjunto de las cartas que acabamos de leer, reflejo de la misma soledad fatal, pero también de la misma esperanza.

Después de un primer encuentro en Madrid, María Zambrano y Emilio Prados coinciden de nuevo en Valencia en 1937, cuando ambos desarrollan diversas actividades al servicio de la República. Todo hace suponer que ya a finales de 1936, siendo ella consejera nacional de la infancia evacuada, habían colaborado los dos en la organización de las guarderías infantiles llevada a cabo por el Ministerio de Instrucción Pública.[47] Ligados al nacimiento de *Hora de España*, marchan a Barcelona donde la revista traslada la redacción a finales de año, y es allí, a lo largo de 1938, mientras acuden diariamente a la sede de la publicación, cuando estrechan lazos de amistad. El afecto y las profundas afinidades que los unen de inmediato parecen provenir de un destino común que el tiempo y las circunstancias se encargarán de corroborar. La escritora nos ha dejado la crónica de las largas veladas que pasaban en el local de la revista (acompañados frecuentemente por Rafael Dieste, Gil-Albert, Ramón Gaya, Sánchez Barbudo, Serrano Plaja, José María Quiroga o Vicente Salas Viu), y que, en el caso de ellos dos, se prolongaban en inacabables conversaciones: "Venía desde la tarde, y aun desde la mañana, Emilio Prados en la hermandad entera en que vino a dar amistad que nos unía. Traía sus poemas escritos durante la noche [...] Solíamos bajar a dar un paseo por la Plaza ancha y redonda al pie de mi casa, a la que dábamos vueltas en torno al centro que a veces recogía alguna claridad del cielo." Tal como ella lo describe, el clima espiritual de estas reuniones es ya una definición de la reserva íntima y misteriosa que encontramos en sus respectivas obras: "Debíamos escuchar más intensamente el silencio que nuestras palabras. Y el silencio confería a las palabras calidad de lámpara que se enciende en lo oscuro al modo de luces votivas, de leve llama que se extingue y se reenciende en lo más recóndito de lo oscuro." [48]

---

[47] María Zambrano, Introducción a su ya citado *Federico García Lorca. Antología*. Con respecto a la preocupación de Prados por los niños evacuados durante la guerra, véase James Valender, "Emilio Prados y la Guerra Civil española: dos prosas olvidadas", *NRFH*, México, tomo XL, núm. 2, 1992, pp. 989-1003, en donde se recoge la noticia dada por Carlos Blanco Aguinaga de que el poeta dirigió una guardería por estas fechas.

[48] María Zambrano, Introducción a la edición facsimilar del número XXIII de *Hora de España*, Topos Verlag/Laia, Vaduz/Barcelona, 1977, p. XIX.

Pocas palabras pueden expresar mejor el camino que seguirían los dos tras su marcha al exilio.

Pero lo que nos interesa resaltar aquí es la importancia decisiva que para el futuro de sus obras tiene la reflexión sobre la guerra, y en general sobre el trágico destino del pensamiento liberal español, que ambos escritores desarrollan en un momento en que ya se prevé el final de la contienda. Como vimos, testigos de esta reflexión son en parte los jóvenes Francisco Giner de los Ríos y Diego de Mesa. Del enfoque común de los hechos surge la *nueva fe* que los hermana (y la palabra adquiere aquí su doble acepción fraternal y religiosa), tal como queda reflejado en la correspondencia. De forma clara y firme, Prados anuncia a su familia, ya exiliada en Chile, el proyecto al que se ceñirá a partir de ahora su vida. La carta, fechada en Barcelona en noviembre de 1938, dice así:

> Hemos tenido una gran enseñanza en estos años de guerra y en la sucesión de los hechos que en ella se han producido en España. De esta enseñanza salimos más humanos, más unidos que nunca y más decididos también a luchar siempre por la verdad. Dispuestos a trabajar sin descanso por conseguirla y con la gran fe de que sólo el camino que nos hemos trazado ha de dárnosla [...] Toda mi vida he luchado interiormente por hallar el camino de ella y hoy lo veo claro al fin y tengo la facilidad de ser parte activa que ayuda a que este camino pueda despojarse aún más para todos.[49]

Encontramos aquí ya en embrión el núcleo de la espiritualidad sin fronteras que desarrollará en México.

De hecho la obra anterior de Prados (algunos años mayor que Zambrano) no había hecho otra cosa que insistir, desde muy pronto, en la necesidad de traspasar la superficie de lo real en aras de lo sagrado. Sabemos que fue precisamente su insistencia en esa línea la que lo aleja del formalismo poético que otros miembros de su generación venían practicando. La introspección y la búsqueda de lo trascendente habían sido las dos constantes más marcadas de su obra, por encima de —o junto a— la ocasional asunción de mecanismos expresivos procedentes del surrealismo.

---

[49] *Apud* Patricio Hernández, *Emilio Prados: la memoria del olvido*, II, Universidad de Zaragoza, Zaragoza, 1988, pp. 344-345.

En alguno de los trabajos que María Zambrano publica en 1938 en *Hora de España* deja constancia de la opinión que le merece la poesía que su amigo escribe durante la guerra. Refiriéndose a *Cancionero menor para combatientes*, dice de estos poemas que

> recogen a su vez toda la difícil gracia más popular, más verdadera de nuestra riquísima tradición de Cancioneros. Después de los romances de la guerra en que se rememora el espíritu épico y novelesco del Romancero, estas canciones de Emilio Prados nos llevan a ese aire más adelgazado, a esa atmósfera que sin dejar de ser popular, es más puramente poética, sin poso histórico. Y nos hace oír esa voz lejana y como escondida en que suenan nuestros sentires más hondos, nuestras verdades más puras.[50]

Lo que le llama la atención es el tono hondo, la verdad trascendida y secreta que encierran los poemas, más allá de las circunstancias que los originan. No cabe duda de que la primera amistad con Prados actuó de estímulo decisivo en la conformación de su propio pensamiento. Recordemos que es en estos años críticos, en que difícilmente se mantiene ya el prestigio de la poética clasicista iniciada por un sector de la lírica española en la década anterior, cuando María Zambrano toma partido por el tipo de compromiso creador encarnado en figuras como la de Antonio Machado, al que considera heredero de la tradición estoica española. Escritor al que tanto Prados como ella habían tenido oportunidad de tratar en las duras circunstancias de la guerra. Tal como se deduce de sus colaboraciones en la citada revista, los dos modelos más próximos al humanismo poético que persigue María Zambrano son Machado, del que destaca su capacidad para expresar "al hombre en su integridad", y San Juan de la Cruz, tan presentes por lo demás en la obra que Prados realiza en el destierro.[51] En definitiva, cabe decir que el espíritu que alienta en la correspondencia que hemos leído esta-

---

[50] "Las Ediciones del Ejército del Este", *Hora de España*, Barcelona, núm. XXIII, noviembre de 1938.

[51] Colaboraciones recogidas en parte en *Los intelectuales en el drama de España* (Panorama, Santiago de Chile, 1937), ampliado con posterioridad. Véase también su artículo "Antonio Machado y Unamuno, precursores de Heidegger", aparecido en *Sur,* Buenos Aires, núm. 42, marzo de 1938. El ensayo "San Juan de la Cruz (De la 'noche oscura' a la más clara mística)", destinado a *Hora de España*, se publicó finalmente en la misma revista bonaerense, núm. 63, diciembre de 1939. Todos están reunidos en *Senderos*, Anthropos, Barcelona, 1986.

ba ya presente en la poesía de guerra de Prados y en el concepto de compromiso que Zambrano desarrolla en estos años.[52]

Pero existen razones suficientes para afirmar que el pensamiento de los dos venía nutriéndose de influencias semejantes, aún antes de la guerra. Hay un nombre decisivo que actúa de lazo de unión: el de Manuel García Morente. Prados hablaría en múltiples ocasiones de la huella que dejan en su primera formación las clases del maestro en la Pequeña Residencia. A él le debe el primer contacto con la filosofía (conocimiento de los presocráticos, *Diálogos* platónicos, Plotino, San Agustín, Spinoza, etc.) y con la mística española.[53] La amistad que surge entre ambos hace que Morente lo considere en esas fechas su mejor alumno. Estas lecturas constituyen la base sobre la que va a sustentarse la reflexión poética de Prados. Años después, en 1926, María Zambrano asiste también a sus clases (a la vez que a las de Ortega y Zubiri), mientras completa los estudios de Filosofía y Letras en la Universidad Central. Será al año siguiente cuando la lectura de la *Ética* de Spinoza y de la *Tercera Enéada* de Plotino la orienten definitivamente hacia la filosofía. Su tesis doctoral, que quedará incompleta y en la que trabaja a partir de 1931, iba a versar sobre la figura de Spinoza.[54] De ella sólo conocemos el ensayo "La salvación del individuo en Espinosa", un texto importante a nuestro propósito por cuanto aparecen en él ya sistematizados los elementos platónico-religiosos que latían también en el materialismo pradiano. Las matizaciones que hace allí María Zambrano son esenciales para entender el tipo de religiosidad que irá madurando en sus pensamientos respectivos.

Frente a la lógica abstracto-constructiva de Descartes, la afirmación spinoziana de la existencia optará por un racionalismo vital que recupera el diálogo del hombre con la naturaleza: Dios, naturaleza y vida humana se identifican, "son uno y sólo uno". La naturaleza actúa de puente fundamental, salvando "la escisión que entre el hombre y la divinidad se manifestaba en el pensamiento cartesiano". El sujeto

---

[52] Véase a este respecto las precisiones que hace en "Poesía y revolución (*El hombre y el trabajo*, de Arturo Serrano Plaja)", *Hora de España*, núm. XVIII, junio de 1938.

[53] Carlos Blanco Aguinaga, *Emilio Prados. Vida y obra-Bibliografía-Antología*, p. 11; y Patricio Hernández, *op. cit.*, I, p. 24.

[54] Para los datos biográficos tengo en cuenta el trabajo de Julia Castillo, "Cronología de María Zambrano", en *María Zambrano. Pensadora de la aurora, Anthropos*, Barcelona, núm. 70-71, 1987.

cartesiano, la soledad del yo con su pensamiento, queda subsumido en Spinoza en la unidad absoluta, reflejo siempre de la divinidad que está en la base misma de nuestro conocimiento.

> Como la *physis* griega, el Dios de Espinosa está ahí [...], formando el horizonte desde el cual miramos a las cosas y dentro del que podemos conocerlas. Dios está en el fondo de esa conciencia que constituye el ser del hombre, oculto e inescrutable, aunque manifestándose mediante las cosas singulares que de él nos dan noticia y por cuyo conocimiento adecuado le reconocemos.[55]

Sólo en la Divinidad, lugar de todas las identidades, podemos reconocernos, "porque en ella está toda la infinita, inabarcable multiplicidad del ser en unidad indisoluble". María Zambrano señala también la influencia que estas ideas tendrán en autores del romanticismo alemán —especialmente en Schelling, Goethe y Novalis—, tan presente en Prados.

El fin de la contienda española, la tremenda pérdida que significa para toda una generación, dará lugar a una eclosión del espíritu que busca en el desasimiento, en la renuncia, la fuente de un nuevo sentido que no puede apoyarse ya más que en la infinitud en que reside toda idea de exilio. Por desgracia la experiencia no era nueva en nuestro país, y es esa gran tradición del destierro la que se actualiza en las complejas galerías por las que circula gran parte del pensamiento español tras la contienda.[56] El camino se recorrerá de muy diversas maneras, será más o menos radical, tendrá diversas tonalidades, pero es desde el despojamiento esencial que supone desde donde puede explicarse la tentación metahistórica que embarga las obras que realizan tras la expulsión escritores como Bergamín, Larrea, Cernuda, Domenchina, Prados o María Zambrano, por citar casos bien representativos. Y es en este punto donde comienzan a resultar operativos documentos como los que damos a conocer en estas páginas.

---

[55] Las citas provienen del ensayo citado, publicado en *Cuadernos de la Facultad de Filosofía y Letras*, Madrid, núm. 3, febrero-marzo de 1936, pp. 7-20.

[56] En cuanto a la idea de exilio (término desgastado por las más diversas generalizaciones), véanse ahora las importantes matizaciones y las conexiones entre interior y exterior que establece la renovada lectura de J.M. Naharro-Calderón en su libro *Entre el exilio y el interior: el "entresiglo" y Juan Ramón Jiménez*, Anthropos, Barcelona, 1994.

Lo que nos conmueve de las anteriores cartas es su adentramiento en la pérdida, llevada aquí a un extremo, y convertida en *centro de irradiación* de la palabra poética. Prados y Zambrano son dos de los autores que más radicalizan las consecuencias que la renuncia tiene en el lenguaje, hasta colocarnos ante la insólita ruptura expresiva que manifiestan sus obras de madurez. No hay fronteras para el dolor o la emoción, como no las hay para la escritura que trata de dar cuenta de los sentimientos que los provocan. Sin embargo, la palabra de ambos escritores se eleva sobre el fracaso para seguir dando testimonio de la esperanza humana. Si no cabía ya seguir confiando en lo social, sí era posible hacer de la literatura un lugar en el que quedara reservada la imagen íntegra del hombre. "Lo importante es no haberse cansado de amar. Llegar al fin sin haberse cansado, sin haber dimitido de eso, de ese amor más allá del amor, que tú conoces" (María Zambrano, c. 15). Por fortuna para el lector, el tono patético que se desprende de estas páginas viene contrarrestado por una serie de referencias externas que pueden resultar útiles para el que se interese por la historia del exilio español contemporáneo.

Las cuatro primeras cartas son el resultado de la experiencia vivida en Barcelona,[57] y ponen de manifiesto hasta qué punto la violencia de la guerra marcaría la trayectoria de ambos escritores. En un proceso parecido al que sufre Simone Weil, el horror de los acontecimientos lleva a Emilio Prados (c. 4) a formular una dura crítica contra los inhumanos mecanismos bélicos, señalando cuál va a ser el centro de su reflexión a partir de ahora. Si la lucha de un bando y otro provenía del deseo del hombre por querer convertirse en fin él mismo, el poeta opta por invertir los términos: "Hoy ya sé que no es ése mi camino [...] Nadie, nada puede ser *fin* sin conocer su origen o si se niega a su conocimiento y... aún más si niega su sentir. La dignidad humana está en contentarse en ser camino; [...] ¿hacia dónde? ¿hasta cuándo?: Dios dirá..." Prados actualizaba, para llevarla hasta el extremo de lo inusual, la lección moral aprendida en el seno de la Institución Libre, teñida ahora de un claro sentido religioso. Es esta disponibilidad hacia la voz interior regida por lo sagrado la que irá tomando cuerpo paulati-

---

[57] El núcleo de amistades en Barcelona cercanas a Prados incluye a Manuel Altolaguirre, Ramón Gaya, Bernabé Fernández-Canivell, Juan Gil-Albert y Manuel Ángeles Ortiz, entre otros.

namente en su obra poética.[58] Hacia esos mismos derroteros, aunque en diálogo más evidente con la historia externa, se encamina también la obra de Zambrano.

El testimonio del poeta es impresionante con respecto a la situación ("sólo mis sentimientos piso ya como sueño en fantasma") en que queda el desterrado. Más allá de la derrota española, sus palabras (c. 3) logran poner en pie ante el lector la tragedia del fin del humanismo europeo, en un clima espiritual marcado por la "ausencia de Dios". Es ahí, a su entender, donde estriba la gran pérdida, y será desde ahí donde surja la respuesta que va a ir ofreciendo su obra, en paralelo a la esperanza, poblada también de sombras, a la que se aferra el pensamiento de María Zambrano. No otro es el tema de su obra central *El hombre y lo divino* (1955). La fe de los dos nace de una experiencia histórica compartida bien concreta. Experiencia a la que, al decir del poeta, no todo el mundo supo ser fiel en la "endemoniada selva" del exilio de los primeros años. La llegada de Dios que Prados anuncia en 1939 tiene un carácter premonitorio con respecto al rumbo, a la "misión", que iba a tomar su propia vida en México, pero también en relación con la poesía que él mismo iba a escribir, en la que todo es anuncio de ese advenimiento. ¿No adelantan sus palabras también el trasvase espiritual al Nuevo Continente que Larrea expone proféticamente en el prólogo a *Jardín cerrado*? La creencia que Prados manifiesta en estas cartas es la de una fe que lo trasciende, gestada en lo social, que necesita "salir de sí" para encarnarse en la colectividad. Y no de otro sitio parece proceder la voz que habla en sus obras. Es también el territorio, el mismo "Dios viviente", del que habla María Zambrano (c. 5).

La carta de su marido, Alfonso Rodríguez Aldave (c. 1), ofrece datos sobre los primeros momentos de su llegada a México. Profesora de Filosofía en Morelia, María Zambrano no parece sentirse demasiado a gusto en el ambiente académico,[59] y deciden trasladarse a Chile, país

---

[58] Para el desarrollo de esta idea en su poesía, y en general para lo dicho aquí sobre la trayectoria de su obra en el exilio, remito a mi tesis doctoral, *Emilio Prados: una visión de la Totalidad (Poesía y biografía. De los orígenes a la culminación del exilio)*, Servicio de Publicaciones de la Universidad de Málaga, Málaga, 1995, Serie Microfichas núm. 135.

[59] Así parece deducirse de sus palabras (c. 2). Justo es recordar, sin embargo, que en el prólogo a sus *Obras reunidas. Primera entrega*, Aguilar, Madrid, 1969, Zambrano reconoce la deuda que tiene con esta universidad, a la que ofrece la publicación de su libro *Filosofía y poesía*.

en el que habían vivido en 1936 cuando su marido ocupaba la Secretaría de la Embajada de la República Española. El proyecto, que incluye a Prados, coincide con su primer deseo de instalarse en Chile, donde viven su madre y su hermana.[60] El plan no llega a cuajar y pronto veremos al poeta instalado definitivamente en el Distrito Federal, mientras que María Zambrano marcha finalmente a La Habana. Si por la mente de ella pasa la tentación de volver a su país, él la elude más claramente. Lo que sí constatamos es la necesidad que uno y otro tienen de proseguir el fructífero diálogo iniciado en España; esa "conversación interminable" que a partir de ahora se va a concretar en el seguimiento de sus respectivos trabajos. Libros como *Filosofía y poesía* (1939), al que Prados alude (c. 3 y c. 4), iluminan sin duda el camino por el que va a transcurrir su obra, pero ponen de manifiesto también hasta qué punto el pensamiento de la autora corre paralelo a la intuición poética de aquél.[61] Merece, pues, que nos detengamos en sus páginas porque en ellas aparecen ya definidas las ideas centrales en las que se asienta su relación epistolar. Más que concretar influencias, lo que nos interesa resaltar son las conexiones, la red de afinidades electivas, que unen su pensamiento.

El ejemplar de *Filosofía y poesía* que Prados guardaba en su biblioteca de México, según pudimos comprobar, es el que la autora había enviado a Bergamín (en c. 4 dice haber perdido el suyo) con esta dedicatoria: "A José Bergamín, este libro, quizás cristiano." Los continuos subrayados y anotaciones que aparecen en sus páginas ponen de relieve hasta qué punto Prados se siente implicado en la lectura de un texto que recogía y arrojaba luz decisiva sobre su propio mundo poético. De hecho toda su obra final no hará sino desarrollar, y llevar hasta

---

[60] La idea de marcharse a Chile puede seguirse en las cartas que escribe a su madre y a su hermana Inés entre mayo de 1939 y finales de 1941. De hecho, en 1940 el diario mexicano *El Popular* anuncia en sus "Columnas del Periquillo" que ya se ha ido a ese país. Prados no puede reunir el dinero para hacer el viaje, y el recuerdo de la guerra le hace también desistir de la remota posibilidad de volver a España. Poco a poco va encontrando su sitio en México, sobre todo a raíz del trabajo que le proporciona Bergamín en Séneca, que alternará con su labor de tutor en el Instituto Luis Vives. *Vid.* correspondencia publicada por Patricio Hernández, *op. cit.*, II, pp. 350-361.

[61] Aunque no se refiere a él, Prados debió conocer también *Pensamiento y poesía en la vida española*, publicado ese mismo año por La Casa de España. La repercusión que el libro tuvo en los medios del exilio queda de manifiesto en la amplia reseña que le dedica F[rancisco] G[iner de los] R[íos], "Pensamiento y Poesía", *El Noticiero Bibliográfico*, México, I, núm. 5, noviembre de 1939.

sus últimas consecuencias, las revelaciones que encuentra en el libro: la idea de la sumisión del poeta a una voluntad ajena a él, la espiritualización del amor carnal, la ética como inmolación y martirio, la angustia del creador por desposeerse de sí mismo para salvar la palabra verdadera, la visión de la poesía como desarticuladora de la historia, en busca de lo primario y original, de lo que es "pura presencia bajo el tiempo"... Quizás el punto central de encuentro entre ambos escritores lo constituye la cristianización de Platón que lleva a cabo la autora en su lectura de *Fedro*, pasaje que no pasa inadvertido a Prados. A lo largo de estas páginas el poeta anota repetidamente dos frases ("Sumisión a la luz" y "El cielo de dos filos") que baraja durante varios años como posibles títulos de libros que no llegó a materializar, o que fueron sustituidos por otros a última hora.

Tendiente siempre a perderse en el abismo de lo momentáneo, las diferencias que allí establece María Zambrano entre pensamiento y filosofía (que en realidad venían a propiciar un diálogo necesario tras muchos siglos de incomprensión), llevan al poeta a afirmar las bases de su postura creadora. Si la filosofía trata de extraer a la realidad su misterio, ejerciendo sobre ella la violencia metódica de la razón, la poesía (que es "encuentro, don, hallazgo por la gracia") se prende en lo heterogéneo, vagabundea en la multiplicidad.

> El poeta enamorado de las cosas se apega a ellas, a cada una de ellas, y las sigue a través del laberinto del tiempo y de los cambios, sin poder renunciar a nada de ello: ni a una criatura, ni a un instante de esa criatura, ni a una partícula de la atmósfera que la envuelve, ni a un matiz de la sombra que arroja, ni del perfume que expande, ni a la modulación de su canto, ni al fantasma que ya en ausencia suscita.[62]

Después de la ruptura del caos original llevada a cabo por Platón, el filósofo tiene que mirar a la poesía con horror por cuanto supone una insistencia en lo innombrable. El poeta representa así la forma más grave de irracionalidad: "la rebeldía de la palabra, la dislocación del 'logos' funcionando para descubrir lo que debe ser callado, porque no es".

---

[62] María Zambrano, *Filosofía y poesía*, en *Obras reunidas. Primera entrega*. Todas las citas que siguen entre comillas proceden de ahí. Tenemos en cuenta también, por lo que afecta a nuestro propósito, la primera versión del texto (Morelia, 1939), que sufre algunos cambios significativos en esta nueva reedición. Sobre todo, como señalamos después, en cuanto a la supresión de notas a pie de página.

Colocándose en ese punto intermedio del que nace lo mejor de su palabra, María Zambrano formula en esta obra la cuestión central que subyace en su diálogo con Prados: "¿Cuál de las dos necesidades, si es que son dos, es la nacida en zonas más hondas de la vida humana? [...] ¿Cuál la más imprescindible?" En realidad el discurso que inicia ahora la pensadora gira en torno a un tema (unidad-heterogeneidad) largamente abordado por la poesía de su amigo, fascinado desde muy joven por la aparente contrariedad de intereses representada por las figuras de Heráclito y Parménides; una contrariedad siempre en diálogo, sobre la que él había construido lo mejor de su obra española.

Para Zambrano la metafísica europea, "hija de la desconfianza", acabará por volverse sobre sí misma, fortaleciendo la idea de sujeto que se distancia del mundo y elude lo esencial: la pregunta sobre el ser de las cosas.

> La poesía —dice— vive alejada de esto. Poder y voluntad no le interesan, ni entran en su ámbito. La conciencia en ella no comporta poderío. Y ésta es la mayor diferencia. Cuando la poesía hable de ética hablará de martirio, "de sacrificio". La poesía sufre el martirio del conocimiento, padece por la lucidez, por la videncia. Padece, porque poesía sigue siendo mediación y en ella la conciencia no es signo de poder, sino necesidad ineludible para que una palabra se cumpla [...] En la poesía hay también angustia, pero es la angustia que acompaña a la creación. La angustia que proviene de estar situado frente a algo que no precisa su forma ante nosotros, porque somos nosotros quienes hemos de dársela.

¿No desvelan estas líneas la clave del problema lingüístico en que se mueve la obra final de Prados?

Las cartas del poeta no hacen sino constatar una y otra vez la dificultad de una palabra poética que quiere *darse íntegra*, desde el cumplimiento de una "responsabilidad" que lo desborda. La melancolía que lo acompaña es resultado directo de su intento denodado de *precisar lo entrevisto*. La obra que escribe en el destierro se ciñe, de forma cada vez más estricta, al ámbito marcado aquí. Libros como *Río natural* no hacen sino desarrollar en el terreno del poema lo dicho en *Filosofía y poesía*: "La poesía deshace también la historia; la desvive recorriéndola hacia atrás, hacia el ensueño primitivo de donde el hombre ha sido arrojado."

La idea de inmolación tal como Prados la entiende en sus últimos libros, es inseparable también del *sacrificio* que propone aquí María

Zambrano. Frente al afán del filósofo de distanciarse de la peregrinación humana para encontrarse a sí mismo, "el poeta es aquel que no quería salvarse él solo; es aquel para quien ser sí mismo no tiene sentido [...] No es a sí mismo a quien el poeta busca, sino a todos y a cada uno. Y su ser es tan sólo un vehículo, tan sólo un medio para que tal comunicación se realice". Estamos ante el mismo proceso de transpersonalización (ejercida en nombre del otro, de los otros) de la que depende toda la poética pradiana última, convertida en una corriente colectiva e infinita en la que queda sumido su propio cuerpo. Tal como ponen de manifiesto libros como *La piedra escrita* o *Signos del ser*, el poeta no sólo no se separa de los demás, sino que hace de su compañía el motivo sacralizado (fuera del cual no cabe hablar de ningún yo poético) en el que se sustenta su voz.

Pero no conviene olvidar que en *Filosofía y poesía* hay datos que confirman la deuda que el libro contrae con Emilio Prados. El conocedor de su obra poética tiene la impresión de que estas páginas tienden a sistematizar, desarrollándolas, las ideas que en él aparecen de forma dispersa, como iluminaciones rápidas que rehúyen cerrarse, ser aprisionadas en la red de lo conceptual. Asomándose y nutriéndose del mismo *caos* —y ésta es la clave de la atracción que sobre ella ejerce el mundo de Prados—, lo que Zambrano tratará de aislar en él son los elementos de sentido que sirvan a su particular razonamiento. Sabe también que en esa operación, ejercida en nombre de la comunicación necesaria, reside el peligro de reduccionismo que acecha a la filosofía, y ahí parece contar Prados como referencia salvadora. Es en esta duda, derivada de la necesidad de restablecer la palabra en su origen, donde converge la problemática expresiva que afecta a ambos escritores, aunque sea en el poeta, como se advierte en el epistolario, donde se manifieste de manera más angustiosa y necesitada.

A propósito del libro que comentamos, Fernando Savater fija muy precisamente la conflictiva relación que suele darse entre poeta y filósofo:

La superfluidad de su rival complementario les fascina a ambos por igual y cada cual admira en el de enfrente el camino misterioso y certero por el que se va a lo que uno no es [...] El poeta y el filósofo son hermanos tentadores, que se repelen y atraen. Por mucho que se desconozcan, cada uno sabe al menos algo esencial de aquello en que consiste la opción del otro: le basta con consultar el azoro y carencia de la propia [...] No es que la poesía sea la respuesta que la filosofía busca, como podría concluir cierta blandura estetizante. Por el contrario: la poesía es la respuesta que se obtiene —con la que se tropieza— cuando no se busca y *porque no se busca.*

Y termina: "Lo que cada cual consigue es lo que el otro ha perdido, la *perdición* del otro." [63] En el caso que nos ocupa, la línea divisoria es especialmente difusa, como lo demuestran las frecuentes irrupciones del discurso zambraniano en el terreno sin retorno de la escritura poética. Es precisamente en ese dejarse llevar, en esos momentos de pérdida, o de "delirio", cuando su pensamiento roza más certeramente el espacio de la revelación.

A lo largo de estas páginas María Zambrano va apoyando su discurso en citas procedentes de la filosofía y de la poesía: Baudelaire, Rimbaud, Mallarmé, Valéry, pero también Juan de la Cruz, Fray Luis, Machado. Es evidente que la postura de Prados ante la creación pesó de forma importante en ella. Así lo confiesa en el capítulo "Poesía" que cierra el libro. Si el filósofo —leemos allí— necesita despegarse de los orígenes, el poeta espera a que se manifieste la revelación, "a que se insinúe dibujando su presencia el rostro esperado y temido"; espera a veces insostenible por cuanto supone de ruptura con la comunidad de las criaturas, "por terror de ser al fin uno mismo en soledad". De ahí —continúa— "que se emprenda la huida, que se rehúya la revelación, como aparece en el libro de Emilio Prados, *Cuerpo perseguido*, y en toda la obra de este esencial poeta".

El reconocimiento aparece aún más expreso en la nota a pie de texto (suprimida en *Obras reunidas*) que María Zambrano incluye en la primera edición de *Filosofía y poesía*: "*Cuerpo perseguido* es el título del libro inédito del poeta español Emilio Prados; él me ha hecho ver todo esto que digo." La escritora conocía, pues, y valoraba en todo lo que para ella tenía de reveladora esta obra central de Prados (1927-1928), por copia que seguramente él le proporcionó. Las palabras con las que prosigue recogen literalmente el espíritu que alienta en la obra pradiana, acentuado en sus últimos libros:

Y entonces la poesía es huida y búsqueda [...]; una angustia sin límites y un amor extendido [...] Amor de hijo, de amante y amor también de her-

---

[63] Fernando Savater, "Angustia y secreto (El diálogo entre filosofía y poesía en la reflexión de María Zambrano)", *Cuadernos del Norte,* Oviedo, año II, núm. 8, 1981, pp. 10-13.

mano [...] No sólo quiere volver a los soñados orígenes, sino que quiere, necesita, volver con todos. Sólo podrá volver si vuelve acompañado entre los peregrinos, cuyos rostros ha visto de cerca, cuyo aliento ha sentido y cuyos labios resecos por la sed ha querido, sin lograrlo, humedecer. No quiere su singularidad, sino la comunidad. La total reintegración. En definitiva: la pura victoria del amor.

Lo curioso es esta "reconversión a lo divino" que Zambrano parece estar haciendo de *Cuerpo perseguido*, un libro impregnado de materialidad fisiológica en el que pesa mucho más la herencia presocrática y platónica que la tradición cristiana. Aunque la guerra española marca la reorientación de Prados hacia la superación de la voz subjetiva en favor de la colectividad, no hay que olvidar que en su obra mexicana va a seguir presente (y vivido de forma angustiosa) el enfrentamiento sujeto/objeto, la encarnizada lucha entre su propio cuerpo y ese "cuerpo de todos" claramente divinizado ("un solo cuerpo con todos hacia la vida continua", c. 10), en el que trata de disolverse. Cabe preguntarse, pues, hasta qué punto la mística religiosa desarrollada por su poesía proviene en línea directa de las *conversaciones de Barcelona* (a las que dice deberle todo, c. 4) y, en general, del contacto con la obra de María Zambrano.

Recordemos finalmente que tanto este libro de Zambrano como su ensayo *Pensamiento y poesía en la vida española* se publican a la par que *Memoria del olvido* de Prados, y que las obras de ambos autores fueron percibidas en lo que tenían de complementario por un sector de la joven generación mexicana. Así lo recuerda Francisco Giner. Comentando la reseña que Alberto Quintero Álvarez dedicó en *Taller* a María Zambrano, manifiesta la incidencia de la pensadora en el grupo de la revista, y añade: "La nota de Alberto revive en mí además conversaciones de aquellos tiempos con él, y una vez más se unen Emilio Prados —*Memoria del olvido* recién aparecida— y María, que fueron con sus libros respectivos centros de nuestra discusión y de una admiración no siempre compartida." Para él —según leemos en estas mismas páginas—, el poeta tuvo una "presencia hondísima" en la obra de Zambrano, que se remonta a los años de Valencia y Barcelona.[64]

---

[64] Francisco Giner de los Ríos, "Recuerdos de María Zambrano y su destierro en México", en Juan F. Ortega Muñoz (ed.), *María Zambrano, Philosophica Malacitana*, Universidad de Málaga, vol. IV, 1991. Número monográfico que recoge las Actas del I Congreso Internacional sobre su vida y obra, celebrado en 1989 en Vélez-Málaga.

Como sabemos, el concepto de "memoria del olvido" queda convertido en uno de los centros productivos fundamentales del pensamiento de la autora, especialmente en *El hombre y lo divino*.

Tras las primeras cartas que acabamos de comentar se pierde el rastro del contacto que posiblemente siguen manteniendo ambos escritores. Lo único cierto es que volvieron a verse con frecuencia durante los seis meses que María y su hermana Araceli pasan en el Distrito Federal, entre enero y junio de 1949. Sería su último encuentro.[65] Después de residir en Cuba y París, María Zambrano recibe de la Universidad de México la oferta de ocupar la cátedra de Metafísica que había desempeñado García Bacca, pero pronto retorna a La Habana para permanecer allí hasta 1953. Regresa entonces a Europa y se instala, de forma más estable, en Roma. El segundo bloque de la correspondencia que comentamos (que abarca las siguientes 16 comunicaciones) se inicia en 1958, con una serie de cartas fechadas en esa ciudad. La continuidad con que se suceden permite seguir el hilo de un diálogo marcado por un fuerte tono íntimo en el que predominan las referencias al inestable estado anímico de ambos interlocutores. Aunque de la confidencialidad de las cartas no resulta fácil deducir demasiados datos objetivos, son frecuentes, de fondo, las alusiones a sus respectivas obras, al círculo de amistades en que se mueven y a la dificultad con que ambos encaran la creación. Es esta dificultad, que afecta a la entidad y a la propia gramática de la escritura, la que nos interesa analizar aquí, por venir expresada en términos de riguroso pensamiento contemporáneo y porque da paso a una *polémica poco común* en el medio literario español.

En esencia la conversación apenas se va a desligar de las preocupaciones que aparecen expuestas en la primera de ellas (c. 5). María Zambrano da cuenta de la recepción de *Río natural* (es de suponer que se refiere a él, aunque no se nombra) y de *Circuncisión del sueño*, libros que Prados había publicado en 1957. Es sobre todo el segundo el que le causa un mayor impacto, y el que da lugar a la exaltación que

---

[65] No es el caso de Araceli, por quien el poeta muestra un sostenido afecto. Tenemos noticia de una visita que ella le hace ya en los años 60, poco antes de morir el poeta. En el archivo de María Zambrano queda un ejemplar de *La sombra abierta* en cuya dedicatoria puede leerse: "Para Araceli como recuerdo de su visita cariñosa y *mi mal comportamiento*" (subrayado por él), 14 de abril 196... (es dudosa la última cifra del año, 1961 ó 1962).

traducen sus palabras. Frente al arduo proceso de indagación, "corriente arriba", que supone *Río natural* (en cuya segunda parte entramos ya en ese terreno, largamente buscado, en el que el sueño logra materializarse en realidad evidente), es, en efecto, en *Circuncisión del sueño* donde Prados logra concretar de forma más luminosa su intento. Descargado de todo discurso, apoyándose exclusivamente en el poder invocativo del lenguaje, el mundo nace de continuo en estos textos: son un fragmento de realidad "realizándose". Zambrano encuentra aquí *en acción* lo que su pensamiento venía buscando. Como ella misma señala, el poema no dice, ES. Hasta tal punto se siente identificada con lo leído que le anuncia que ya ha empezado a escribir un comentario sobre ese libro, "donde tan hondamente te encuentro y me encuentro [...], sembrado de cosas extraordinarias, estremecedoras de poesía y verdad, de metafísica y de todo".[66]

Su palabra ha confluido en el mismo lugar que la de Prados, en ese punto en que se produce la abolición absoluta de la Historia y el Tiempo en favor del instante místico: "Desde hace años ya desemboqué al fin en algo que es todo. No llegué yo, llegó a mí. No puedo hablar apenas de ello." Zambrano habla de un espacio en el que la palabra ya no depende del escritor y al que apenas cabe referirse si no es invocando la ayuda de la divinidad. *Circuncisión del sueño*, libro que apenas merece atención en su momento, constituye para ella una prolongación de su propio mundo interior. La confirma en el terreno —lugar de transferencias entre realidad y sueño— de la *aparición*: "Yo ahora —sigue diciéndole— no escribo sobre nadie ni sobre nada [...] Sólo escribiré sobre tu poema del sueño, del hombre, de Dios, del Dios escondido y ausente y presente, del Dios viviente." Y, en efecto, será el ensayo "Los sueños y el tiempo", publicado unos meses antes en Buenos Aires en la revista *Diógenes*, pero cuya redacción viene a coincidir con la del libro de Prados, el que desencadene la introspección que ocupa un largo periodo de su trabajo y que tomará cuerpo en *El sueño creador* (Xalapa, 1965).

---

[66] Años después, Zambrano parece estar pensando en libros como éste cuando define lo que llama *sueño positivo* como el momento en que "la acción que es el despertar deja en cierto modo de serlo por estarse logrando enteramente. Es un estado, un estado del ser. La palabra entonces no es necesaria pues que el sujeto se es presente a sí mismo y a quien lo percibe. Es el silencio diáfano donde se da la pura presencia; la presencia total como algo humano puede serlo". *Vid.* "Los dos polos del silencio", publicado en 1966; se reproduce en *Creación*, Madrid, núm. 1, abril de 1990, pp. 6-9.

Jesús Moreno ha subrayado el papel de hilo conductor que este primer boceto, que irá reelaborándose en años posteriores, cumple en el conjunto de la especulación de la autora, hasta llegar al proyecto de la que sería su obra más ambiciosa, *Los sueños y el tiempo*, terminada sólo en parte.

> Libros todos en los que las temáticas de los sueños y el tiempo, y su relación mutua, son a modo de las condiciones *a priori* de todos sus desarrollos, sus ámbitos de visión y escucha, y de esa su más característica tensión entre la más pura luminosidad y las zonas de sombra y de vida desprendida del logos que la filosofía deja tras sí y en abandono, por quedar lejos de su zona restringida de visión.[67]

Es precisamente en el plano de penumbra de esa *zona intermedia* donde actúa la poesía de Prados. Así lo hace ver la pensadora en la imagen emblemática de Jacob que le envía. Una imagen con la que el poeta se identifica porque Ribera acierta a encarnar en ella esa *religión del hombre*, esa espiritualidad a ras de tierra en la que cree (c. 9 y c. 10).

Por lo demás, es en el ensayo citado donde se afianza la ruptura de límites entre poesía y filosofía que venía gestándose en la obra de ambos malagueños. Si la dialéctica sueño-vigilia aparece en Prados como activo mecanismo desde sus primeros libros, será Zambrano (la herencia machadiana se hace palpable aquí) la que extraiga de ella una inagotable fuente de pensamiento. Más que imbuirse en el opaco mundo freudiano visitado por el surrealismo, lo que a los dos les interesará es el proceso *hacia el despertar*; proceso que en el caso del poeta viene cargado, es inseparable, de la violenta actividad simbólica que desarrolla el lenguaje en sus últimos libros. Lo que nos importa señalar, por tanto, es el carácter activo de la idea de sueño ("re-nacimiento" o "anunciación" en uno u otro autor) que desarrollan paralelamente sus obras. Igualmente, la carga religiosa implícita que comporta, tal como se desprende de las cartas leídas.

"Circuncisión", término de clara filiación bíblica, supone ante todo *librar de impurezas*. Prados depura el sueño de sus elementos residuales para convertirlo en fuente de verdad, de comunión con lo que le rodea. "Signo de obediencia y de fidelidad", la circuncisión "simboliza

---

[67] Jesús Moreno Sanz, nota preliminar a *Los sueños y el tiempo*, Siruela, Madrid, 1992.

un nuevo nacimiento, es decir, el acceso a una nueva fase de la vida". Pero también, "en la medida en que lleva a distinguir de los demás pueblos a quienes la practican, se convierte en el símbolo de una comunidad".[68] En esa misma línea hay que interpretar la repetición del vocablo "bautismo" que aparece en sus obras finales, o la idea de siembra-germinación, eminentemente productiva, a la que se somete la palabra poética en *Circuncisión del sueño*.

En cuanto a María Zambrano, Valente ha señalado las implicaciones que subyacen en lo que ella llama "sueños de la persona", en oposición a los "sueños de la psique". *El sueño creador* supone ya "un primer paso organizado hacia una fenomenología de los sueños, es decir, hacia un estudio de los sueños desde su forma, no desde su contenido". "Los sueños —continúa— pueden alojar imágenes nuevas y creadoras de lo que todavía no ha franqueado nunca el umbral de la conciencia." Ligado a la palabra, su sueño implica acción, "y la verdadera acción que los sueños de la persona proponen es un despertar".[69]

Adelantándose e interfiriéndose, nutriéndose de lecturas comunes y alimentándose del mismo sueño, la *indecibilidad* de la que nace la obra que uno y otro escriben durante estos años (y cuya problemática planea de continuo sobre el epistolario) proviene de una misma visión de la palabra poética. Visión que se inscribe de lleno en la quiebra del sujeto y en la revisión de pensamiento y lenguaje que marca la crisis de la filosofía moderna.[70] Para ambos el punto de salida reside en un horizonte incierto, en esa difícil conjunción de escritura y mística que María Zambrano comienza a llamar ya *aurora de la palabra*. Lo que es cierto es que la lectura de *Circuncisión del sueño*, el continuo juego de presencias que los poemas convocan y "manifiestan", le descubre nuevos caminos para seguir avanzando en su propia investigación. Queda

---

[68] Ambas apreciaciones provienen de J. Chevalier/A. Gheerbrant, *Diccionario de los símbolos*, Herder, Barcelona, 1993.

[69] José Ángel Valente, "El sueño creador", *Las palabras de la tribu*, Siglo XXI, Madrid, 1971.

[70] Las referencias en la obra de María Zambrano en este sentido son bastante explícitas. Más difícil resulta rastrearlas en la poesía de Prados, aunque disponemos ya de bastantes datos que confirman el caudal de lecturas que subyacen en sus últimos libros. Ver F. Chica, *op. cit.*, cap. 5.2 ("Lenguaje, pensamiento, poesía") y apartado XI del Apéndice ("La biblioteca de Emilio Prados en México").

constancia de ello en los borradores conservados en su archivo, que la
autora redacta en los Cafés Rosati y Greco, próximos a su casa de
Piazza del Popolo.[71] En ellos pueden leerse notas que recogen sus impresiones ante éste y libros posteriores de Prados, incorporadas al hilo
de su quehacer.

En su respuesta (c. 6) Prados expone la que será una de las preocupaciones centrales de sus últimos años: la dificultad de su poesía para
comunicar con el lector, para entregar su mensaje en los términos irreductibles que él desea. Entra de lleno así en una polémica que, prove-
niente del simbolismo, marca toda la historia de la poesía de nuestro siglo (de Baudelaire a Celan) y que hoy dista mucho de constituir una
cuestión archivada.

> Todo es fragmento —dirá María Zambrano en el prólogo a sus *Obras
> reunidas*— de un orden, de una órbita que ininterrumpidamente se recorre
> y que solamente se mostraría entera si su centro se manifestase. Mas lo
> que sucede contrariamente es que ese centro atrae y guía, mas sin llegar a
> revelarse [...] El único "avance" que se puede comprobar en este camino
> del pensamiento es la intensidad de la acción del centro —manifestación
> de su actividad, no revelación de su ser—.

Encontramos aquí el principal escollo con el que choca una palabra
que ha trascendido los límites de la comunicación usual. En realidad
era el problema central que venía arrastrando la obra de Emilio Prados
desde los orígenes. Si el contacto con Juan Ramón Jiménez en la Pequeña Residencia le muestra ya un modelo a seguir, va a haber otros
factores que influyan en su particular manera de entender la creación
poética, fiel siempre a la complejidad de su mundo interior.

El fuerte componente ético que deja en él el institucionismo, su
personal asunción del pensamiento romántico y la cultura alemana de
principios de siglo y la huella de determinadas líneas de la vanguardia
europea (dadaísmo, cubismo, surrealismo), harán que su obra transcu-
rra por cauces distintos a los que pronto comienza a consagrar un sector de su generación. La negación a formar parte de la misma en los

---

[71] Como anécdota biográfica no deja de llamar la atención la imagen solitaria de María
Zambrano, enfrascada en sus ensoñaciones (eso que ella llama "el centro de la naranja") en el re-
finado ambiente intelectual y mundano de estos cafés romanos, frente a la celda monástica desde
la que escribe Prados.

términos propuestos por la *Antología* de Diego (1932), su retirada de las actividades públicas y el intento de hacer del poema una prolongación del altruismo (en el que caridad y amor quedan confundidos) al que se entrega, señalan ya otra forma de entender la literatura, no mediatizada por el proceso de socialización al que se ve sometida la voz del escritor. Si el poema es el acto íntimo que recoge la emoción que suscita el contacto con el otro (lo que en Prados se plantea siempre como una forma de espiritualidad), no es posible desvelar su contenido en términos de comunicación establecida. Sólo la extrema situación bélica le hará ceder coyunturalmente en favor de la instrumentalización que se advierte en los romances de *Destino fiel*.

Pero será años después, en México, cuando la problemática sobre los límites de la palabra poética desemboque en el planteamiento místico, mucho más extremo, que advertimos en las cartas. El poeta se autoinculpa ante la dificultad de su escritura para "comunicar", aunque no se plantee la opción de ofrecer en claves más asequibles su complejo mundo interior. Por el contrario, el proceso se radicaliza en sus últimos libros, en los cuales insiste más bien en desplazar a su propio terreno el diálogo con el lector. Frente al concepto comunicación, en las cartas de estos años a diversos interlocutores (véanse sobre todo las de Sanchis-Banús)[72] desarrolla y defiende la idea de que la poesía, al menos como él la entiende, sólo puede ser leída en términos de "comunión". Las respuestas a María Zambrano son bien elocuentes al respecto. El poeta —y ella parece compartirlo igualmente— toma partido por un modelo de comunicación que restablece el compromiso moral en nuestra relación con la estética; opta en definitiva por lo que Steiner ha llamado "recepción responsable". El crítico aboga por un diálogo "fecundo" con la obra de arte, frente a la "lectura estéril" que hace desaparecer la dimensión ética del texto en favor de los elementos técnicos. "La experiencia auténtica de la comprensión —dice— cuando otro ser humano, cuando un poema nos habla, es una respuesta responsable. Somos responsables para con el

---

[72] Esta correspondencia ha sido publicada por la editorial Pre-Textos, Valencia, 1995, en edición de J.M. Díaz de Guereñu, autor por otra parte del estudio "En poesía desterrados: la correspondencia de Emilio Prados y José Sanchis-Banús", *Mundaiz*, San Sebastián, núm. 47 Zk, enero-junio de 1994.

texto [...] en un sentido muy particular, que es a la vez moral, espiritual y psicológico."[73]

No creo, por tanto, que pueda entenderse la etapa final del escritor si no es reconociendo estos mecanismos de orden ético y religioso de los que nace su palabra, y en los que queda implicada la forma misma del poema. Una forma que en gran medida escapa ya a su voluntad, le viene dada ("así la vi", c. 6). Todo el esfuerzo de Prados consiste en dar voz, en dejar oír lo sagrado que late en el interior del hombre, abogando por una palabra nueva, despojada de interferencias, aquella en la que *logos* y *verbum* tiendan a manifestarse. Así lo expone también María Zambrano, cuyo planteamiento clarifica cuál era esa idea del amor, íntimamente unido a la de escritura, que vemos aparecer en las cartas: " 'En el principio era el Verbo', el amor, la luz de la vida, la palabra encarnada, futuro realizándose sin término. Bajo esa luz, la vida humana descubría el espacio infinito de una libertad real, la libertad que el amor otorga a sus esclavos." [74] Tampoco cabe entrar en ella sin acudir a las fuentes de pensamiento en que se implica, que no son otras que las provenientes del horizonte epistemológico abierto por la ruptura nietzscheana.

Era precisamente el mismo mar en el que navegaba María Zambrano. "Estamos, lo adivino —le dice el poeta—, en un mismo punto que hay que salvar" (c. 8). De ahí nace su deuda con él y el hecho de que se identifique con la figura de poeta que representa ("tu poesía es única para mí"; "si yo pienso en el poeta es Emilio el que se me aparece", c. 7 y c. 11). Sus precisiones con respecto al posible lector de esta obra son también claras: "Quien tenga oído, oiga... " Frente a la pura valoración técnica (los esquemas, los proyectos, las construcciones) es la "unidad viviente" que advierte en su poesía lo que le interesa: "lo nacido y no lo edificado". Lo anima pues a seguir ahondando en su propio territorio, a "seguir naciendo" en la verdad que su escritura anuncia ("Nada podemos hacer, sino ir dando, entre la angustia del amor que no cesa, el testimonio sea pequeño y humilde de nuestro estar nacien-

---

[73] *George Steiner en diálogo con Ramin Jahanbegloo*, Anaya/Mario Muchnik, Madrid, 1994.

[74] *El hombre y lo divino*, Siruela, Madrid, 1991, p. 241. Tanto este capítulo, "Para una historia del amor", como el titulado "¿Qué es la piedad?", son fundamentales para entender lo expresado en la correspondencia.

do"). Una escritura que más que cerrarse sobre sí misma, se le presenta
—al igual que la suya propia— *como pasos sucesivos* ("borrador" o
"ensayo") hacia la definición de esa verdad que se concreta repetidamente en el símbolo de la *paloma*.[75] Si el poeta teme perderse en el
camino (dejar sólo "fragmentos, trozos al aire de mi pensamiento errático"), Zambrano sabe que los poemas que le envía son ya un punto
de llegada, quizás el único al que cabe aspirar: "Los 'fragmentos'
anuncian un todo y *son* ya un todo, como cada instante es *Todo* el tiempo y la eternidad... Y tú, lo sabes" (c. 9). Y, en efecto, como advierte en
ensayos posteriores la autora, los libros finales del poeta (*La piedra escrita, Signos del ser, Cita sin límites*) pronostican, señalan hacia un
todo que se cumple en sí mismo.

Pero Prados conocía muy bien cuál era el precio que pagaba por su
radical independencia. No todo el mundo estaba en disposición de
aceptar esa especie de misión salvadora a la que ambos se sienten llamados. Relatos como los que aparecen en sus cartas (8 y 17, especialmente) responden a experiencias muy particulares. También sabía que
María Zambrano era una de las pocas personas que podía explicar desde dentro y en términos "razonables" lo que parecía vedado al lector
común. De ahí que reciba con entusiasmo el proyecto de estudio que
ella dice haber iniciado sobre su poesía. Una expectativa que, entre
aplazamientos y disculpas, vemos apagarse a lo largo de las cartas. La
dificultad que encierra para ella una empresa en la que se siente demasiado implicada, y el miedo a no encontrar la palabra justa, le hacen
desistir una y otra vez. Será la muerte del escritor la que le permita es-

---

[75] No es el momento de entrar aquí en el rico campo de simbolizaciones que despliega el
término en la poesía última de Prados. Recordemos, sin embargo, que la paloma es uno de los
temas recurrentes de *Circuncisión del sueño*. No cabe olvidar que ante todo es símbolo de la
Trinidad, "Espíritu de Dios aleteando sobre la superficie de las aguas de la substancia primordial
indiferenciada" (Chevalier/Gheerbrant, *op. cit.*, p. 796).
Aunque en las cartas adquiere valores muy diversos (renuncia, pureza espiritual, afecto protector), está ligada a una idea sublimada del amor que trasciende lo individual, y sirve sobre todo
para perfilar el concepto de mística que comparten ambos escritores: el cruce unificador en el que
quedan detenidos espacio y tiempo. Si Zambrano lo maneja a veces como emblema de dualidad
ético-religiosa (paloma/cuervo), el poeta lo usa en alguna ocasión con connotaciones más complejas, así cuando se refiere a su interlocutora como "paloma blanca —Istar de lo profundo oscuro—"
(c. 19). Prados se ocupa en sus papeles póstumos del mito babilónico de Istar, Diosa de la fertili-
dad y la maternidad en las viejas culturas mediterráneas, como ha señalado en su artículo Antonio
Carreira, "Emilio Prados: límites de la poesía y limitaciones de la crítica", *ALEC*, Boulder, núm.
15, 1990, p. 211.

cribir, ya en la distancia, algunas de las más certeras páginas a él dedicadas.[76] Sin embargo, es en el espíritu de conjunto que anima su obra, más que en estas páginas específicas, donde subyace de continuo la presencia del poeta. Prados formará parte de esas referencias esenciales con las que conversa y a las que apunta su palabra.

El relativo reconocimiento que su obra alcanza en Italia (trabajos de Rita Scolari, Bodini, Elena Clementelli y más recientemente de Enrica Bisetti) se debe a la difusión ejercida por el círculo de la pensadora. Fruto de ese impulso será también la aparición del libro *Memoria dell'oblio* (Einaudi, Turín, 1966) en el que Francesco Tentori Montalto traducía y prologaba una selección de poemas de Emilio Prados provenientes de la *Antología* de Losada (1954). Aunque advierte las relaciones que lo unen a Juan Ramón, Cernuda, Aleixandre, Salinas o Machado, el crítico italiano, siguiendo la lectura de Zambrano, insiste en el "progresar", en el "crecer" que caracteriza a la poesía de Prados desde sus inicios, hasta desembocar en el "reino de la interioridad" marcado por "visiones de belleza extática" que no pertenecen sino a él.[77]

En los últimos años del poeta, Zambrano tenía ya trazado un retrato muy preciso de su persona. Poco después de su muerte escribe:

> Emilio Prados [...] ejemplifica el misterioso y al mismo tiempo voluntario destino del poeta [...] Su figura, su vida y su muerte, representan esencialmente la del poeta, la del poeta solitario, y la del absoluto desterrado [...] Murió y vivió como un exiliado puro, como si el exilio hubiera sido la expresión más completa de su soledad.

---

[76] Aparte de las referencias sueltas que hemos ido indicando, los textos que María Zambrano dedica al poeta son éstos:
— Nota introductoria en *Poeti del Novecento italiani e stranieri*, 1960, ed. cit.
— "Emilio Prados", *Cuadernos Americanos*, México, vol. 126, núm. 1, enero-febrero de 1963, pp. 162-167. Incluido con el título "El poeta y la muerte. Emilio Prados", en *España, sueño y verdad*, Edhasa, Barcelona, 1965 y, posteriormente, en *Litoral*, Torremolinos, Málaga, núm. 100-101-102, pp. 141-148, y en *Andalucía, sueño y realidad*, EUASA, Biblioteca de la Cultura Andaluza, Granada, 1984.
— "Morte e vita di un poeta: Emilio Prados", *L'Europa Letteraria*, Roma, año IV, núm. 20-21, 1963, pp. 205-207.
— "Pensamiento y poemas de Emilio Prados", *Revista de Occidente*, Madrid, 3a. época, núm. 15, enero de 1977, pp. 56-61. Bajo el título "Pensamiento y poesía en Emilio Prados" se vuelve a publicar como prólogo a la reedición de *Circuncisión del sueño*, Pre-Textos, Valencia, 1981.
[77] F. Tentori, *op. cit.*, "Prefazione".

Una soledad —precisa— que se "llenaba de compañía", la del que "se aleja del lugar propio para permanecer a la intemperie, entre el cielo y la tierra, sin clase social de origen, y sin ninguna otra, sin apego, como si comenzara a nacer todos los días". Prados nos coloca, pues, ante el prototipo del exiliado, cuyo aislamiento responde "a un secreto profundo" o a una necesidad, a una vocación que así lo exige. "La sociedad le era intolerable y no sólo porque era injusta, sino porque ante todo no servía de medio de comunión entre los hombres."[78] Es la imperiosa necesidad de amor del ser humano lo que su poesía trata de rescatar. Conocedor del misterio profundo —cargado progresivamente en él de implicaciones religiosas— en que el amor se desenvuelve, no dudará en cuestionar e invertir los conceptos mismos de creación y comunicación para ofrecerlo en toda su complejidad ontológica.

Frente a otros usos de la escritura poética, María Zambrano subraya (c. 12) la capacidad del pensamiento de Prados para ofrecer una visión de las cosas que trasciende la linealidad del tiempo y de la palabra: todo en él es resultado de un complejo juego de "anticipación y memoria" a través del cual el mundo nace de continuo. "Poesía —dice— que más que expresión es la acción misma de existir." Si en su obra "aparecen poemas de una prodigiosa belleza y logro, lo decisivo es el poetizar, el ir por la poesía a ganar los planos temporales diversos de la vida humana". Es la superación de los límites de la metafísica que advierte en él, el despertar de vida que anuncia de continuo su poesía, lo que valora con especial acento.

La correspondencia ofrece, en fin, datos importantes que ayudan a precisar el camino por el que transcurre la aventura última de Prados. Ensayos como el que solicita de María Zambrano, "La confesión: género literario y método", actúan como compañía de fondo en los años en que van tomando forma los poemas de *La piedra escrita* y *Signos del ser*, de los que da cuenta a su amiga. Las ideas que expone allí la escritora a propósito de la identidad y del amor, su propuesta de salvación frente al violento afán de dominio del hombre contemporáneo, constituyen el núcleo espiritual de estos libros. La gran religión del amor en la que desemboca la obra pradiana —que rehúye en gran me-

---

[78] Traduzco del original en italiano: "Morte e vita di un poeta: Emilio Prados", art. cit.

dida la abstracción teológica para insistir en una visión espiritualizada de la materia— aparece ya expuesta en el análisis que Zambrano dedica a San Agustín. El autor de *Las confesiones*, que extrae su lección de la terrenalidad y no del pensamiento platónico, "pertenecía a otra clase de amadores distinta de los que ansían la liberación y el apagamiento. No quiso recobrar su corazón sino hacerlo enteramente esclavo; tan sólo quiso buscarle su verdadero dueño [...] Religión de la vida en unidad, es decir, eternamente viva, de la vida y del amor eternos".[79] Coherente con esa idea del amor, Prados insiste en una responsabilidad que lo desborda: "Todos me quieren, o lo dicen, pero ¿qué? No es eso. Tengo necesidad de acción inmediata y común" (c. 17). No resulta, pues, raro que *Signos del ser*, cuya primera parte está dedicada a María Zambrano, aparezca encabezado con una cita (*Non alia, sed haec vita sempiterna*) de San Agustín.

Digamos finalmente que no se trata de polarizar en lo individual el influjo que evidentemente ejercen un autor sobre el otro, sino de señalar el campo de intereses comunes del que surgen sus respectivas obras, en las que filosofía y poesía se alían para dar fe de ese "ser en conato abierto a la esperanza" que es el hombre, según lo definiera María Zambrano. Ambos acotan y dan sentido, adaptándolo a sus propias circunstancias, al proyecto heideggeriano de apertura del significante poético al que apunta también la obra final de Juan Ramón Jiménez, aunque en los malagueños se subrayen y concreten más claramente las implicaciones religiosas y éticas que los mueven. Si nos ceñimos al caso de España, no cabe duda de que a la postre el magisterio generacional que más interesó a Prados fue el del último Juan Ramón, a pesar de los importantes matices, formales y de intención, que puedan establecerse entre ellos. Según hace notar Naharro-Calderón, el lenguaje del poeta de Moguer asume también las consecuencias del destierro a través de lo que él llama práctica poética "supra-exiliada" ("un ir y venir del significante donde se ha disuelto el sujeto, un aparecer y un desaparecer, una patencia y un ocultamiento"), desbordando los límites de su yo anterior.[80]

---

[79] Manejamos la reedición del ensayo de María Zambrano, *La confesión: género literario,* Mondadori, Madrid, 1988, p. 31.

[80] J. M. Naharro-Calderón, *Entre el exilio y el interior...,* pp. 163-164, y en general el capítulo "Espacios de supra-exilio". Aunque no alude a Prados, puede verse, por lo que nos in-

En 1962 moría Prados en México. Aun contando con un grupo de lectores muy restringido, su figura y su obra seguirán gravitando, en lo que tenían de excepcionalidad, sobre todos los que lo conocieron. Será una vez más la obra de María Zambrano la que prolongue de forma más verdadera los círculos inagotables de su voz, desentrañando un mensaje que adquiere toda su clarividencia a las puertas ya del fin de siglo. Cada vez más consciente de la necesidad de hacer aflorar ese Dios desconocido que compartió con Prados, en sus últimos libros se produce un claro desplazamiento en favor de una escritura eminentemente visionaria y poética. Una escritura que, luchando contra los factores externos que la amenazan —autoridad, poder, oquedad, violencia, instrumentalización social—, acaba aboliendo toda ley de apropiación para dar paso continuamente a la esperanza. Su testamento queda recogido en la culminación que suponen sus obras *Claros del bosque* y *De la aurora*. En la primera de ellas vuelve a formularse el motivo central sobre el que gira la correspondencia: la necesidad de rescatar "la palabra primera con la que el hombre trataba en don de gracia y de verdad, la palabra verdadera sin opacidad y sin sombra, dada y recibida en el mismo instante, consumida sin desgaste; centella que se reencendía cada vez". Palabras no destinadas —sigue diciendo— "al sacrificio de la comunicación [...], palabras sin peso de comunicación alguna ni de notificación. Palabras de comunión".

Insistiendo en lo esencial, la religión que anuncian los dos escritores es la de un nuevo humanismo desprovisto de dogma, aquel que tiene necesidad absoluta del otro para reconocerse. Sus respectivas obras adelantaban, en toda la rica significación que encierra en el presente, una línea de pensamiento que hoy trata de abrirse camino entre las sombrías perspectivas de la actualidad.

---

teresa aquí, lo que dice a propósito de la lectura que del pensamiento heideggeriano hacen Machado y Juan Ramón, las correcciones que establece con respecto al aireado antagonismo de ambos y las referencias a María Zambrano.

"DOLOR Y CLARIDAD DE ESPAÑA".
JOSÉ BERGAMÍN ESCRIBE A MARÍA ZAMBRANO

NIGEL DENNIS
University of St. Andrews, Escocia

Para Joel Caraso

> ...ese vuelo de la palabra en libertad, en toda su alada libertad, a la que el escritor, José Bergamín, a lo largo de toda su vida, entrega y aun sacrifica su libertad personal, por sentirla, sin duda, verificada en ella...

> MARÍA ZAMBRANO

La amistad entre José Bergamín y María Zambrano se remonta a los años 30, cuando la joven discípula de Ortega es invitada a colaborar en la prestigiosa revista *Cruz y Raya*, dirigida por Bergamín en Madrid entre 1933 y 1936.[1] Ambos comparten entonces la experiencia esperanzadora de la II República, como más tarde compartirán la experiencia desgarradora de la Guerra Civil y del destierro... Debido a la "terrible dispersión del exilio", a que alude Bergamín en una de las cartas reproducidas en este trabajo, no convergen los caminos que

---

[1] En el número 6 de *Cruz y Raya,* correspondiente al mes de septiembre de 1933, Bergamín organiza un homenaje a la figura de Ortega, dando a conocer una serie de ensayos sobre diversos aspectos de la vida y obra del filósofo. Entre los colaboradores están Antonio Marichalar, Corpus Barga y... María Zambrano. Quisiera expresar mi agradecimiento a mi amigo Joel Caraso, excelente conocedor tanto de la obra de Bergamín como de la de María Zambrano, por la generosa ayuda que me ha prestado en la preparación de este trabajo. Igualmente valiosos han sido los comentarios y sugerencias de Francisco Soguero.

HOMENAJE A MARÍA ZAMBRANO

siguen fuera de España y durante muchos años se pierden de vista. Cada uno va improvisando su destino como puede, en la "España peregrina", hasta que vuelven a verse en París, en la primavera de 1957. A raíz de ese "reencuentro" —cuya importancia Bergamín no deja de subrayar— comienza una correspondencia que, a medida que va desarrollándose, da cuenta de una relación sumamente significativa para ambos.

Después de sus largas estancias en México, Venezuela y Uruguay, Bergamín comienza a cansarse de peregrinar y siente ganas de "huir de América": "Más que volver a Europa, a España —escribe en el otoño de 1954—, lo que yo siento es la necesidad de huir de América. Su atmósfera me ahoga. Llevo viviendo, y mejor diría, muriendo, hace quince años, de esta insoportable agonía."[2] A finales de aquel año acaba por trasladarse a París, viviendo solo en una habitación de la Casa de México en la Ciudad Universitaria. Sin poner en duda la sinceridad de las afirmaciones de Bergamín que acabo de citar, es evidente que su decisión de abandonar Montevideo y marcharse a Francia sí constituye una especie de vuelta —si bien todavía incompleta— y que el objetivo fundamental del escritor es, de hecho, regresar definitivamente a España y así poner punto final a la larga agonía del exilio, cerrando lo que llama en una de sus cartas a María Zambrano "el círculo mágico de mi destierro" (2-XII-1958).

Durante los años que pasa en París, Bergamín vive más bien aislado, en condiciones muy modestas, sobreviviendo económicamente gracias a sus colaboraciones regulares en el periódico *El Nacional*, de Caracas, que será durante mucho tiempo su medio de comunicación principal, por no decir único, con el público de habla española. En ese aluvión de artículos —casi todos desconocidos hoy, puesto que muy pocos fueron recogidos posteriormente en los libros del escritor— Bergamín habla poco de sus experiencias en la capital francesa. El tema recurrente de sus escritos tiende a ser más bien España, el doloroso "problema de España", en su pasado y presente, visto a través de las grandes figuras de su cultura y literatura: Cervantes, Lope, Galdós, Ortega, Unamuno, Valle-Inclán, Antonio Machado, Juan Ramón Jiménez,

---

[2] Citado por Gonzalo Penalva en su indispensable libro *Tras las huellas de un fantasma. Aproximación a la vida y obra de José Bergamín*, Turner, Madrid, 1985, p. 184.

Federico García Lorca... La proximidad geográfica de España no hace más que agudizar su conciencia de ser irremediablemente español; alimenta su deseo de volver a su patria y refuerza asimismo su convicción —resumida en una frase que él hizo famosa— de que es mejor ser "enterrado vivo que desterrado muerto".

Son éstas, pues, las circunstancias en que se produce el reencuentro con María Zambrano. Es evidente que Bergamín descubre en ella un espíritu afín, una interlocutora ideal, una persona que, con su palabra y su conducta, ha dignificado, como él mismo, la "España peregrina", permaneciendo fiel a los mismos imperativos que ambos han promovido en la época de la República y la Guerra Civil. Lo que Bergamín admira en ella, sin duda, no es solamente su inteligencia y creatividad, sino también su entereza moral. Y no se le oculta, por supuesto, el sentido profundo de los vínculos fundamentales que los unen: por un lado, la inquietud espiritual y, por el otro, la común preocupación por España.

Las cartas que se reproducen a continuación se dividen, de un modo natural, en tres apartados. Las cartas escritas desde París constituyen el primero y sientan las bases del diálogo entrañable que se establece entre ellos. Se trata de un diálogo íntimo, casi confesional a veces, en que debido a la sinceridad transparente con que cada uno se expresa y afirma, la comunicación parece convertirse en *comunión*: convergencia de experiencias, sensibilidades y esperanzas. "Te comprendo, creo, enteramente", escribe Bergamín en una carta de octubre de 1957. "¿Y cómo no iba a comprenderte si yo he vivido así casi treinta años? En los umbrales... Como los mendigos de verdad..." En las cartas que se cruzan entre ellos se trata también de una angustia compartida, pero de una angustia desafiante, que sólo viene a avivar la voz de cada uno: "Ya veo que puedo comprenderte, sentirte cerca, cerca de mi dolor", escribe Bergamín en noviembre del mismo año. "Pero que este dolor nuestro no nos traicione en desesperación, que no nos venza". Podría decirse, quizá, que mediante ese "nuestro", recurrente en sus cartas, Bergamín también llega a hablar por María Zambrano.

En el segundo apartado se reproducen las cartas que Bergamín escribe desde Madrid, a donde vuelve, por fin, en la Nochebuena de 1958. Como verá el lector, María Zambrano —junto al pintor Ramón Gaya— está entre los poquísimos "verdaderos amigos" (son palabras del propio Bergamín) con que el escritor quiere compartir la extraordinaria emoción de la vuelta. En sus cartas madrileñas comunica, ante todo, sus impresiones de la España que descubre después de una ausencia de casi veinte años —una España que ve con la claridad eufórica de un auténtico resucitado, un país que sigue siendo el mismo que tuvo que abandonar en 1939 pero que también ha cambiado, no siempre para mejor. Es evidente que Bergamín prefiere resaltar el aspecto positivo de sus experiencias, animando a su amiga a unirse con él en Madrid —"en nuestros Madriles"— para empaparse de la realidad viva que ha encontrado: "solamente viniendo aquí es posible [...] enterarse de veras: adentrarse en esta verdad viva nuestra" (5-III-1959). Según le asegura Bergamín, lo esencial —lo que resulta fundamental para ambos, quizá— sigue en pie: "...lo que yo quiero sentir y comprender sigue más que nunca vivo. Tierras, cielos, aires, piedras..." (enero de 1963). Sin embargo, debido a sus inevitables roces con la España "oficial", con las autoridades franquistas y con los que o bien se identifican directamente con el régimen o bien se han dejado corromper por él, Bergamín no tiene más remedio que referirse también, y ya con dolor, a la dimensión negativa de su vuelta. Sigue actuando como amistoso consejero para María Zambrano, pero sus consejos son ahora más cautelosos, más prudentes, previniéndole contra "el 'mundillo' intelectual y politiquero de oposición aprovechada" (enero de 1963), poblado de "sedicientes amigos" falsos. Cuando, en el otoño de 1963, la situación de Bergamín se pone cada vez más precaria y las amenazas del régimen están a punto de cumplirse, le dice que aplace su vuelta, y alude con franqueza dolida a su propia condición de marginado disidente: "No puedo estarme quieto, apartado, indiferente, ante la injusticia, la barbarie, la arbitrariedad, la estupidez... No las resisto sin protesta..." (5-X-1963).

Esas protestas del indómito Bergamín constituyen, sin duda, para María Zambrano un noble ejemplo de integridad, valor y conducta consecuente, pero también le merecen al escritor, como es sabido, un segundo exilio. A fines de noviembre de 1963, es expulsado de España y, después de una breve estancia en Montevideo, vuelve a París donde permanece hasta su regreso definitivo a España en 1970. La única carta de esta época que ha sobrevivido es la que se reproduce en el tercer apartado. En ella Bergamín envía a María Zambrano una amplia muestra de sus últimas poesías, expresión entrañable de una amistad no disminuida por el tiempo o la distancia.

Es lamentable el hecho de que no hayan llegado a nuestras manos las cartas que escribe María Zambrano a Bergamín durante todo este período. La pérdida es tanto más deplorable si tenemos en cuenta los juicios sumamente elogiosos que emite Bergamín sobre ellas en sus propias respuestas: "esa carta tuya vale todo un libro", dice con auténtico entusiasmo en un momento determinado (25-X-1957). Aunque resulta imposible, pues, saber el qué y el cómo de sus cartas a Bergamín, lo que sí podemos destacar es la admiración que siente durante esos años por la figura de su amigo. En un ensayo que escribe en marzo de 1961, empujada, quizá, por los comentarios y confesiones que le ha hecho Bergamín en sus cartas, o previendo ya, tal vez, su dolorosa suerte en España después de volver, María Zambrano se propone aclarar el sentido de su ejemplaridad como escritor. Comienza su ensayo con las palabras siguientes:

> Releyendo estos días al escritor José Bergamín en varios de sus libros de diversas épocas que ahora están en mi mano [...], al advertir y aun saborear su cambiante continuidad, el perfil de su pensamiento y ese borboteo como de sangre a veces, y a veces agua que es poesía, me he encontrado preguntándome ¿qué es, en qué consiste ser escritor? Y ello sin duda, porque José Bergamín lo es ejemplarmente. Ejemplarmente, y ¿cuál es esta ejemplaridad?[3]

Para María Zambrano, el auténtico escritor es el que "no puede callar, permanecer callado". Enemigo empedernido del silencio cómodo, Bergamín, como sabe muy bien la ensayista, no puede dejar de practicar y guardar la palabra, sin miedo, a través del ministerio literario que ha ejercido —y sigue ejerciendo— dentro y fuera de España. Sigue diciendo María Zambrano:

> En el escritor el exceso es simplemente el mantenimiento de su historia. "Yo me sucedo a mí mismo", que Bergamín podría, puede decir de sí. El sucederse a sí mismo del que, invariablemente, prosigue sin poder callar,

---

[3] El ensayo se publicó bajo el título "El escritor José Bergamín" en *El Nacional*, Caracas, 9 de mayo de 1961. Fue reproducido recientemente en el número monográfico de la *Revista de Occidente* dedicado al escritor: núm 166, marzo de 1995, pp. 19-24. No estaría de más recordar que María Zambrano dedicó otro ensayo breve a la obra de Bergamín: "José Bergamín", *Camp de l'Arpa*, Barcelona, núms. 67-68, septiembre-diciembre de 1979, p. 7. Este texto fue incorporado como prólogo a las *Poesías casi completas* del escritor (Alianza, Madrid, 1980).

callarse ante la realidad, atravesado por el aliento abrasador de la verdad que salta a los labios. Abrasador aliento que si el ser humano no tuviera ya de nacimiento esa su herida, se le abriría. Y así, el escritor es el herido, el más herido y por ello inevitablemente el más hiriente de los hombres.

Bergamín *herido* e *hiriente*, debido ante todo a esa apasionada "afición a España" —el paralelo con Larra es perfectamente adecuado— que subraya el propio escritor en una de sus cartas a ella, afición que le permite *ver* y *decir* con *claridad* y con *dolor* la realidad de su patria. Teniendo muy presente el caso ejemplar de su amigo, María Zambrano añade: "Quizá sea España —y lo de ella nacido— uno de los lugares donde la palabra del escritor revele lo más abrasador de la verdad, esa que no permite quedarse callado ante la realidad."

En los escritos de Bergamín y en la entereza de su conducta, María Zambrano percibe una búsqueda irremediable de la verdad: una expresión viva de la libertad que se defiende y se proclama, cueste lo que cueste. Destaca ante todo: "...ese soltar la palabra con dramática confianza en el aire, tan definidor y definitivo del estilo de José Bergamín. Ese vuelo de la palabra en libertad a la que el escritor, José Bergamín, a lo largo de toda su vida, entrega y aun sacrifica su libertad personal, por sentirla, sin duda, verificada en ella".

Según María Zambrano, toda la obra de José Bergamín es "viviente historia, viviente memoria". Las cartas que recibe de él pueden considerarse un capítulo breve de esa historia y memoria, capítulo truncado, quizá, pero no menos significativo por ello. En diciembre de 1957, al reflexionar desde París sobre el sentido del diálogo epistolar que ha entablado con su amiga y sobre las ilusiones que los sustentan, Bergamín utiliza el mismo "lenguaje de fuego" que aparece por esas fechas en su obra poética: la luz de la esperanza y de la verdad no se deja extinguir por las sombras que la envuelven. "No dejemos apagarse el fuego", dice Bergamín. "Esa 'ascua viva'. Sí, tienes razón, ¡tan poco! ¡pero tan verdadero y luminoso!"[4]

---

[4] Las cartas de Bergamín a María Zambrano se reproducen con la amable autorización de los herederos del escritor. Como están escritas casi todas a mano, ha sido difícil a veces descifrarlas. Los casos, no muy numerosos por cierto, de una lectura insegura están indicados con un signo de interrogación entre corchetes: [?]. Cuando me ha sido imposible comprender alguna palabra suelta, lo he señalado con la palabra "ilegible", también entre corchetes. Sobra decir que no pocos de los poemas que Bergamín envía a María Zambrano son inéditos.

I. Desde París: antes de volver

... estoy triste. Y siento que quiero *volver*, a que mis huesos se abrigaran en la tierra dura de España...

(11-III-1958)

Volver no es volver atrás.
Yo no vuelvo atrás de nada.

José Bergamín

1

París. 22. Julio. 1957

Mi muy querida María:

perdóname, perdóname por haber tardado tanto en contestarte. El quererlo hacer con tiempo y sosiego me detuvo hasta ahora que tampoco puedo hacerlo así. Pero no quiero demorarlo más. Y con mi firme promesa de escribirte más largo, esta carta tómala sólo como un breve anticipo de la que llegará después.

¡Y es que quisiera decirte tantas cosas!

Creo que te equivocas al temer por mí en *un sentido* de compromisos políticos (llamémosle así). Y esto te lo dije de palabra.[5]

No. No hay nada más lejano a mí, ahora, que los compromisos, y esos peligros que tú ves.

Más bien lo contrario. Tiendo a "prepararme a bien morir". Lo que me aleja de esas inquietudes que tú temes.

Y es así por sentirme ahora, todavía, en estado de ánimo propicio a la vida —y no a la muerte. Por no *sentirme* (todavía) a mí mismo, ni viejo, ni enfermo, ni solo. Y sí con una misteriosa y latente "alegría de corazón" que me llevó de nuevo a "practicar" la fe que verdaderamente nunca he perdido. Y gracias a Dios mi "regreso de hijo pródigo" a "nuestra" casa, a "nuestra Iglesia", ha sido venturoso —si doloroso—

---

[5] Bergamín alude indudablemente a las conversaciones que sostuvo con María Zambrano en la primavera de 1957 con ocasión de su reencuentro en París.

¡y quiera Dios que definitivo! Yo así lo espero. (Ya te contaré en mi carta prometida cómo fue, cómo ha sido: quiero decir cómo *está siendo*, sigue siendo. Y conste que no "heideggarizo" ahora.)

Pero me inquietas tú. Y precisamente por lo que te inquieta de mí.

Temo que des demasiada importancia a lo que no lo tiene. Al menos en mí. Te lo agradezco de corazón. Pero tú sabes que no es, no será nunca lo esencial de mi vida mi "expresión" o "manifestación" (como tú dices) palabrera. Verbal, si prefieres. De la palabra, y por la palabra, solamente me importa la *evangélica*. Las demás son juego, cosa de juego (arte, poesía, etc...). *Practicar la palabra*, para mí, es cosa paulina, y es "*negarme y tomar la cruz*". Al menos, lo que más hondamente quise. Lo que siempre quiero.

Tú me "supervaloras" (¡perdón! por la mala palabra) como *escritor*.

María: me das miedo cuando pareces segura de esas *vocaciones poéticas*, que si no son cristianas únicamente, pueden serte una trampa del Diablo. ¡Cuidado con los *griegos*! Con todos. Y con los "gregui-gitanos" (*como Platón*) más.

¡Ay! Quisiera decirte, escribirte despacio, largamente, de todo esto. (Lo haré pronto, espero.)

Entretanto, soy yo quien más teme por ti.

Óyeme estas últimas coplillas que me salen de más allá de mí mismo, como las otras del Cancionerillo, que llamo del Duende por eso.[6] Del Duende y no del Ángel. (Andaluces los dos.) Y son así:

> "—Ése que tú te crees que eres tú mismo,
> ése que tú te crees que llevas dentro,
> no eres tú, ni es tu vida, ni es tu alma,
> ni siquiera es la sombra de tu cuerpo.

---

[6] Aunque Bergamín escribe poesía esporádicamente antes y después de la Guerra Civil, es sólo en el verano de 1955, durante su estancia en Francia, cuando empieza a cultivar el verso con cierta asiduidad. A ese primer ciclo poético pertenecen las coplas y los cantarcillos a que alude aquí y que pasarán al libro *Duendecitos y coplas*, publicado en Madrid en 1962. Sobre este conjunto de textos poéticos, en carta a Carmina Abril de agosto de 1955, Bergamín dice que se trata de "más de ciento cincuenta coplas o cantarcillos de soledad y soledades, que me salieron, en vez de suspiros y lágrimas, este verano de París. Ya más cerca de España". Citado por Penalva, p. 194.

—¿Pues quién es ese yo que yo no soy?
¿En qué puede serme sin yo serlo?
—Pregúntaselo al otro, al que dejaste
por la senda perdida de tu sueño."

*

Cuando miro lo pasado
lo siento como si fuera
un fantasma ensangrentado.

Cuando el pasado me mira,
lo siento como si fuera
una sangrienta mentira.

*

Nada en el mundo hay de cierto,
nada de firme y seguro,
ni siquiera el estar muerto.

Ni el morir es cosa cierta:
que quien se duerme en la muerte
no sabe si se despierta.

*

"—Yo quiero la realidad;
no quiero sombras ni sueños.
Quiero verdades que estén
fuera de mi pensamiento.

—Esas verdades que están
fuera de tu pensamiento
son la verdad de tus sombras,
la realidad de tus sueños."

*

"Estar solo es estar muerto.
Los muertos siempre están solos.
Los solos siempre están muertos."

*

"—Las estrellas nos alumbran:
¡estamos solos, Don Juan!
—Más solos están los muertos
y con nosotros están."

*

"¿Por qué callas, dejando al pensamiento
sin voz, y sin palabra a los sentidos?
¿No ves que cuando siembras el silencio
preparas la cosecha del olvido?"

*

Te despertaste llorando
sin saber por qué llorabas.
Y era que estabas soñando
que no eras tú quien soñabas.

*

Etc., etc...

María: te quiero mucho (tú no lo sabes, pero sí). Y pienso mucho
en ti. Ahora más desde que nos vimos aquí.

Esta carta seguirá, seguirá... ¡Y ojalá pudiese ir a Roma a seguirte
hablando! (Me alegra muchísimo que te haya gustado *MEDEA encantadora.*)[7]

---

[7] Esta obra dramática se publicó por primera —y única— vez en la revista *Entregas de la
Licorne*, Montevideo, núm. 4, 1954.

Di a Araceli que yo también le quiero siempre. Y ahora más. Un abrazo mío.

Cuídate.

Tu muy amigo
Pepe

2

París. 25. Octubre. 1957.

Mi querida amiga María:

al fin llegó tu carta, pero tan maravillosa para mí que se hizo perdonar su retraso. También quiero que tú me perdones si te confieso que esa carta tuya vale un libro. Y que tu estilo epistolar es el mejor tuyo. Tu libro —que estimo muchísimo (y *quiero* más)— no *cala* tanto en mí como tu carta. Pero no por ser mía (para mí), esta prosa tuya, sino porque *es* mejor: más espontánea, más flexible, más bella (más abandonada)... Tienes que escribir *cartas* —aunque no sean para mí— *muchas*; un *Epistolario* completo. Será tu obra maestra [ilegible]. Cartas en que *te abandones* por completo: en que te dejes ir, a tu sentimiento y pensamiento. Y creo que es ahora el momento de tu madurez espiritual para empezar tu *Epistolario* (espiritual naturalmente). Tus cartas a... No importa el destinatario. Ni siquiera ese portentoso Arlequín en que me idealizas. Claro que me interesa. Muchísimo. Mándame todo lo que sepas de él. (Pero con comentarios tuyos.)[8]

Yo sabía que los *bergamini* eran pastorcillos de las altas desviaciones alpinas sobre Bérgamo. Y que de allá salieron Bergamines y Bergamascos (Bergam*ino*). Que al pasar a Venecia (a la Señoría) perdió la vocal. Lo malo es que luego se fueron también a Suiza. Y allí se hicieron *pastores* también, pero protestantes. Pasaron a Holanda... Pero mi rama es la de Venecia. Hoy hay muchos allá. Pero donde más, en

---

[8] La figura del Arlequín de la *commedia dell'arte* italiana tiene su origen, al parecer, en la región de Bergamo. Según sus primeras representaciones pictóricas, se trataba de una figura escueta, vestida de blanco y negro, que tiene muy poco que ver con los arlequines posteriores, de Picasso por ejemplo. María Zambrano habrá comentado este asunto en su carta a Bergamín.

Milán. (Por la cercanía con Bérgamo, supongo.) En fin, en el *Deca-merón* aquel Bergamino, el feo, de la primera jornada... data del XIII me parece (¿Cole de Milán?).

Tu carta me ha hecho mucho bien. Te comprendo, creo, enteramen-te. ¿Y cómo no iba a comprenderte si yo he vivido *así* casi treinta años? En los umbrales... Como los mendigos de verdad.

Creo que tú también tienes —como yo— dos grandes, profundos amores en tu vida: España y la Iglesia. (Yo añado: mis hijos...). Y cuando digo Iglesia ya sabes lo que digo (¿unidad sacramental en Cristo...?). Me entiendes. Pero de esto tengo que escribirte más largo. Y pronto lo haré. Ahora están aquí Fernando y Teresa conmigo. Me han conseguido para ellos los buenos amigos franceses (en realidad C. Aveline)[9] dos sitios (pensión) en la *Alianza* francesa. Donde están muy bien instalados y pueden estudiar. Espero que pasaremos en París este curso. Después... Dios dirá.

Entretanto, escríbeme, escríbeme. Me harás mucho bien. Yo te prometo hacerlo. Contarte de mí.

Y quisiera ir a Roma. Veremos.

A tu hermana, mi mejor recuerdo. Para ti mi amistad con un abrazo

Pepe

P.S. A Mario [?] lo veo muy poco ahora. Me inquieta su salud (física y moral). Es demasiado tropicalizante en todo. Yo le estimo y quiero y temo por él. Ahora está muy aprensivo y raro. Es *crisis de edad*: adolecer de señorito rico. Yo también supe de eso. ¡Pero hace tanto tiempo que me cuesta comprenderlo a él!

¿Llegó Ramón?[10] Estuve aquí con él muchos ratos. Y ha sido un *encuentro* magnífico para mí. Yo lo estimé mucho siempre pero ahora

---

[9] Se trata de Claude Aveline, muy amigo de Bergamín desde los años de la Guerra Civil. Aveline asistió al Segundo Congreso Internacional de Escritores en Defensa de la Cultura que se celebró en España en el verano de 1937.

[10] Se refiere a Ramón Gaya, compañero de exilio y buen amigo tanto de Bergamín como de María Zambrano. A mediados de los años 50, después de una larga estancia en México, fija su residencia en Roma. Vuelve a encontrarse con Bergamín en París por las mismas fechas en que éste vuelve a ver a María Zambrano. Sobre las relaciones entre Bergamín y Gaya pueden consultarse mis "Divagaciones a media voz en torno a Ramón Gaya y José Bergamín", *Los Cuadernos del Museo Ramón Gaya*, Murcia, núm. 9, noviembre de 1995. María Zambrano siente una gran

mucho más. Es uno de los pocos, muy pocos, españoles salvados del destierro y la dispersión. Está hecho, maduro, sereno... Me ha encantado *dialogar* con él, *coincidir* en las cosas esenciales, ¡poder hablar! Dile, si lo ves, que me escriba, que yo "le admiro y quiero". Díselo. Y me encantaría ahora ver sus cosas: dibujo y pintura.

*

Aquí te mando este *romancillo* que mandé a España. ¿Lo publicarán?

Dime qué te parece.

Si lo pudieran publicar, creo que aclararía a los confusos sobre mí.

(Si se hiciera (lo dudo) *Cruz y Raya* en París, *cuento en primer lugar contigo*.)[11] Ya te diré.

¡Ah! Dile a Gaya que no olvido a Guendalina. Que es, hoy por hoy (y por mañana, y por ayer), mi *credo estético y poético*. Que me mande una buena *foto* de ella. O dibujo suyo. O las dos cosas mejor.

[En una hoja aparte]

Volver

Volver no es volver atrás.
Lo que yo quiero de España
no es su recuerdo lejano:
yo no siento nostalgia.

Lo que yo quiero es sentirla:
su tierra, bajo mi planta;
su luz, arder en mis ojos
quemándome la mirada;
y su aire que se me entre
hasta los huesos del alma.

---

admiración por la figura y obra de Ramón Gaya, con quien comparte durante varios años su destierro en Roma. Véase "La pintura de Ramón Gaya", *Ínsula*, Madrid, núm. 160, marzo de 1960.

[11] Se trata, al parecer, de un proyecto —no realizado— de resucitar la revista que Bergamín dirigió en España durante la II República.

Volver no es volver atrás.
Yo no siento la añoranza;
que lo que pasó no vuelve
y si vuelve es un fantasma.

Lo que yo quiero es volver
sin volver atrás de nada.

Yo quiero ver y tocar
con mis sentidos España,
sintiéndola como un sueño
de vida, resucitada.

Quiero verla muy de cerca,
cuerpo a cuerpo, cara a cara:
reconocerla tocando
la cicatriz de sus llagas.

Que yo tengo el alma muerta,
sin enterrar, desterrada:
quiero volverla a su tierra
para poder enterrarla.

Y cuando la tierra suya
la guarde, como sembrada,
quiero volver a esperar
que vuelva a ser esperanza.

Volver no es volver atrás.
Yo no vuelvo atrás de nada.

París. Set. 1957.
José Bergamín

(Para María, Pepe)

3

París. 13-[XI]-1957[12]

María: creo que sólo de Ramón o de ti pudo llegarme el precioso libro de Oraciones que acabo de recibir de Italia. A ti, o a él, gracias. De corazón. Pues el libro es maravilloso para mí ahora.

Quisiera escribirte muy largo. Y me falta ahora el tiempo. Y el sosiego.

Están aquí mis hijos: Fernando y Teresa. ¡Gran alegría! Espero a Pepe dentro de unos meses.

Aunque camado y no muy firme de salud, estoy contento, muy contento con mis hijos aquí.[13]

Dios me ayuda.

Te escribiré largo pronto. ¿Por qué no lo haces tú? Estoy siempre *esperando* otra carta tuya *maravillosa*. Escríbeme.

Y a Ramón o a ti, a los dos, mi recuerdo de amistad agradecida y "creciente".

Con un abrazo

Pepe

P.S. Recibo carta del Director de *Índice*, diciéndome que salió en la revista mi romancillo "Volver", del que te envié el original. Aún no he recibido el número de *Índice*. Estoy sorprendidísimo.[14] Espero ahora, con esto, poder colaborar allí, y voy a intentarlo. Ya te diré.

Otra cosa: recibí carta del Secretario de B[otteghe] O[scure] diciéndome que me escribiría la Princesa.[15] Pero esto no ha sucedido. Yo

---

[12] La carta ha sido fechada "13-IX-1957" por el propio Bergamín; sin embargo, las referencias al romancillo "Volver" parecerían indicar una fecha posterior; posiblemente, se trata de un error en el mes: "IX" por "XI".

[13] Por ésta y varias otras alusiones en sus cartas a María Zambrano, el lector comprenderá que los hijos del escritor constituyen un eje fundamental en su vida.

[14] El poema salió publicado en la revista *Índice de Artes y Letras*, Madrid, núm. 105-106, septiembre-octubre de 1957, p. 9. La observación de Bergamín resulta algo ambivalente. ¿Se siente sorprendido porque ha podido publicarse un poema suyo dentro de España, siendo el poeta *persona non grata* para el régimen franquista, o porque el director de la revista en cuestión no se ha tomado la molestia de enviarle ejemplares?

[15] *Botteghe Oscure* era una revista literaria editada en Roma por la *principesa* Margarita Caetani. María Zambrano había aceptado conseguir colaboradores de lengua española.

creo que deberían *pagar* (¿50 ó 100 dól[ares]?) el artículo si *quieren
guardarlo.* Y si no, devolvérmelo. Dime qué crees tú y si no te molesta
¿intervenir en ello?

Te lo agradeceré.

                              J.B.

                               4

Lunes, 25. Nov. 1957.
París. (Casa de México.)

María: gracias otra vez y a ti directamente por el bellísimo libro de
"Oraciones". Donde encontré la definición admirable de Santo Tomás.
La oración —la plegaria, el rezo...—: *"acto* del entendimiento que diri-
ge a Dios los deseos de la voluntad..." Así es.

No temas por mí. Yo sé —aún más y *peor* que tú (tú lo sabes) lo
que es —lo que ha sido— *ser utilizado.*[16] Y casi siempre torpemente...
¡tan torpemente! ¿No recuerdas mi exclamación dolorida en España?
("¡Ay Dios! ¡Qué buen clavo...'si oviese' buen martillo!"). Y es que,
tal vez, me equivoqué de martillo. El clavo (sintiéndose arder) es uno
mismo (*utilizado*).

"¿Y que dijo el clavo al martillo?

¡Pega, pero escucha!"

¡Y el único martillo que oye es el de Dios! (¡Dios me oiga!) El que
clavó los clavos de Cristo. Todos. Y por eso *todos* ("por todos los clavos de Cristo") agonizamos. Sí. Y cada vez me siento —y me temo—
más cerca de la postrera agonía. De la del tránsito final. Y pido a Dios
que *me la dé* buena. Que sea *su don divino* —por Cristo— como lo ha
sido el de la vida. Ya que no puedo devolvérsela, pura y bella, como
me la dio. ¡Dios me perdone! —Y Nuestra Señora de la Misericordia
sea conmigo—.

---

[16] Es evidente que María Zambrano ha reiterado sus preocupaciones con respecto a los intereses políticos de Bergamín y su deseo de que no se deje manipular por ciertos oportunistas, an-
siosos de aprovecharse del prestigio del nombre del escritor.

No. No temas por mí ya, *en este mundo*. Cada vez se aleja más de mis ojos y mis oídos. Y no sin pena. Sin penas. ¡Ay! ¡Con demasiadas!...

Salió el romancillo en *Índice* Ya lo habrás visto. Arrinconadillo... pero salió. Me *molestó* bastante —personalmente (o particularmente)— *sentirme* allí ("en corral ajeno"). Pero creo, como tú, que es mejor. Ahora enviaré "coplas" (del "Cancionerillo del Duende") a *Ínsula*. Ya ves que me adelanté a tu inquietud. En efecto. No hay que dejar lugar a *pequeños equívocos* cuando se desvanecen [?] *los grandes*. Y en los dos lados (y en *Ciervo* tal vez) colaboraré *lo menos posible*. Ya me entiendes. ¿Te parece bien?[17]

Claro, que lo mejor sería *Cruz y Raya*, en París. O "*El clavo ardiendo*". ¿Pero quién lo paga? En *dinero*. Porque *en sangre*, ya lo tenemos más que pagado nosotros. ¡Y lo que nos quede...!

No sé si será mucho para mí. Ando mal estos días. Muy dolorido. La cabeza, el corazón... (y el hígado) se cansan de funcionar en mí, tal vez en vano. Pido a Dios una buena muerte, una clara agonía. Que el dolor no me venza. Ni la angustia. Ni la amargura. (Angustia de cabeza, dolor de corazón, amargura de hígado...) Tú sabes.[18]

¿Por dónde anda Ramón? Si está ya en Roma, dale un abrazo mío. Y a tu hermana, que le quiero mucho —aunque no tanto como a ti. Escríbeme. *Te necesito* ahora que he sentido —que te he sentido y siento— tan cerca, dolorosamente, de mí. Escríbeme. Para que sigamos hablando...

(¿Piensas lo espantoso que *parece que es*, una España "sudamericanizada" por los comunistas?)

¡Dios nos asista!

Tu amigo siempre

Pepe

Tengo ahora aquí la alegría de Teresa y Fernando conmigo g. a. D.

---

[17] Parece ser que María Zambrano ha dado sus consejos a Bergamín sobre el tema de sus posibles colaboraciones literarias dentro de España, con el fin de evitar una interpretación equivocada de la significación de su firma en ciertas revistas. Según mis conocimientos, Bergamín no colaboró nunca en *Ínsula*.

[18] Esta frase sencilla —"Tú sabes"— descubre de pronto las profundas afinidades que unen a los dos escritores.

5

París. 6. Dic. 1957.

María:

Gracias por tu carta última que te acerca tanto ahora a lo que yo *más siento*. Y de ti. Pero cuídate. ¡Esa fiebre!

Yo estuve muchos días mal. Sin fiebre, pero con atroces jaquecas, muy seguidas. Y resfrío. ¡Cualquier "grippe" atómica o radioactiva que nos metiera [?]...!

Entretanto no dejemos apagarse el fuego. Esa "ascua viva". Sí, tienes razón, ¡tan poco! ¡Pero tan verdadero y luminoso! "Una lucecita..." etc. (como en el cuento).

Escríbeme. Dime que ya estás bien.

Esta carta es sólo un aviso de otra mucho más larga que te escribiré en estos días, maravillosos días, de Navidad.

¿Ves a Ramón? Dile que recibí sus postales y que le escribo. Ha sido admirable y consolador para mí, ahora, su "encuentro" de profunda amistad.

Estos días de París son bellísimos. Fantasmales. De luminosos soles blancos, rojos... y niebla rosada o blanquísima. *Te encantarían*. Como a mí. Y en este *encanto* (bálsamo de tantos males duros), te recuerdo, te evoco... Y quisiera estar ahí —o tú aquí— para que hablásemos o calláramos juntos.

Escríbeme pronto.

Te abrazo

Pepe

Recuerdos a tu hermana siempre.

6

París. 21 Enero. 1958

Mi querida amiga María:

Por Jesús Ussía[19] he sabido de vosotras, y que tu hermana Araceli no estaba bien. Escríbeme más. Y de ti. Yo quisiera hacerlo... Pero tú sabes cómo se me van —sin sentir (sintiéndolas tanto)— mis horas parisinas. Sí. El tiempo aquí no me deja espacio para casi nada. Ni para escribir. Para soñar apenas (y "a penas", como Segismundo). Y cuando leo, es como cuando duermo, un reposo, un descanso... a veces turbado por imágenes inquietantes; por fantasmas, no siempre de amor.

Te recuerdo mucho, muchísimo, desde nuestro *encuentro* aquí. Y pido a Dios por ti. Por una *decisión* suya que sólo Él sabe en el secreto de su corazón cuándo habrá de cumplirse.

Yo estoy contento, muy contento de haber vuelto a la comunión de nuestra Iglesia. Y no tengo, no siento, temor, si no amoroso: una confianza *ciega* en la Misericordia de Dios. No sé si te lo conté, que cuando *volví* —en este "hacia adelante" divino— me adelanté tanto, que *sentí* que estaba *ante mi muerte*.[20] Y *ese día* todo fue tiniebla impenetrable dentro de mí. Pero no angustiosa ni temible. Sino como una especie de seguridad interior para avanzar en la oscuridad tremenda que sentía... Fui a la Eucaristía como a mi *muerte*, sintiéndola como juicio sobre mí de Dios. Aceptándolo totalmente de ese modo. Y sin dolor ni agonía. Sin alegría tampoco... Hasta que volví. Y entretanto sí, alegría, infinita alegría como la de mi infancia. Fue como un crepúsculo interior que la segunda vez que volví, me daba, suavemente, una consolación infinita (el día de la Asunción, este verano). Y, por último, la mañana de Navidad se rompió aquella tenebrosa impresión primera y después sus sombras —que digo crepusculares— en una luminosa aurora, tan alegre, tan pura, tan indecible, que ahora sí sentía miedo de tanta alegría. Aunque siempre, siempre, cuando me acerco al altar me siento como cara a cara con mi muerte —sin muerte (y aún sin agonía).

---

[19] Amigo de Bergamín desde sus tiempos en México en los años 40.

[20] Es francamente conmovedor el tono íntimo y confesional de esta carta. Descubre de nuevo la confianza que tenía Bergamín en su interlocutora.

Presiento que esta paz será tal vez mensajera preparatoria de "otras guerras". Pido a Dios que me sostenga en ellas.

Cada vez que veo a Pèzeril —solemos almorzar una vez por semana juntos— me pide *que escriba ese libro de mi testimonio*.[21] No sé. Ahora me parece que no podría hacerlo sin consumar un *sacrificio* cuya hora no me ha llegado todavía. Pienso si *eso* sería *mi vuelta* a España. ¡Dios sólo sabe! Acaso sólo entonces podré explicarme cómo "la sangre de Cristo grita en mi corazón más alto que la sangre de Abel", y es o no es la misma sangre...

Me gustaría *hablar* contigo de todo eso. Tal vez pueda. Un viaje a Italia, una estancia allí, en Roma, me es posible —y para pronto—. ¡Ojalá!

Ahora tengo conmigo a Teresa y a Fernando (con su novia Carmen). Espero a Pepe para esta Primavera. Por todo doy gracias a Dios con alegría. Y espero, espero siempre... Aunque no sepa ahora ya, *en este mundo*, el *qué* ni *para qué*. ¡Dios dirá!

Escríbeme. Que tu hermana mejore. Dale recuerdos míos. Y a Gaya, siempre si lo ves.

Te abrazo

Pepe

P.S. En estos días se habla de darle a los "restos" de Antonio Machado sepultura definitiva en Francia. Yo creo —siento, pienso...— que no debiera ser así, sino volverlos a *su tierra* española. Creo que esto es lo justo y verdadero. Dime qué piensas tú.

Yo pienso —y siento— esto, lo creo, porque me parece que al volverlos a tierra española *harán milagros*. Esto es, que significarán que "aquella guerra" que los desterró de su suelo ya acabó... (*Aunque vengan otras*.) Pero hay que darle esa *paz a los muertos*, para que ellos

---

[21] Bergamín conoce al abate Daniel Pèzeril en 1950, poco después de la muerte del novelista francés Georges Bernanos, a quien Pèzeril ha atendido en sus horas finales. El abate será luego el amigo y confesor del escritor español e insistirá siempre en que la obligación fundamental de Bergamín es dar testimonio a través de sus escritos, ejercer una especie de "ministerio literario". El lector interesado en este tema puede consultar las páginas que el propio Pèzeril escribió sobre su relación con Bergamín, "Bergamín ou la folie d'exister", en el libro colectivo que editaron F. Delay y D. Letourner, *José Bergamín*, Centre Georges Pompidou, París, 1989, pp. 111-131 (Col. Cahiers pour un Temps).

nos dejen en paz a los vivos. Y aún para que, si no nos dejan en paz, nos quiten otra guerra peor... Dime qué piensas tú. Y si firmarás conmigo una petición, en este sentido, a los demás españoles, uniéndonos a los que lo piden *desde dentro.* ¿Qué te parece? Contéstame pronto.[22]
No recibí a *B[otteghe] O[scure].* Dime si sabes algo. [Ilegible]

7

París. 11. Marzo. 1958

Mi querida María: creí que te había escrito una larga carta contestando a la tuya en que me hablabas de la enfermedad de tu hermana. Aunque mi cabeza anda cada vez peor, creo, sin embargo, haberla escrito y enviado. Hasta me parece recordar que te mandaba en ella un poemilla o algunas últimas coplas. No sé.

El caso es que te recuerdo siempre. Que querría hablar contigo. Ahora Teresa se volvió a Madrid. Unos días para arreglar allí su pisito. Y vuelve. Para que aquí podamos reunirnos los cuatro, pues Pepe llega el 17. Esta inmensa alegría para mí, me inquieta, pues cada vez temo más el precio de penas e inquietudes a que se pagan unos días, unas horas de felicidad. Pero confío en Dios.

Leía en estas noches mi San Agustín. Aquel pasaje del silencio (en Ostia, con su madre, poco antes de morir ésta). ¡Pasaje que he leído y releído tantas veces! Y siempre aquel "maravilloso silencio" me parece que me llena el alma —y el corazón— de esperanza divina. Recuerda, como Santa Mónica, después, y al ir a morir ya, se siente y dice desasida de lo terreno, hasta el punto de renunciar a su tierra patria para en ella guardar sus huesos, como si Dios —nos dice— pudiera olvidar donde quedan para el día de la Resurrección. Pero lo que San Agustín subraya de ese desasimiento terrenal es su pura significación cristiana. Yo escribí, hace años: "Si eres hombre, no hay tierra ni muertos que puedan serte ajenos..." La tierra es buena, en donde estés (acuérdate aquello de Quevedo: "serás desterrado..."). Y la *casa* —para el cris-

---

[22] La actitud de Bergamín hacia la figura de Machado se transparenta en un importante artículo que escribe por estas fechas: "Antonio Machado 1939-1959", *El Nacional*, Caracas, 22 de febrero de 1958.

tiano— no es más que una: su Iglesia. Y en su Iglesia: el altar. El altar del Dios que nos llena de juvenil alegría...[23]

Pero, sin embargo, estoy triste. Y siento que quisiera *volver*, a que mis huesos se abrigaran en la tierra dura de España. Bajo aquella piedra, aquella luz, aquel aire... ¡ay! ¡que no volveré a sentir tal vez más, vivo...![24]

Bueno, perdóname. Estoy malucho. Mi cabeza me duele y me da vueltas. Me zumba en los oídos. Te escribiré más pronto. Cuídate. Saluda a tu hermana y a Ramón si lo ves, con un abrazo mío.

Te quiere siempre

Pepe

8

París. 26. Set. 1958.

Mi muy querida amiga María:

Gracias por tu gestión y carta. Esperaré. Si *B[otteghe] O[scure]* paga al ritmo de su publicación serán meses. No me extraña lo que me cuentas. Pero si te consuela el "cuentan de un sabio...", mírame a mí. Aunque de sabio no tengo nada. Pero sí de sustentarme —simbólicamente y, a veces, también en realidad— de las hierbecillas que otros —que tampoco tienen nada de sabios— dejan caer. Una amiga mía persa me decía hace poco que ella se siente vocación de pordiosera (pero en su país). Y un pordiosero persa, como un español, me figuro que, como éste, es "todo lo contrario de un *clochard*".

Me siento ya muy mal en Francia. En esta Francia que, por avara, lo es hasta en su propia podredumbre. Al contemplar ahora, en un claro cielo luminoso de este principio de otoño transparente, fino, bellísimo, el "mundo humano" de París, se desea la bomba atómica. ¡Si vieras la

_____

[23] Bergamín se refiere aquí a los capítulos X ("Coloquio de Agustín con su madre acerca del reino de los cielos") y XI ("Del éxtasis y muerte de su madre"), del Libro IX, de las *Confesiones* de San Agustín.

[24] A medida que va pasando el tiempo, el deseo de Bergamín de pisar tierra española se va haciendo cada vez más urgente. Frente al silencio u hostilidad de las autoridades del régimen franquista, a veces se siente realmente angustiado, como aquí.

repugnancia que me causa este mundo humano, estas gentes, franceses y cosmopolitas! Al menos, en España, la miseria —física y moral— se quema limpiamente al sol. Ayer noche asistí a una "general" de Audiberti.[25] Todo el París *cosmopolita* intelectual —¡y elegante!— allí. ¡Qué asco la obra y *su* público! Hasta las cosas bonitas me parecían feas por el ambiente. En el escenario, toda una "retórica de estercolero" verbal; fuera, en la sala, su correspondiente putrefacción de almas. ¡Qué asco y qué horror! Se siente uno como avergonzado de pertenecer aún como ser vivo a un mundo humano de esta especie. ¡Qué náusea da vivir! En este bellísimo —todavía— París —como una reliquia fantasmal del tiempo— ¡qué tremendo contraste, ahora, el de las gentes que lo pueblan, los rebaños humanos malolientes que se amontonan, empujan, atropellan... ¡Y ya empiezan a asesinarse! ¿Qué será después del 28? Esperemos todavía más horror, y horrores peores.[26]

Y lo más terrible no es poder ya nunca más *estar solos*. Hasta cuando se duerme, el sueño se *puebla* de espantosas visiones premonitorias, proféticas. Pues yo creo que ahora no nos soñamos a nosotros mismos, sino al mundo que nos desensueña sangrientamente, que nos desuella el alma por dentro como el cuerpo por fuera, con su ruido, su "mundanal ruido" infernal. Y no hay "escondida senda" posible. Parece que hasta la naturaleza, en sus bosques, sus aguas, sus cielos, *presiente* que va a ser destruida y se desensueña también de sí misma.

¡Cuánto horror! ¡Horror y tedio, como el que sintió Nuestro Señor en el huerto de su agonía! Y en vano clamamos: ¡padre, padre...! Y *si es posible*, que se nos aparte este cáliz, que *deberemos* apurar hasta sus heces...!

¡Ay! Ya ves que puedo comprenderte, sentirte, cerca, cerca de mi dolor. Pero que este dolor nuestro no nos traicione en desesperación, que no nos venza.

No dejes de escribirme siempre que tengas algún rato. Yo también lo haré. Y dime cómo sigue Ara.

---

[25] Poeta, novelista y ensayista francés, Jacques Audiberti (1899-1965) fue más conocido en su día como dramaturgo, ofreciendo a la burguesía de la posguerra un teatro culto, si bien, según muchos, excesivamente retórico y conformista. La obra en cuestión tal vez era *Le Ouallou*.

[26] El general Charles de Gaulle había llamado a un plebiscito para el día 28 de septiembre con el fin de resolver la cuestión de la independencia de Argelia, que ya había dividido a la sociedad francesa. Nótese, por otra parte, la hartura que expresa Bergamín: su costumbre es cansarse no tanto del lugar como de la gente.

Te recuerdo siempre desde "nuestro encuentro" actual. No te olvido. Y quisiera que aquí, o ahí, pudiéramos hablar, dialogar, de todo. Lo espero.

Es siempre tu mejor amigo

   Pepe

Tuve una preciosa postal de Ramón desde Venecia. Dime cuándo llega a Roma. Y que me escriba. También yo le escribiré.[27]

   (Si *B[otteghe] O[scure]* apresura su "cheque" mejor, pero sin que tengas que molestarte tú.)

9

París. 3 de Noviembre. 1958

Mi querida amiga María:
   recibí aquella revista italiana... Y después, ya has visto (más de cerca) todo lo que ha sucedido. Yo estoy muy contento con este Papa *bergamasco*. (Y gordo, comilón, sonriente...) ¡Al fin, un Papa bueno! Y no al contrario, como se dijo del *diabólico* anterior, cuyo final "shakespeariano" confirmó todo su tremendo Reinado *de este mundo*. ¡Dios lo perdone! Para mí su sombra ya vaga por los mágicos Infiernos del Dante: como Secretario perpetuo del Estado infernal.[28]

   Sucede, María, que no volví a tener noticia de *B[otteghe] O[scure]* (¡Y ese cheque me hubiese venido ahora tan bien!). ¿Qué hubo de esto?

   No contestaste a mi última carta, pero alguien que te vio ahí me dio buenas noticias tuyas. En estos días acaso pueda darte yo alguna nueva mía que te interesará.

   Escríbeme. ¿Recibiste mi libro?[29]

---

[27] Bergamín escribe efectivamente a Ramón Gaya por estas fechas, sobre todo después de su vuelta a España. Tendré ocasión de referirme a alguna de esas cartas.

[28] El Papa Juan XXIII (1958-1963) acababa de sustituir al recién fallecido Pío XII (1939-1958), cuya simpatía por el fascismo internacional se había hecho notoria durante la segunda Guerra Mundial.

[29] Se refiere probablemente a *La corteza de la letra*, libro de ensayos que aparece en la colección Austral en Argentina, a finales de 1957.

¿Y Ramón?
A tu hermana un amistoso recuerdo mío siempre.
A ti un abrazo

     Pepe

                  *

Al pasar por el parque me he encontrado[30]
un fantasma perdido en sus caminos:
destello luminoso de hojas muertas,
Otoño sobre el suelo humedecido.

Tan luminosa música de lumbres
hace tangible el alma a los sentidos:
como un rescoldo que se prende en llama,
y una esperanza que se vuelve olvido.

Seguirán otros pasos a mis pasos,
pisarán esta tierra que yo piso;
pero no escucharán los mismos ecos
que yo estoy escuchando, otros oídos.

Otros ojos verán lo que mis ojos,
pero no lo verán como los míos.
Y en otro Otoño pulsará el Otoño
otro latir de corazón vacío.

                  *

Para el gato, un cascabel.
Para el ratón, una trampa.
Para el querer, una puerta.
Para el sueño, una ventana.

---

[30] No está claro si este poema y el que sigue constituyen un envío independiente. No sería desatinado pensar que, debido a su fecha de composición, se enviaron junto con la carta que se reproduce a continuación.

Para el silencio, una voz.
Para la voz, una máscara.
Para la máscara, un rostro.
Para el rostro, una mirada.

Para la mirada, un mundo.
Para el mundo, una palabra.
Para la palabra, un hombre.
Para el hombre, un nombre: nada.

(París. 9.XI.58)

10

París. 2. XII. 58

Mi muy querida María:

acabo de recibir tu carta. Gracias por haberme leído. O releído. Y perdóname una cierta *falta de amor* por *tu* Ortega. No corresponden exactamente esas breves páginas mías a lo que pienso y siento de él. Siento no tener un breve comentario que escribí a su muerte. Y que leí aquí en la Radio (lo que decidió mi supresión —de la Radio). La publiqué en mi periódico. Si la encuentro, te la enviaré.[31]

Mi oposición juvenil a Ortega lo fue *por amor*.[32] *Contra* el Maestro. Y contra esa *idolatría* intelectual, como tú sabes. Después me *conmovió* siempre íntimamente su sentimiento personal, pudoroso, de la vida, que, en senequista (retórico) andaluz, *enmascaró*, tan admirablemente, de bella hojarasca palabrera. ¡El estupendo *hablador* y *escritor* que era, que *es*! Lo admiro y quiero ahora cada vez más cuando le *releo*. Y lo que quisiera es tener más tiempo para releerle mejor. Y para poder dialogar contigo de todo esto.

---

[31] Hay alguna alusión poco favorable a Ortega en *La corteza de la letra*. El "comentario" a que se refiere Bergamín es el artículo titulado "En la muerte de José Ortega y Gasset", publicado en *El Nacional*, 19 de noviembre de 1955.

[32] Sobre la relación algo conflictiva —mejor dicho, ambivalente— que tuvo Bergamín con Ortega, véase mi "La *Revista de Occidente* y *Cruz y Raya*: Ortega y Bergamín", *Revista de Occidente*, núm. 72, mayo de 1987, pp. 41-62.

¿Lo haremos en España pronto?

Todavía no veo la "lucecita verde" que me dé el paso libre[33] —libre, al menos, *para entrar*. ¿A enterrarme? ¡Dios sabe! A *enterarme* de lo que ahora *está pasando en ella*, sí quisiera. Y a cerrar el círculo mágico de mi destierro.

A mí también me duele (no enteramente el brazo) el hombro. Como si una mano esquelética me lo tocase dolorosamente:

> Yo ya siento que la muerte
> *me está tocando en el hombro*:
> me viene a decir que es tiempo
> para ir dejándolo todo.
>
> (Para ir dejándolo todo
> no puedo dejar que siga
> mi vida de cualquier modo.)

Tengo, como verás, la manía coplera del asonante. Creo que es un respiro (y suspiro) profundo para mí (y "en cada suspiro una gota de sangre..." como en Shakespeare).[34]

> Voy andando, voy andando,
> y el camino no se acaba...
> Y yo me voy acabando.

Te escribiré más. Y si sé algo de España, en seguida.
Te abrazo

Pepe

Recuerdo a Ara y a Ramón.
Escríbeme más tú. ¿Puedes dar un toquecito de teléfono a *B[otteghe] O[scure]*? Para no escribirles *mal*.

---

[33] Se entiende que los intentos de Bergamín de conseguir pasaporte y autorización para volver a España siguen sin tener éxito.

[34] Bergamín recalca de nuevo la función de "desahogo" que cumple la poesía para él.

11

París. 16. Dic. 1958

Mi muy querida María:
    acabo de saber que Malraux, recién llegado de su gran viaje a
Oriente, debe estar ya en París. Y acabo de enviarle un *pneumatique*
para verle en seguida.[35]
    Creo que lo veré, si se queda aquí, por poco que sea. Pues, además,
creo que querrá verme ahora para *despedirnos*. Te digo que para Navidad *quiero estar en Madrid*. Esto es, que dentro de unos días me voy,
me vuelvo a España. El Consejo de Ministros del viernes último en
Madrid —con *el Generalísimo*— acordó mi entrada. ¿Qué te parece?
Yo siento una inmensa alegría y quiero que la compartas conmigo. Y tu
hermana. Y los verdaderos amigos como Ramón, al que también escribo diciéndoselo.[36]
    El momento es grave, ya lo sé. Pero ¿cuál no lo es en España y
para mí? No sería yo torero (ni novio ¡ay!) si lo dudase. Siempre sabes
muy bien que estaba decidido en cuanto pudiera. ¡Y se encendió la lucecita verde! (¡Y Pemán creo que ha sido el farolero![37] ¡Pero en qué
farol andaluz!) Se lo agradeceré siempre. Aquí Casa Rojas, el Embajador, fue, sin yo saberlo, mi mejor abogado, bueno de veras. Y con ex-

---

[35] La amistad de Bergamín con Malraux data de la época de la Guerra Civil. La ayuda que
el escritor francés presta a Bergamín durante los años que pasa en Francia es, desde luego, decisiva. Sobre este tema puede consultarse Guy Suarès (ed.), *Malraux, celui qui vient. Entretiens entre
André Malraux, Guy Suarès, José Bergamín*, Stock, París, 1974.

[36] Efectivamente, el "caso Bergamín" fue discutido en la reunión del Consejo de Ministros
en Madrid, a comienzos de diciembre de 1958, estando presente el general Franco, que personalmente autorizó la vuelta del escritor a España. El deseo de Bergamín de compartir la buena nueva
con sus "verdaderos amigos" es conmovedor. Bergamín no llega a escribir a Ramón Gaya hasta
después de su llegada a Madrid, pero el tono de su carta —fechada en enero de 1959— es igualmente emocionado: " ... no puedes figurarte lo que es, sin estar presente, sin vivirlo. Lo que es,
sobre todo para nosotros, después de veinte años. Yo tampoco me lo figuraba. Es una realidad que
sobrepasa nuestros recuerdos, nuestras esperanzas, nuestros sueños. Tienes que venir. Estar aquí.
Es 'lo único que importa'. No puedo decirte por qué. Sólo sentirlo. Te escribiré más... ". El lector
recordará que Gaya acaba por volver a España en 1960, pero la experiencia resulta poco agradable y se queda por poco tiempo. La exposición que tiene en aquel año —inaugurada con una presentación de Bergamín— es silenciada por la crítica.

[37] Es el propio José María Pemán —amigo de Bergamín en la época de preguerra, aunque
distanciado de él posteriormente debido a sus filiaciones ideológicas— quien comunica personalmente a los hijos del escritor en Madrid la noticia de la decisión del Consejo de Ministros.

quisita delicadeza en todo. Allí, gracias a los buenos amigos —de los pocos— silenciosamente.

Ya te contaré, espero; y *en Madrid*, y *pronto*. Entretanto aquí va esta carta en seguida. Para que me contestes aún aquí. Yo espero salir de París *en avión* (es más seguro) el martes o miércoles (23 ó 24) para aterrizar en Madrid en Nochebuena.[38] Y pensaré en ti.

Te diré si veo a Malraux. En todo caso, recibirá tu carta, aunque es mejor que yo se la dé personalmente, como espero. Ya te diré.

Un abrazo fuerte, muy fuerte, con todo mi cariño y amistad

      Pepe   ¡Feliz Navidad!

P.S. Si antes del 22 no pueden girarme aquí de *B[otteghe] O[scure]* (¡hélas!), que lo hagan a Madrid, *a mi casa: Calle de Londres, 27*.[39] Dime a dónde quieres que vaya a Madrid, en tu nombre. [Ilegible]. Te mandaré muchas coplas.

II. DESDE MADRID: AL VOLVER

> ¡Ay, esta España, cuya realidad viva supera todas las esperanzas y desesperaciones nuestras!
>
> José Bergamín (1959)

> ¡Cómo duele aquí nuestra España! ¡Cómo se nos abre en sus heridas!
>
> José Bergamín (1963)

12

Madrid. 2. Febrero. 1959.

Mi querida amiga María: aquí te acompaña la carta que ahora mismo acabo de recibir de Malraux contestando a tu petición.

---

[38] Bergamín llega a pasar las navidades en Madrid. La historia de su llegada a España fue contada por Eduardo Haro en un artículo escrito a raíz de la muerte del escritor: "Los años se le vinieron a los ojos", *El País*, 29 de agosto de 1983.

[39] Al llegar a Madrid, Bergamín fija su residencia en el piso de la calle de Londres donde viven sus hijos Fernando y Teresa.

Te escribí largamente mis impresiones madrileñas.[40] Hoy está nevando para subrayar tanta alegría.

Madrid me tiene verdaderamente encantado. Pero aún no tuve tiempo de cumplir tu encargo; no fui a la Paloma. Pero será muy pronto.

Te recuerdo mucho. Quisiera que pudieras venir en seguida. La realidad supera siempre a los sueños. Y es tanta la afirmación de la vida y la verdad de nuestra realidad española que, para nosotros, supera todo.

No acabaré nunca de decirte —no puedo expresarlo enteramente— lo que es para mí esta resurrección madrileña,[41] esta pura alegría. No hago más que darle las gracias a Dios por esta Gracia.

Venid pronto.

A tu hermana y a ti os abrazo

Pepe.

También escribí a Ramón. ¿Está aún en Roma?

Entre mis libros que quedaron en París todavía, me dejé el número de *B[otteghe] O[scure]* y no tengo aquí la dirección de la revista ni de su secretario. Y quisiera escribirle otra vez, pues ya me parece excesiva la despreocupación "principesca" de esos, o esa Señora. ¿O creen que los escritores regalamos artículos o que nos hacen un favor publicándolos? Me vendrían muy bien esos dólares ahora, pero más que nada ya es cuestión de dignidad literaria. ¿Puedes comunicarles esto o enviarme la dirección? Mil gracias.

(*Calle de Londres*, 27.) *Escríbeme*

---

[40] La carta a que alude Bergamín no se encuentra entre los papeles que he podido consultar.

[41] En sus escritos de esta época Bergamín insiste una y otra vez en esta idea de su "resurrección". Véanse al respecto las observaciones siguientes: "Desde que llegué a España, tras larguísimos años de destierro espiritual —que diría Unamuno—, me siento como resucitado o redivivo en ella. ¡Y con qué alegría!" (marzo de 1961); "Sentí, al sentir España de nuevo, en su tierra, en su luz, en su aire... como si resucitase en ella; como si hubiese dejado de ser un fantasma" (julio de 1961). Citado por Penalva, pp. 199-200.

13

Madrid. 5. III. 59

Mi muy querida amiga María:

gracias por tu última carta, pero no era para mí lo importante esos pocos dólares, que no me iban a sacar de pobre, sino aclarar la conducta de esos "señores" italianos. No. Te acuerdas del cuento: "la bofetá se la perdono, pero la desvergüenza...". Y eso me parece lo feo: no dar siquiera una respuesta, ni explicación. No hago nada de lo que me dices para Mérida. No hay que repetir ese original. En todo caso, enviaría otro nuevo. Si tuviese humor y tiempo. Veremos. Sí, quisiera que ese señor Walter —al que envié, como te dije, mi segunda carta ahora, la otra desde París en noviembre— contestase. Y si no otra cosa ya, y tú puedes hablarle, le afeases su conducta. Lo menos que podían hacer ahora es enviarme otro ejemplar de la Revista aquí a Madrid para poder conservar yo ese original que no tengo. Nada de que tú trabajes, *encima*, en una copia. Que me mande un ejemplar aquí con una explicación de su grosería en no responder ni pagar... o tendrá que mandarme los padrinos por la cartita que tendré que escribirle. Que en esto ya me conoces.

Sigo encantado en este Madrid nuestro. No salgo de mis vivísimos asombros.[42] Madrid es la ciudad más misteriosa del mundo. Siempre lo fue. Y la que tiene una fisonomía más personal e intransferible. No es pasión de hijo (y padre) o no lo es sólo. París, Londres... tienen misterios. Misterio lo tiene Venecia, Sevilla, Madrid... Yo diría que Madrid más que las otras dos. Misterio luminoso y oscuro. Y gracia como acaso ninguna. No sé salir de él. Y ahora más que antes, más que nunca, lo veo y lo siento y lo comprendo de este modo. Tanto que "todo lo demás...", y "los demás", y el "silencio"... no son casi nada al sentirlo y

---

[42] Aunque Bergamín pone el acento, en esta carta como en otras, sobre el aspecto positivo de su reencuentro con España, no hay que perder de vista su conciencia de la dimensión oscura y amenazante de la situación del país. Diríamos que percibe dos realidades españolas, prefiriendo, como es natural, la viva y luminosa. Véanse al respecto los comentarios que envía a su amigo Justino Azcárate en una carta de enero de 1960: "Para mí, este aspecto de lo vivo español puede separarse del otro: el del desacierto e inmoralidad, insensibilidad, ignorancia, ininteligencia, etc. de los españoles —digo de una inmensa mayoría de los españoles—, entre los que están (¿cómo no?) los que mandan, manejan o mangonean la cosa pública." Citado por Penalva, p. 198.

verlo y tocarlo con los ojos, oyendo su inaudito canto interior, su temblor espiritual de alma. Que lo extraordinario de este Madrid (lopista, velazqueño, cervantino... y calderoniano y *galdosiano* y arnichesco) es que no parece lo que es, que no se enmascara o desenmascara de belleza o poesía como las otras ciudades (Sevilla, Córdoba, Segovia, Toledo... o Venecia, Florencia, Roma, Londres, París...): que no tiene asidero para explicar por qué tiene tantísimo "salero" y "solera" y "gracia de Dios" singularísima. Y creo que en todo ha ganado, aumentado ahora. En todo. Hasta en sus gentes. Es extraño el cambio tan grande que percibo en la realidad española, y no, ni mucho menos, para peor. Lo que sentiría es no ver en qué para —o no para— esto. Nada en Europa (y América todavía "no existe" en este sentido) me parece más vivo, inquietante, veraz, que esta "nueva" España: la de ahora mismo, la que estoy tratando de comprender y explicarme. Claro, es una realidad social diferente en todo o casi todo de la de antes. Pero ¿qué la sostiene y sustenta? ¿Qué la trasciende?... Me encantaría que vinieses pronto y hablar contigo *aquí*, en esta única realidad madrileña; que solamente aquí, en ella, puede soñarse cómo es de veras.

Mis cosas marchan regular. En definitiva las siento y las pienso ya de otra manera. He contratado un libro que se publicará pronto (si lo dejan). Y tengo otros prometidos.[43] Es decir, que encuentro trabajo y ayuda, y, si hubiese posibilidad para más, más encontraría. Y encontré la amistad de antes (los amigos) y supongo que la enemistad donde siempre (en los sedicientes amigos).

Bueno, escríbeme. Cuéntame de ti. De cómo está tu hermana. Y le das mi recuerdo. Como a Ramón cuando lo veas. Y le dices —a Ramón— que solamente viniendo aquí es posible enterarse (sin enterarse) o enterarse de veras: adentrarse en esta verdad viva nuestra. Que me encantaría que nos reuniésemos en Madrid los tres un día. Y que así lo espero.

Sí: es preferible ser un enterrado vivo que un desterrado muerto...[44] (Y de la sangre de Abel, hablaremos otro día. Sin que olvides que la sangre de Abel fue única, y nunca fue la nuestra —o *lo fue a medias*.)

---

[43] Bergamín se refiere probablemente a *Lázaro, don Juan y Segismundo* y *Fronteras infernales de la poesía*, ambos publicados por la editorial Taurus en 1959.

[44] Bergamín hizo famosa esta frase, utilizándola ya en 1954, en Montevideo, cuando se sentía agobiado por la prolongación interminable de su destierro.

Escríbeme. Te abrazo

Pepe

[Dibujo de un pájaro] "Errante prisionero de los cielos"
(Aquí, como en todas partes, han sido "ridículos" (!) los homenajes a Machado. ¿Por culpa de los homenajeantes?)

14

Madrid. Mayo. 1959
Londres, 27

Querida amiga María:
ésta no es aún la carta que te debo. Ésta es para que no te vayas de Roma sin avisarme, dándome vuestra nueva dirección. Creo que será mejor para ti esta reunión con tus familiares y que te descansará del agobio de vuestra vida ahí, difícil siempre. También lo fue para mí en todos lados y ahora tampoco deja de serlo materialmente en Madrid, aunque compensada por esta realidad —poética— de nuestra ciudad maravillosa, misteriosa y más madrileña, si cabe, que nunca lo ha sido. ¡Ay, esta España, cuya realidad viva supera todas las esperanzas y desesperaciones nuestras! Fue malo el mes de abril después de un invierno primaveral; pero ya empieza a cambiar el tiempo y estos primeros días de mayo han sido madrileñísimos, templados, soleados de día, fríos por las noches claras, invernales casi hasta ayer. Me acuerdo de ti siempre. Y de Ramón. Figúrate que ayer 3 de mayo me fui, después de Misa en San Jerónimo, a ver "el desfile" militar. Y lo vi. Y lo que vi en las calles, en el Prado y Recoletos, Alcalá, las plazas de las Cibeles y Neptuno, fue la gente, una gente increíblemente noble, limpia, elegante, seria, casi grave: una gente, un pueblo (?) más velazqueño que goyesco. ¡Y qué luz, qué aire, qué prodigioso encanto vivo en todo! Lo más sorprendente cuando se ve de pronto ese "todo Madrid" en la calle es su diferencia radical de naturaleza humana con los demás que se vieron en Europa y América. El "aquí somos otra gente" es, no sé si por dicha o desdicha, cierto. Esto, todo esto, parece un mundo de distinta naturaleza. Y gracia. Sorprende la delicadeza, cortesía, ritmo so-

segado de las gentes. Y lo bien vestido y calzado (!) que el mundo "gatuno" de Madrid se nos presenta seriamente festero. O yo no me acuerdo muy bien o antes no era así. Yo recuerdo gentes más vulgares y sucias y chillonas en estas fiestas. Ahora no. Miles y miles de madrileños, que parecen conscientes al no entusiasmarse con nada. Y al no tener tampoco un gesto feo, ni desabrido, antipático, malhumorado... No. ¡Qué equilibrio y ecuanimidad! Y qué gracia en las chicas jóvenes que siguen siendo Mari-Pepas futuras o presentes. Una de éstas, al subirse a un pequeño saliente de piedra, junto al Museo, me pidió permiso para apoyarse en mi hombro, y estar así para ver mejor, porque se caía. Iba con su novio que me dio las gracias. Quedé, como comprenderás, encantado. Volví, dando un gran paseo por el Retiro —misteriosísimo, ya cuajados sus verdes nuevos— y sólo habitado por jóvenes, muy jóvenes parejas que se abrazan con más discreción que en el resto de Europa, pero se abrazan también: sólo que en los senderos y bancos perdidos, románticamente. Después fui a almorzar a una tabernucha de la calle Olózaga con Teresa y Fernando. Bueno. Esta carta quede aquí. Sigue siendo promesa de otra más, y más larga. Escríbeme en seguida que sepas tu nueva dirección o si puedo escribirte aún a Roma. ¿Ves a Ramón? Mi recuerdo siempre. A tu hermana también.

Tu amigo siempre

Pepe

No te preocupes por lo de B[otteghe] O[scure]. Lo doy por perdido y no me importa.

15

Madrid. 8. Marzo. 1961.

Mi querida amiga María:

contesto "enseguidita", como me pides, para la cuestión [del] libro de que me hablas:[45]

1) doy la autorización desde luego y antes de hablar con TAURUS, pues esta editorial convino en mi contrato simplemente en un diez por ciento de cualquier traducción. Trataré con ellos ahora para que sea la mitad —pues el libro lo es— o nada. Y en último término les daría lo convenido. Para lo cual me convendría que me mandara esa nueva Editorial de ahí contrato o simple carta con lo que convenimos.

2) pienso si no aumentaría mucho añadir el *Byron*. Tú verás. Como la traducción y un posible prólogo tuyo (esto me gustaría muchísimo) lo dejo en tu mano.[46]

Y otra cosa —que serían muchas otras, difícil de contar de pronto, tras tanto silencio imperdonable mío—. Sí, ya sabrás mi incidente, o accidente, con lo de *ABC*.[47] Su resultado final, pasado algunos malos ratos, como la inoportuna intervención violenta del director de Seguridad, ha sido muy favorable para mí; en todo. Pues, aparte la propaganda de mi presencia inequívoca aquí, y el éxito de público —jóvenes sobre todo— que esto me ha valido, me ha desvanecido muchos fantasmales amigos o examigos y afirmado otros reales y verdaderos en mucho mayor y mejor número y calidad. Estoy contento de esta involuntaria aventura, que, en el fondo, me he merecido, para mal y para bien, "por acercarme tanto al toro". (Esto del toro perdónamelo pero

---

[45] Se entiende que María Zambrano está gestionando en Roma la publicación de una versión italiana de *Fronteras infernales de la poesía*.

[46] La edición italiana del libro lleva, efectivamente, un prólogo de María Zambrano. Se trata básicamente de una traducción del ensayo que publicó sobre él en *El Nacional* en mayo de 1961, ya citado en la parte introductoria de este trabajo.

[47] Bergamín se refiere al primer roce serio que tiene con las "autoridades" del régimen franquista. El 30 de enero de 1961 lee una conferencia en el Círculo de Bellas Artes sobre el tema "El toreo, cuestión palpitante". Como es de esperar, Bergamín aprovecha la ocasión para ofrecer una perspectiva crítica sobre la realidad nacional. Al día siguiente, Luca de Tena comenta despectivamente sobre la figura de Bergamín desde las páginas de *ABC*, periódico dirigido por él, y pronto se desata una campaña de acoso del escritor. El texto de la conferencia de Bergamín se publicó en la revista madrileña *Índice*, en marzo de 1961.

tengo que decírtelo para decirte con ello que han sido los toreros de veras quienes más me han acompañado en mi extraña "faena": Domingo Ortega, Dominguín, Antonio Bienvenida...).[48] Me he acordado mucho de ti en esos días en que me hubieras acompañado con los amigos mejores. Y me he acordado siempre de ti, sigo acordándome, en esta "espaciosa y triste" —y alegre— y terrible y maravillosa España. En la que quisiera que nos viéramos alguna vez, y no muy alejada en el tiempo; *aunque no por ahora.*[49] Sería posible que yo pudiese hacer un viaje a Italia, para verte, antes. Pasar unos días en Roma. ¡Ojalá!

Escríbeme más. Aunque yo no lo haga. Perdóname y no me lo tomes en cuenta. No olvides que tu recuerdo está siempre vivo para mí en este Madrid nuestro; y que paseo muchas, muchas veces por tus barrios más queridos, alrededor de tus dos plazas —Barajas y Miranda—, y por esas y otras calles queridísimas de nuestros Madriles, hoy radiantes de luz, de transparencia, traspasados de sus maravillosos "aires".

En fin, por hoy un gran abrazo. Escribe pronto.

Pepe

Recuerdos a tu hermana siempre.

16

Madrid. 16. II. 62

Mi muy querida amiga María:

recibo tu carta del 12 y con ella las primeras noticias tuyas desde que volví de París. No recibí ni postal tuya en Navidad, ni después carta.

---

[48] El caso es que Bergamín es invitado a dar la conferencia de enero de 1961 por estos tres toreros, que luego le defienden —sobre todo Domingo Dominguín— cuando tiene que presentarse en la Dirección General de Seguridad. Este episodio ha sido relatado con detalle por Gonzalo Penalva, pp. 201-206.

[49] Es interesante ver cómo Bergamín, consciente del endurecimiento del clima político en España, modifica prudentemente los consejos que ofrece a María Zambrano.

Me da una gran alegría la noticia de que se arregló al fin tu *beca*. Veo que mi amiga Fina se portó bien. Lo esperaba de ella. Es gran persona, estupenda amiga.[50]

No comprendo por qué me hablas de Cuba. No ha pasado por mi cabeza semejante viaje, ni ahora sería para mí el momento más adecuado. No sé de dónde salen esos rumores que tú tomaste como noticia cierta. Ni podría, ni querría ir a Cuba. América entera es un *pasado* para mí, al que no quisiera nunca más volver, ni siquiera con el recuerdo. Únicamente de volver —y por razones personalísimas— me gustaría hacerlo a Carrasco en Montevideo. (Y esto por motivos muy particulares —y sentimentales— míos.)[51]

No. Nada de Cuba. Ni de *Américas*. ¡Dios me libre de ello, como me ha librado de un posible viaje a Chile, al que estuve *falsamente* invitado, g. a D.!

¿Quién te ha dicho eso de Cuba?

Bueno ¿y Ramón? Debía estar en Roma. Pero me dice Puccini[52] que no sabe nada. ¿Sabes tú?

¿Y mi libro de Croce?[53] ¿Y el de Alda? ¿Y *el tuyo*? Mándame por lo menos un título para el tuyo.[54]

Y escríbeme *enseguidita*.

Mi recuerdo para Araceli, siempre, y a ti un abrazo

Pepe

---

[50] Alusión a Fina Gómez, amiga venezolana de Bergamín, que ayudó a no pocos refugiados españoles en París.

[51] Bergamín solía decir que su estancia en Montevideo, entre 1948 y 1954, fue la más feliz de su largo exilio. Véase, por ejemplo, esta declaración que hizo en una entrevista de 1980: "De mi exilio, la nostalgia mayor es Uruguay. No sé volver a México o a Caracas, pero Uruguay fue una España idealizada, una España que no ha existido nunca, una España en que realmente le quieren a uno", *El Socialista*, 23 de diciembre de 1980. Sobre los años que pasó Bergamín en Montevideo puede consultarse el libro muy documentado de Rosa María Grillo, *José Bergamín en Uruguay: Una docencia heterodoxa*, Cal y Canto, Montevideo, 1995.

[52] Se refiere seguramente a Darío Puccini, el conocido hispanista italiano.

[53] Alusión a Elena Croce, hija del célebre crítico italiano, muy unida a María Zambrano durante su larga estancia en Roma. Tal vez Bergamín pregunta aquí por "su" ejemplar de la antología que Croce había preparado, ayudada en parte por Zambrano, de *Poeti del novecento italiani e stranieri*, (1960). O tal vez espera el envío de algún original.

[54] Creo que Bergamín anima a María Zambrano a enviarle un libro suyo para la colección "Renuevos de Cruz y Raya" que ha creado en Madrid su amigo Arturo Soria y Espinosa en la editorial Cruz del Sur. La colección da a conocer una serie de libros de figuras marginadas en aquel entonces —como Antonio Espina y el propio Bergamín— además de reeditar textos (de Manuel Abril, Ramón Gómez de la Serna...) publicados originalmente en la revista *Cruz y Raya*.

17

Madrid. 5. Marzo. 1962.

Querida María:

Recibí tu carta pero no tus envíos todavía. En cuanto lleguen, te diré.

Creo que la colección va a marchar bien. Hasta ahora parece que se venden los dos tomitos míos. Veremos.[55]

Estoy inquieto por no tener noticia ninguna de Ramón desde que se fue. Si le ves, díselo.

No sé tampoco nada de los amigos de ahí ni de los libros proyectados por Puccini (¿lo ves?). No dejes de insistir con la Croce para su envío.

Y escríbeme. Recuerdos para Araceli.

Te abrazo

Pepe

18

Madrid. 28, Abril. 1962.

Mi querida amiga María:

perdóname el retraso en escribirte desde que recibí tu envío. Pero... me fui a Sevilla. Allí pasé la Semana Santa. Invitado a su casa por una pareja joven de buenos amigos. Figúrate con qué alegría. No había vuelto a Sevilla desde que volví. Y hacía treinta años justos de mi última visita. Nunca he sentido tanto "su maravilla" como ahora; recorriendo de veras "paso" a "paso", por sus procesiones, sus calles y plazas y travesías: el laberinto vivo de su encanto. ¡Qué única y prodigiosa ciudad que siempre preferí a todo en el mundo! Únicamente creí

---

[55] La colección "Renuevos de Cruz y Raya" se inaugura con dos libros de ensayos de Bergamín. En el primero se recogen *El arte de birlibirloque, La estatua de Don Tancredo* y *El mundo por montera*; en el segundo, *La decadencia del analfabetismo* y *La importancia del Demonio*.

hace unos años que prefería Venecia. Ahora en estos días he podido comprobar que *ni Venecia*, que prefiero Sevilla a todo. No ha cambiado en nada esencial. Sus barrios mejores (Santa Clara, la Alfalfa, Santiago...); sus "corrales" y sus conventos —en que ahora pude entrar por ser Semana Santa (en la iglesia del de San Clemente y la de Santa Paula). En Triana. Nada, como te digo, esencial ha cambiado, y me parecía verlo, descubrirlo por vez primera. Los jardines del Alcázar han mejorado en sus extremos y están mejor cuidados que antes por su poeta-gitano-guardián (Romero Murube).[56] Pero ¡ese barrio de Santa Clara y su convento y su "compás" con el torreón de Don Fadrique! Y en fresca Primavera, con algún chaparrón regada y limpia. El olor a los azahares había casi pasado por esos días, pero aún persistía como un dejo o huella de su fuerza. Las procesiones... extraordinarias. Vi algunas que no conocía: la de la Santa mortaja (alucinante) y volví a ver el paso del Patrocinio (la Virgen más bonita) y el "Cachorro" por el puente de Triana. Y... tantas cosas más; pues no paré de recorrer Sevilla entera en esos días y noches inolvidables. Como sueño. Como la primera vez que fui (¡con diez y ocho años!) ¡Ay! ¡Cuánta pena y alegría juntas! ¡Cuánto, cuánto goce y dolor, juntos, material y espiritual! Hice bien en esperar estos tres años para poderla volver a ver ahora. Así ha sido mejor y... he podido resistirlo. No puedo contarte lo que ha sido de recuerdos y vivida realidad *eterna*. Lo adivinarás, lo comprenderás sin que te lo diga. Llegué a Sevilla pocos días después de haberse matado Juan Belmonte. Suicidio moral, estoico, y, para mí, admirable, el suyo. Escribí algo sobre ello que te mandaré.

Bueno. Tu envío estupendo. Se publicará en seguida. El Idiota y Segovia.[57] Ya lo he dado a copiar para que vaya a la imprenta. Ahora estoy en Madrid solo porque Fernando se fue por tres o cuatro días (a Sevilla, claro, con unos amigos) y Teresa se marchó a Ginebra por un mes o menos. Vendrán pronto. Después de Sevilla, Madrid, nuestro Madrid, me pareció oscuro y feo (!). (Como a Bécquer.)

[56] Alusión a Joaquín Romero Murube, quien antes de la Guerra Civil dirigía la revista sevillana *Mediodía* en la que Bergamín colaboró varias veces.

[57] Se trata, sin duda, de los dos ensayos de Zambrano, "Un capítulo de la palabra: 'El idiota'" y "Un lugar de la palabra: Segovia", que conformarían la última sección de su libro *España, sueño y verdad*, Edhasa, Barcelona, 1965. Aunque Bergamín parece haber iniciado el trabajo de editarlos juntos en un "Renuevo de Cruz y Raya", dicha edición no llegaría a terminarse.

Te recuerdo siempre. Te recordé en Sevilla: sobre todo, no sé por qué, en el patio de los naranjos de la Catedral. Escríbeme. Tuve carta de tu amigo Ignacio Deloga [?], y ya le he enviado los dos Renuevos. Le escribiré en seguida. ¿Volvió ya Ara? Mis recuerdos. Y Ramón ¿lo ves?

Con mi recuerdo siempre y cariño.

Te abrazo

Pepe

19

Madrid. Enero. 1963.

Querida amiga María:

Hace mucho tiempo que debí haberte escrito. Vi a tu primo, entonces, y volví a verle ahora. Me habló de tu viaje. Creo que debes venir, sin disimularte a ti misma ese hondo y auténtico y nobilísimo deseo.[58] Creo también que ese viaje tuyo no debe ser con propósitos definitivos. Debes venir de paso: *a ver esto*. Y luego, desde fuera otra vez, decidirte a volver del todo. Porque estas experiencias son personales e intransferibles. Y la mía, que puedo contarte, que algo te hablé de ella ahí, no te sirve a ti, por muchas razones que tú sabes. Yo estoy muy contento de haber vuelto y de estar aquí. Para mí fue resucitar. He recorrido ya en estos cuatro años casi toda España.[59] La misma y muy distinta de la que conocía. Pero nunca la he querido tanto como ahora, ni creo haberla visto, como ahora, con más dolor ni más claridad.[60] Tanto, que pese a mis buenos propósitos de contemplación apaciguada, me vi en seguida ardiendo, como antes, en ella. Y aún más que antes

---

[58] Se entiende que el tema candente de las cartas de María Zambrano es el de su propio deseo de volver a España y sus vacilaciones al respecto. Es evidente que las observaciones y consejos de Bergamín tienen una importancia capital para ella.

[59] Para "saciar sus deseos de tierra española", como dice Gonzalo Penalva (p. 199), Bergamín hace varios viajes prolongados por el país, sobre todo en 1960 y 1961, visitando Castilla, Extremadura y Andalucía primero, y luego León y Galicia.

[60] Esta frase, como la carta entera, resume elocuentemente el "amor amargo" que Bergamín no dejará nunca de sentir por España.

tal vez. Mi afición a España (como Larra diría) es hoy más apasionada que nunca. Y esto es causa de mucha alegría de corazón; pero también de muchas penas, disgustos y sinsabores. Todo esto es experiencia mía, que no tiene por qué serte a ti motivo para la que tú hagas. Sí creo que debes hacerla. Breve o larga, según para ti sea más o menos propicia o adversa. Ahora, que sí puedo darte algunas indicaciones para evitarte desengaños posibles. Esto no es lo que era: peor, en mucho, y mejor en otro mucho. Para mí en más; porque lo que quiero sentir y comprender sigue más que nunca vivo. Tierras, cielos, aires, piedras... y pueblo enmascarado en mentirosas prosperidades o en verdaderas miserias. Pero todavía vivo y verdadero. Lo peor de lo peor aquí, lo más muerto y podrido, es el "mundillo" intelectual y politiquero de oposición aprovechada: los enemigos oficiales del régimen, en una palabra, que son sus larvas o gusanos que vienen devorándolo internamente; alimentados, en su cobardía, por el régimen mismo. Todas sus pretendidas víctimas explotadoras: sobre todo, en el ámbito intelectual: insulinos, aleixandrinos, de un lado y de otro, seudo-semi-casi revolucionarillos literatoides: lo peor de lo peor;[61] y el más grave peligro para el que vuelve, porque también tratan de aprovecharlo y devorarlo, corrompiéndolo, y si no pueden (es mi caso) haciéndole una guerra sorda, oculta y taimada. Ven, pero prevenida contra ese mundillo de amistades aparentes. Con los oídos, con los ojos y el corazón abiertos a España viva y de verdad, sin ensuciar tu alma, al volver a ella, con esas turbias telarañas intelectualísticas que te digo. Tal vez, si vienes, y entras por Barcelona, el choque será menos duro para tus recuerdos y esperanzas. Barcelona está muchísimo mejor que Madrid ahora en todo: como ambiente intelectual y sentimental. Y con viejas raíces, que todavía reconocerás, y te reconocerán a ti, espero. Ven, de todos modos, sin ilusiones: pero ven. Si me apuras, te diré que en ti es un deber —profundo deber espiritual— el venir. Creo, además, que con tus primos encontrarás muchas molestias evitables. Ven. Y avísame de tu llegada. Te espero y abrazo

Pepe

---

[61] Sobre la actitud de Bergamín hacia esos "revolucionarillos literatoides", véase el trabajo suyo que bajo el título "Realidad, realismo y poesía (Un inédito de 1963)" di a conocer en el *Boletín de la Fundación Federico García Lorca*, Madrid, núm. 17, junio de 1995, pp. 31-34.

¡Felicidades para Ara y para ti en este 1963! Nada sé de aquellos ensayos míos que iban a publicarse ahí. (Escribí a Vallecchi varias veces.)[62] (Parece broma.)

20

Madrid. 1. de abril. 1963.   Londres, 27.

Mi querida amiga María: perdóname que tarde siempre tanto en contestar tus cartas. Creía que lo había hecho con la última. Te agradezco mucho tu interés por mi libro traducido —*no lo he recibido aún*—, ni tenía más noticia que un recorte de *La Nazione*, que me dio Carmen Castro, donde se recoge un ensayo. De Vallecchi recibí un contrato "leonino", para que lo firmase, *apropiándose* el libro entero. Contesté que no podía firmarlo así, sino únicamente por los ensayos contenidos en el libro traducido, y me contestaron excusándose *del error*, y añadiendo una cláusula supletoria al contrato, que lo resolvía, para que yo mismo la añadiera. Así lo hice, enviándoles el contrato, firmado por mí en sus dos copias modificadas, y todavía estoy esperando que me devuelvan la mía. El contrato es casi una estafa. Y del libro nada sé.

En fin, de todos modos me alegra muchísimo que haya salido y, sobre todo, que se venda, que se lea. Quisiera recibir algún ejemplar para verlo —aunque el editor se obliga a mandarme *cinco*, me parece—.

De aquí tendría mucho que contarte. En Barcelona se estrenó mi *Medea* con verdadero éxito.[63] La acompañaba un *Hamlet solista*, que era, sin modificar en lo más mínimo, mi texto de *Enemigo que huye*.[64] No sé si lo recordarás. La crítica ensalzó extraordinariamente *Medea* y no entendió el *Hamlet*. Pero me trataron con muchísima consideración, respeto y afecto. Barcelona es lo único que queda en España de todavía enteramente español. ¡Ay!

---

[62] Se trata de nuevo de la edición italiana de *Fronteras infernales de la poesía*.

[63] En el teatro Guimerá. Después hubo otra representación en Madrid, en el teatro Dido, con decorados del pintor Benjamín Palencia y música de Gustavo Pittaluga.

[64] *Enemigo que huye* se publicó en Madrid, en la editorial Biblioteca Nueva, en 1928. Entre los bocetos dramáticos que contiene hay uno dedicado a la figura de Hamlet: "Variación y fuga de un fantasma", ahora rebautizado con el título de "Hamlet, solista".

Escríbeme más. Yo también lo haré en cuanto pueda. Estoy agobiado, ahogado, de falta de tiempo para todo. Y sin morirme de hambre
—material y espiritual— todavía.

Un abrazo

Pepe

21

Madrid. 5. Octubre. 1963

Mi muy querida María:

perdóname tanto silencio. No es olvido. Quiero siempre escribirte
largo y no encuentro tiempo a gusto, ni sosiego. Sobre todo, me falta
esto último. Y van pasando días, y meses... Claro, entonces ya no sé
por dónde empezar. El tiempo madrileño es de maravillosa serenidad,
luminoso: un Otoño inicial prometedor "au point de vue artiste". Y en
lo entrañable e invisible de lo español, tremenda angustia y temerosas
profecías. Esto agoniza. Y en sus coletazos postreros va a ser duro. Ya
lo está siendo. Por mí no temo. Por los míos, sí. En estos días una actividad policiaca perseguidora está aterrorizando a las gentes. No sé
hasta dónde alcanzará su amenaza y ya daños ciertos. Tendrás noticias
por la prensa, ahí, de mis andanzas, no tan voluntarias como tú te
crees.[65] Mi drama polémico es, casi siempre si no siempre, defensivo.
No puedo estarme quieto, apartado, indiferente, ante la injusticia, la
barbarie, la arbitrariedad, la estupidez... No las resisto sin protesta. Y

---

[65] A partir de agosto de 1963, la situación de Bergamín es cada vez más insegura. Primero,
tiene una serie de enfrentamientos públicos con Luca de Tena, que le denuncia torpemente en el
periódico *ABC*. Aunque Bergamín se defiende tenazmente, la hostilidad de las autoridades no
deja de aumentar. Añade su firma a la carta que dirigen más de 100 intelectuales al ministro de
Información y Turismo, Manuel Fraga Iribarne, pidiendo explicaciones sobre la conducta de la
policía en la supresión de una huelga en Asturias. A raíz de la publicación de esa carta, Fraga
desata una campaña pública de difamación y acoso del escritor que termina, pocos meses después, con su expulsión de España. Sobre las circunstancias en que Bergamín es obligado a exi-
liarse de nuevo, véase el libro de Penalva, ya citado, pp. 218-30. Es de notar cómo en esta carta a
María Zambrano, Bergamín —por discreción o por pudor— prefiere no hablar con detalle de los
disgustos que está experimentando. Igualmente notable es el consejo inequívoco ("no vengas por
ahora") que da a su amiga.

no puedo negarme tampoco a ciertas demandas. No puedo eludirlas cobardemente. ¡Cómo duele aquí nuestra España! ¡Cómo se nos abre en sus heridas! No vengas por ahora. Ya te avisaré. Porque *debes* venir un día. *Debes* venir. Sufrirás más si no lo haces. Pero todavía espera un poco más. Ya te diré.

Escríbeme aunque yo no lo haga. ("Yo no estoy en un lecho de rosas..."). Pero no me gusta hablar de ello.

Me compensa de todo algún rato de retiro —y en mi Retiro.

Escríbeme. Te abrazo

Pepe

A Ara, y otros amigos, cariñosos recuerdos. Y a la Croce, si la ves. En estos días cercanos volveré a Barcelona a reunirme con Ramón.

Te mandaré pronto *Duendecitos y Coplas*.

III. COLOFÓN POÉTICO DESDE EL EXILIO (DE NUEVO)

22

París. 30 Junio. 1969.[66]

Mi querida María:

no puedo decirte nada seguro aún sobre si podré o no ir a veros ahí. Me encantaría. Pero estoy esperando a Teresa que todavía no me ha podido decir tampoco cuándo va a llegar a París a quedarse conmigo unos días. Y a finales de agosto espero a Fernando con los suyos. Entretanto tendré que hacer dos breves salidas de París. Todo ello me impide, como te digo, planear mi viaje a vuestro tentador retiro. Espero que dentro de unos días podré decirte algo ya concreto. De poderlo

---

[66] Al ser expulsado de España, Bergamín pasa una breve temporada en Montevideo (diciembre de 1963-enero de 1964) y luego vuelve a Europa. Gracias a la ayuda de Malraux, consigue fijar su residencia en el Palacio Amelot Du Bisseuil en París. No puede regresar a España hasta 1970.

hacer, como quisiera, tendría que ser para el mes de agosto y no más de una semana. Ya os escribiré con anticipación bastante.

Aquí van esos "retazos" de muestra para que mientras llego me tengáis presente, si fantasmal.

> A veces hay silencios
> lejanos que nos hablan
> desde su lejanía
> mejor que las palabras.

Un saludo al amigo Valente.[67] Para Ara y para ti, con mi amistad siempre, un abrazo

> Pepe

Soneto filosofal

> "Lo dijo Blas: punto redondo."
> *Popular*

> No puedo maldecir lo que no digo
> ni bendecir lo que ando maldiciendo,
> que con decirlo o no decirlo entiendo
> que me desdigo o que me contradigo.

> Yo me tomo a mí mismo por testigo
> de la verdad de lo que estoy diciendo:
> y la verdad es que me estoy mintiendo
> volviéndome a mí mismo en mi enemigo.

> Lo que Don Diego dijo cuando dijo
> "no digo, digo, porque digo Diego".
> Don Blas lo redondea en punto fijo.

---

[67] Alusión al poeta José Ángel Valente, fiel amigo de María Zambrano en aquellos años de su prolongado exilio.

Yo de ese modo a comprenderlos llego:
y por razón y con razón colijo
que vale más ser mudo, sordo y ciego.

*

Ecce España

Tierra de santos y de cantos
lo es de santeros y copleros.
De bailaoras y toreros.
De maravillas y de espantos.

Y da tantos y tantos y tantos
místicos y pícaros y logreros
y caballeros milagreros,
sin malas capas, peores mantos.

Gente que baila siempre al son
que le tocan para su danza:
danza que sale de la panza

para hacer de tripas corazón.
Que con razón o sin razón
llevan todo a punto de lanza.

*

Ortega y Gasset decía
"yo soy yo y mi circunstancia"
y al decirlo parecía
decirlo con chulería
de madrileña jactancia.

No lo entendieron en Francia
porque en Francia se creía
que hablaba con petulancia

de alemana resonancia
y vieja españolería.

*

No sé si ignorancia inculta
es como culta ignorancia.
Pero sí sé que es en Francia
donde entre las dos resulta
que no hay ninguna distancia.

*

De mi vida yo no sé
ni el *qué* ni el *cómo* ni el *cuándo*
ni el *por qué* ni el *para qué*.

*

Mira lo que es el querer:
se tiene porque se tiene
y se deja de tener.

*

Ni qué decir tiene
que lo que tú dices no es lo que tú piensas
ni lo que tú sientes.

No es lo que tú sientes
ni lo que tú piensas porque estás diciendo
lo que tú no quieres.

*

Como memoria de mí
pido olvido y no recuerdo
que en el olvido de todo
tal vez nos encontraremos.

*

Yo fui rico por mi casa
y pobre por mi aventura.
Hoy sé que tengo en la muerte
la única cosa segura.

La única cosa segura
que me asegura, sin mí,
contra aventura, ventura.

*

España ya no es España
que es una nación cualquiera
poblada de gente extraña.

*

Para ir a España este invierno
me voy a hacer un gabán
de pieles de contubernio.

*

Los monos de Gibraltar
piden la soberanía
para monopolizar
toda la españolería.

*

Hoy respira el Vaticano
un ambiente tan bucólico
que el Diablo se ha hecho cristiano
sin dejar de ser católico.

*

Con el andar de los años
sobrevivo en mis creencias:
creí en España, creí
en la católica Iglesia.

Creí en la revolución
internacional obrera.
Creí en la pornografía...
Es todo lo que me queda.

*

Si te he visto no me acuerdo:
que en ti me estaba mirando
y tú rompiste el espejo.

*

Soy viejo verde.
Por eso no le tengo
miedo a la muerte.

*

La esperanza de mi vida,
por vivido y desvivido,
fue llegar a vejez verde:
creo que lo he conseguido.

*

Cuando veáis que estoy muerto
no me enterréis en sagrado:
no quiero ser en la tumba
un muerto privilegiado.

Que en donde quiera que esté
ya no estaré en ningún lado.

Porque estaré en el Infierno
o en Cristo resucitado.

*

Yo al recuerdo respondo con el recuerdo
y al olvido respondo con el olvido.
Al silencio respondo con el silencio.

*

Miro el abismo.
El abismo me mira.
Somos lo mismo.

*

"Tonto del bote"
es lo mismo que "tonto
de capirote".

No se varía
porque cambie de nombre
la tontería.

*

Si lo supieras
no serías, como eres,
tonto de veras.

La tontería
si supiera que es tonta
no lo sería.

*

Lo que es el tiempo:
cuando menos lo esperas
te encuentras viejo.

*

Mira qué pena:
tú que eras tan bonita
te has puesto fea.

*

Tú eres de una sola pieza,
de una sola envergadura:
tonto de pies a cabeza.

*

Eres tonto por fuera,
tonto por dentro,
tonto de arriba abajo:
tonto completo.

De cuerpo entero
eres tonto y no puedes
dejar de serlo.

*

Como nubes de humo
que empuja el viento
pasan por tu cabeza
los pensamientos.

Al aire, al vuelo,
son pájaros perdidos
dentro del cielo.

Como los sueños
son sombras que se escapan
de sus infiernos.

*

El alma todavía
sigue soñando.
El corazón despierto
dice ¿hasta cuándo?

*

Beatrice

Ponme tus manos en los ojos
para guiarme como a un ciego
por el fantasmal laberinto
de mi oscuridad y mi silencio.

Igual que cuando éramos niños
y jugábamos a perdernos
por largos pasillos y alcobas
de un enorme caserón viejo.

Tú apoyabas contra mi espalda
el blando empuje de tu cuerpo
mientras me cegaban los ojos
la suave prisión de tus dedos.

Me guiabas para perderme
en el tenebroso misterio,
sintiendo nuestros corazones
que latían al mismo tiempo.

Por los ilusorios caminos
que inventabas, me ibas perdiendo,
paso a paso, gozosamente,
en la noche de nuestro juego.

Desde entonces viví soñando
con aquel infantil infierno
por el que tus manos de niña
me guiaban para perdernos.

*

"Tan largo me lo fiáis"

TIRSO

"Si hay un Dios tras esa anchura
por donde los astros van
dile que mire a Don Juan
llorando en tu sepultura"

ZORRILLA

Cree al fin Don Juan que un Dios "tras esa anchura"
por donde van los astros
siente latir el corazón del hombre
y recoge su llanto.

Un Dios que apaga el infernal abismo
y abre al amor un infinito espacio;
que no aprisiona el alma en la medida
de un tiempo corto o largo;

que en un momento, en un instante sólo,
traspasa las tinieblas con su rayo,
y cicatriza la ardorosa herida
del amor con la sombra de su mano.

Homenaje a María Zambrano
se terminó de imprimir en noviembre de 1998
en Talleres Gráficos del D.F., Puente Moralillo 59,
Col. Puente Colorado, C.P. 01730 México, D.F.
Se tiraron 1 000 ejemplares más sobrantes para reposición.
El cuidado de edición estuvo a cargo de la Dirección
de Publicaciones de El Colegio de México.